本书是广西哲学社会科学规划课题"企业社会责任问题研究"(项目编号：11FSH003)的最终成果

企业社会责任实证研究
——以广西壮族自治区为例

Empirical Study on Corporate Social Responsibility:
A Case Study of Guangxi Zhuang Autonomous Region

陈永清 邵艳红 刘二丽◎著

人民出版社

目 录

第一章 绪 论

　　自企业这一社会经济组织进入人类视线的那天起,人类社会发展历程的每一个阶段都被深深地烙上了企业生产经营活动的印记。企业是社会中通过创造物质财富或提供服务来满足社会公众对物质和文化需要的社会经济组织。它不仅是社会物质财富的创造者,更是社会经济的细胞和基础,同时,也是一个国家或地区经济活力的源泉,在社会经济发展中扮演着十分重要的角色。事实上,在科技快速发展和市场经济高度发达的今天,社会的健康、快速和可持续发展的命运更是与企业的活动息息相关。企业的生产经营活动不仅影响其自身,而且极大地影响着社会生活的方方面面,如消费者、社区和环境等。正因为如此,现代社会对企业的定位和期望,不再是单纯追求利润的经济组织,而是肩负众多社会责任的组织公民。然而,部分企业在履行其经济职能的同时,也出现了行为异化,导致一系列社会问题的产生,如发布损害消费者权益的虚假广告、破坏生态环境、偷税漏税、使用童工等。由于这些异化行为及其所导致的社会危害,业界和学术界对企业社会责任的关注日益攀升。企业应该履行哪些社会责任,各种社会责任在履行时的优先度如何,影响企业履行社会责任的主要因素有哪些,履行企业社会责任对企业会带来什么样的影响等问题开始进入学者们的研究视野。尽管

1

学术界对企业社会责任问题已经进行了半个多世纪的研究,但企业社会责任的内涵和外延无论是在业界还是在学术界依然没有明确界定,企业社会责任概念具有动态性和情景或文化依赖性几乎成了业界和学术界的共识。也正是企业社会责任的动态性和情景或文化依赖性使得尽管有许多国内外学者对企业社会责任进行了广泛研究,但其依然有研究价值的原因所在。

我国是一个拥有 56 个民族的多民族国家,民族地区人口约占全国总人口的 8.5%,居住面积约占全国总面积的 65%。民族地区的社会经济发展和稳定不仅关系到民族地区本身的安定和谐,也直接关系到整个国家社会经济的稳定和谐,更关系到中华民族伟大复兴中国梦实现的进程。改革开放以来,我国民族地区伴随着企业数量和规模的不断壮大,社会经济发展呈现出日新月异的变化。企业已蔚然成为民族地区社会经济发展的发动机和内推器。然而,民族地区部分企业在履行经济职能,追求利润最大化的过程中,不顾社会的基本伦理,实施了一系列有损消费者、社会和生态的行为,影响了民族地区社会经济的和谐发展,也影响了中华民族伟大复兴中国梦的有序推进。正是基于这样的社会经济背景,促使我们认真思考民族地区企业的社会责任问题。民族地区企业应该承担哪些社会责任?他们履行这些社会责任的总体情况如何,有哪些因素影响着他们履行这些社会责任?企业履行社会责任对其财务状况和企业形象是否有影响?面对这些问题,不仅业界有弄个清清楚楚的欲望,学术界也同样有探个明明白白的冲动。

由于全国现有 5 个民族自治区、30 个民族自治州、117 个民族自治县,面广点多。鉴于时间和研究经费的约束和限制,本研究确实难以做到全面出击、多点行动,因此,找一个民族地区作为典型加以深入剖析肯定是明智的举措。本研究之所以选择广西壮族自治区作为对象来研究民族地区的企业社会责任问题,主要是基于如下两方面的理由。

首先,广西是我国 5 个民族自治区之一。广西位于我国西南端,不仅有壮、汉、瑶、苗、侗、仫佬、毛南、回、京、彝、水、仡佬 12 个世居民族,还有蒙古、满、朝鲜、白、土家等 44 个其他民族,是一个典型的多民族聚居地。广西现有常住人口 4960 万(2019 年),在全国省(市)中人口排名第 11 位,在 5 个自治区中,人口排名第 1 位,全区有 12 个民族自治县,民族自治县的数量仅次于云南,在全国排名第 2 位,是 5 个民族自治区中设立民族自治县的数量最多的自治区,少数民族人口占比将近 40%。从广西上述的情况来看,在民族地区中,无论是自治层次还是人口规模、少数民族人口占比都具有典型性。

其次,从经济方面来看,广西 GDP 总量尽管在全国处于第 18 位(2019年),但在 5 个自治区中却处于领先地位。在企业数量上,2019 年广西的企业数(企业+个体户)为 61.11 万个,在全国排位为 21,但在 5 个自治区中却位处第二。2019 年,广西在 A 股市场上市的企业数为 38 家,在 5 个自治区中排名第二,仅次于新疆(新疆 55 家)。这些数据说明广西的工商企业发展在民族地区中也具有典型性。

本研究以我国民族地区为例,采取定性研究与定量研究相结合的方法,首先探究企业承担社会责任的内容并据此构建评价指标体系,然后,基于评价指标体系设计调查问卷,同时采用熵权法确定评价指标体系的权重,计算出被调查企业的社会责任水平指数,对企业履行社会责任情况进行整体评价。同时,采用文献回顾分析和问卷法探究影响企业履行社会责任的主要因素及其对企业财务状况、员工满意度和企业社会形象的影响。本研究一方面有助于我们了解和把握民族地区企业履行社会责任的总体状况,另一方面也为推动民族地区企业更好地履行企业社会责任,推动民族地区社会经济的和谐发展提供理论指导。此外,本研究还有助于丰富国内关于企业社会责任的研究。

第一节　研究背景和意义

一、研究背景

（一）实践背景

1. 现代市场经济环境下，企业对社会经济发展的影响日益深刻

自 20 世纪初现代企业制度诞生以来，企业的规模不断扩大，企业成了除政府以外掌握和消耗社会资源最多的经济组织①②③。企业凭借其拥有的广泛资源和强势社会地位，对社会生活产生着越来越大的影响，已成为人类社会幸福生活的源泉。一方面，企业为实现自身利益最大化，不得不从事生产经营活动，向社会提供满足人们需要的产品或服务，而消费者在购买这些产品或服务的同时，得到个人效用或福利的全面提升，使得整个社会变得越来越幸福，并推动着人类社会的不断向前发展。但另一方面，企业在从事生产经营活动过程中，在过分利己思想的支配下，也出现了违背社会道德良知的行为，给社会自然生态、经济生态和社会生态带来致命的伤害，严重影响了人类社会的可持续发展。正是因为企业对现代生活的巨大影响，人们开始关注企业的社会责任问题；开始研究企业除追求股东利益最大化以外，还应该承担哪些社会责任问题；开始研究该如何评价企业履行社会责任情况及企业履行社会责任对企业发展的成效等问题。

广西位于我国的西南端，是我国 5 个民族自治区之一，也是我国社会经济发展相对落后的地区之一，12 个世居少数民族人口占总人口的约 40%。现实

---

① 参见杨艳、夏扬：《信息社会企业道德缺失现状研究》，《理论月刊》2008 年第 2 期，第 157—159 页。

② 参见张仲坪：《和谐社会视角下的企业社会责任》，《合作经济与科技》2013 年第 2 期，第 39—40 页。

③ 参见陈永清、蒙仁君：《广西企业社会责任实施现状调查分析》，《沿海企业与科技》2015 年第 3 期，第 40—44 页。

表明,广西社会经济发展之所以落后,其根源在于工商企业发展步伐缓慢。当然,广西工商企业发展的滞后,一方面导致了广西经济发展的相对落后,但另一方面也保全了广西的良好生态和淳朴民风。改革开放后,尤其是 21 世纪以来,广西的工商业步入了快速发展的轨道,推动了广西社会经济的快速发展,也促进了区内各民族的团结与和谐。然而,企业在追求利润最大化的同时,也出现了许多影响广西可持续和谐发展的异化行为,如 2015 年南宁市环保局在对 3500 家企业环境执法检查中,发现 600 家企业存在违法现象,又如象州县的米粉中毒事件、梧州的黑心土榨油事件、违规使用童工、拖欠农民工工资等,违法企业占比高达 17.14%。显而易见,因企业社会责任缺失而产生的这一系列事件已影响了广西人民的身心健康与社会和谐,如此我们不得不开始认真思考广西企业的社会责任问题。

2. 民族地区企业社会责任活动相对落后的现实

自 20 世纪 80 年代欧美等西方发达国家发起企业社会责任运动以来,企业社会责任运动便成为一种势不可当的国际趋势。1997 年 10 月,为保护人类基本权益的全球首个道德规范国际认证标准 SA8000 得以发布实施并得到了国际社会尤其是西方发达国家的广泛支持①。1999 年 2 月,在瑞士召开的世界经济论坛大会上,时任联合国秘书长科菲·安南提出了“全球契约”计划,要求企业在生产经营活动中,要维护企业员工的人权并执行正当的劳工和环境标准。2002 年,联合国正式推出《联合国全球协约》(*UN Global Compact*)。“全球契约”计划及《联合国全球协约》的提出标志着企业社会责任问题正式进入联合国这一全球性机构的视野,也标志着企业社会责任运动从发达国家进入发展中国家。2010 年 11 月 1 日,国际标准化组织(ISO)在瑞士日内瓦国际会议中心发布了社会责任指南标准(ISO26000)。该标准为愿意承担自身决策和行动影响责任的各类组织(企业、团体、非政府组织、工会

———————————

① 参见王中杰:《公司社会责任治理》,中国发展出版社 2011 年版。

等)规定指导方针和行动指南。

随着我国改革开放的不断深入和 2001 年 12 月成为正式的世界贸易组织 (WTO)成员,企业社会责任运动的星星之火,在我国呈现出燎原之势。我国政府非常重视企业社会责任的法制化建设,出台了多部有关企业社会责任的法律法规。据统计,目前,我国至少有 20 部法律法规与企业社会责任有关①。在一系列法律法规的内部约束和经济全球化的外部约束下,我国企业的社会责任意识得到大幅度提升,企业社会责任运动也得以蓬勃开展。截止到 2015 年底,我国有 270 多家企业加入了《联合国全球契约》。近年来,我国成为通过 SA8000 认证企业最多的国家之一,另据《中国企业社会责任报告研究 2018》的统计,2018 年,我国有 2097 家企业发布了企业社会责任报告,披露了企业的社会责任信息。

与生机盎然的全国企业社会责任运动相比,民族地区企业的社会责任运动则要寂静得多。以广西为例,截止到 2015 年底,广西加入《联合国全球契约》的企业仅有 3 家,占全国加入《联合国全球契约》总数的七十分之一。通过 SA8000 企业社会责任认证的企业仅有一家,占全国通过 SA8000 企业数的比例不到 0.3%。2018 年,发布企业社会责任报告的企业也不过 57 家,仅占全国发布企业总数的 2.72%。在社会责任意识方面,据陈永清和蒙仁君 (2015)对广西 226 家企业社会责任相关信息的调查发现,尽管所调查的企业中有 99.8%的企业了解企业社会责任的概念,但仅有 8.22%的企业听说过《联合国全球契约》、15.07%的企业知道 SA8000 标准、19.18%的企业知道社会责任模型、27.4%的企业了解利益相关者和国际劳工公约等概念,只有 31.51%的企业听说过社会责任报告。另据《中国企业社会责任研究报告 (2016)》首次发布的"中国省域国有企业社会责任发展指数",广西处于起步阶段,而新疆和内蒙古则相对更差。这些数据和事实表明,民族地区还有相当

---

① 参见王中杰:《公司社会责任治理》,中国发展出版社 2011 年版。

部分企业对于企业社会责任的意识还比较淡薄,为此,我们有必要对民族地区企业的社会责任状况进行研究。

(二)学术背景

1. 国内外企业社会责任研究的兴起

虽然在人类历史上关于企业社会责任的思想可以向前追溯到 2000 多年前的古希腊时代①,但企业社会责任真正进入学术界视野则是 20 世纪中叶的事情。尽管 1924 年,英国学者欧利文·谢尔顿(Oliver Sheldon)在美国考察时第一次提出了企业社会责任概念,揭开了企业社会责任研究的序幕,但学术界公认真正开启现代企业社会责任研究的学者则是霍华德·博文(Howard R. Bowen)。1953 年,美国学者霍华德·博文(Howard R. Bowen)受洛克菲勒基金会资助出版了《商人的社会责任》(Social Responsibilities of the Businessman),该书被认为是第一本关于企业社会责任的专著,也被认为是现代企业社会责任研究开端的标志②。随后,学者们从经济学、管理学、社会学、法学和伦理学等不同的角度对企业社会责任进行了全面系统的探讨研究,形成了大量的文献,如仅在 proquest(http://search.proquest.com/login? accountid=61503)数据库中,以文献标题中含有"Corporate Social Responsibility"或"CSR"进行检索就能发现 13013 篇文献(检索时间点为 2018 年 7 月 15 日),而在以管理学和工程学文献为主的 Emerald 全文期刊数据库中,以"Corporate Social Responsibility"或"CSR"为文章标题或章节标题进行检索,则能发现 35957 篇文献(检索时间点为 2018 年 8 月 18 日)。

相对于西方对企业社会责任的先知先觉,国内对企业社会责任的认知,无论是业界还是学术界,都要晚得多。20 世纪 80 年代中叶,伴随着改革开放的

①　See Eberstadt, Nicholas N., "What History Tells Us About Corporate Social Responsibilities", *Business and Sociality*, 1973(7).

②　See Carroll, Archie B., "Corporate Social Responsibility: Evolution of Definition Construct", *Business and Sociality*, 1979, 38(3).

不断深入,企业社会责任理念在企业开始萌芽并逐渐扩散,国内学术界也开始关注这一新事物。尽管企业社会责任思想传入我国的时间不长,迄今也只有30多年,但却吸引了众多学者投身到这方面的研究,形成了较为丰富的学术文献。在中国知网(CNKI)上,我们以"企业社会责任"或"公司社会责任"为文章标题检索词,就可以发现25331篇文献(检索时间点为2019年12月30日)。

从国内外关于企业社会责任文献的检索结果来看,对企业社会责任的研究可谓一直是学术界的热门话题。这些文献为本文的研究提供了非常丰富的素材,也奠定了坚实的理论基础。

2. 学术界对企业社会责任研究的不成熟

虽然国内外许多学者对企业社会责任从不同学科视角进行了研究和探讨,但关于企业社会责任的许多问题,学术界并没有达成一致的意见,争论可谓持续不断。事实上,自公司社会责任思想提出之日起,便成了像矗立于帕拉丁山和阿文丁山之间的莫尔西亚山谷中的古罗马大斗技场[1]。学者们围绕企业管理者是否应该承担社会责任、现代企业是否要承担社会责任,以及应该承担哪些社会责任等问题进行了异常激烈的争论,卷入争论的既有著名的法学家、社会学家,也有经济学家和管理学家。不过,遗憾的是针对这些问题的争论并没有达成一致意见,分歧一直存在,甚至连诸如什么是企业社会责任、企业社会责任包含哪些内容等一些企业社会责任基本问题都没有公认的答案。不仅如此,企业承担什么样的社会责任不仅受企业规模的约束,还受诸如企业历史、文化、政治及企业所处的社会经济环境等众多因素的约束[2]。也就是说,企业实际履行社会责任时并非一成不变,而是具有情景和文化依赖性。这也意味着,实际工作中,我们不能实行拿来主义,将已有研究成果不加改造地加以应用。

---

① 参见沈洪涛、沈艺峰:《公司社会责任思想起源与演变》,上海人民出版社2007年版。

② See Antonio Argandoña, and Heidi von Weltzien Hoivik, "Corporate Social Responsibility: One Size Does Not Fit All.Collecting Evidence from Europe", *Journal of Business Ethics*, 2009(89).

正是由于企业社会责任研究的不成熟及其实施中的情景和文化依赖性，我们有必要结合民族地区的实际对民族地区企业的社会责任状况进行研究。

3. 学术界对民族地区企业社会责任研究的严重不足

尽管国内学术界有许多学者投身到企业社会责任的相关研究，也形成了众多学术文献，但通过对文献的梳理发现，在众多的国内学术文献中，以民族地区企业为研究对象的文献却非常有限，在 CNKI 上仅有不到 200 篇。透过这些文献，我们既难以勾勒出民族地区企业履行社会责任的图景，也缺乏对民族地区企业履行社会责任总体状况的全面评价，此外，对影响民族地区企业履行社会责任的因素也少有定量刻画。为弄清民族地区企业履行社会责任的总体状况及其影响民族地区企业履行社会责任的主要因素，我们将以广西为例对民族地区企业的社会责任问题进行研究。

二、研究意义

开展本研究的意义主要体现在理论和现实两个方面。

（一）理论意义

企业社会责任是 20 世纪以来诸多学科领域共同研究的热点问题[①]。几十年来，不同学科的众多学者从不同角度探究了企业社会责任，形成了大量文献。但遗憾的是，迄今为止，关于企业社会责任的许多谜团依然存在，即便像企业社会责任这种基本概念都尚无定论[②③④]，更不用说像企业社会责任影响

---

① 参见黎友焕：《企业社会责任研究》，西北大学博士学位论文，2007 年。
② 参见倪菊香、王勇：《企业社会责任及会计揭示》，《山西财经学院学报》1997 年第 6 期，第 54—56、68 页。
③ 参见李宏旺：《企业社会责任与经营绩效的相关性研究》，《商业时代》2008 年第 8 期，第 111—112 页。
④ 参见杨帆、张梅芳：《企业社会责任：理论述评与思考》，《财会通讯》2010 年第 3 期，第 151—153 页。

因素及其与企业绩效间关系这样复杂的问题。目前,我国的企业社会责任理论体系还很不完善①,对实践的指导作用也非常有限。因此,有必要继续强化相关研究。本研究试图以广西为例破译民族地区企业社会责任的"基因"密码以指导民族地区企业社会责任实践,这不仅是完成和解读中国企业社会责任"基因"图谱的一部分,也可以弥补现有文献中关于民族地区企业社会责任研究相对不足的缺陷,理论意义十分明显。

(二)现实意义

本研究以广西为例探究民族地区企业社会责任问题,研究的现实意义主要体现在三个方面。

第一,民族地区和谐发展的需要。民族地区是指以少数民族人民为主聚集生活的地区。民族地区社会的和谐与否不仅关系到民族地区各民族的团结和发展,关系到边疆地区的安全与稳定,也关系到中华民族伟大复兴中国梦的实现,因此,确保民族地区的和谐发展具有特别重要的现实意义。改革开放以来,尽管企业为民族地区的全面发展作出了巨大贡献,但与此同时,因企业社会责任缺失造成的各种社会问题也给民族地区社会的和谐造成了较大负面影响。为消除因企业社会责任缺失所产生的不和谐音符,推动民族地区的和谐和可持续发展,对民族地区企业社会责任相关问题进行研究显然具有重要的现实意义。

第二,企业在民族地区的社会经济发展中起着举足轻重的作用,但总体上看,民族地区企业的市场竞争力还很低,因此,如何提升民族地区企业的市场竞争力已成为社会各界关注的焦点。许多学者,如迈克尔·波特(2003)、张旭等(2010)认为,履行 CSR 是提升企业竞争力的有效途径②③。然而,企业社

---

① 参见刘德佳:《构建和谐社会进程中我国企业社会责任建设研究》,东北师范大学博士学位论文,2010 年。

② 参见迈克尔·波特:《竞争论》,中信出版社 2003 年版。

③ 参见张旭、宋超、孙亚玲:《企业社会责任与竞争力关系的实证分析》,《科研管理》2010年第 31(03)期,第 149—157 页。

会责任问题在民族地区的实践情况却并不乐观,许多企业对企业社会责任的认识还停留在"累赘和负担"的肤浅认识上,还没有将其与竞争优势挂起钩来。本研究将有助于民族地区企业全面认识企业社会责任并为政府相关部门制定推动企业社会责任实践,进而提升企业市场竞争力的政策提供可靠依据。

第三,有助于化解民族地区企业国际化进程中的"社会责任"壁垒。随着科学技术的发展和互联网的进一步普及,国际化已成为不可逆转的大趋势。像沿海地区企业一样,民族地区企业也不得不面对这种趋势和潮流,特别是广西、内蒙古、新疆、西藏等边疆地区的企业更是如此。民族地区企业必须融入国际产业链或拓展海外市场!然而,企业无论选择前者或者选择后者,都不得不面对"企业社会责任"的约束。现实表明,企业社会责任已成为影响企业国际化步伐的一个重要因素。本研究以广西企业为例,通过深入剖析广西企业社会责任相关问题并提出相应的政策建议来推动民族地区企业社会责任的进程,从而消除民族地区企业国际化进程中的"社会责任"壁垒具有一定的指导和借鉴作用。

当然,本研究对于提升国内各界对 CSR 的认识和其他学者进行相关研究也具有参考价值。

第二节 研究的具体问题和结构安排

一、研究的具体问题

尽管我们研究的范围是民族地区,但在研究设计上,我们主要是通过解剖广西这一具体对象来实现的,因此,在具体问题设计上主要围绕广西这一具体对象来开展。

（一）企业社会责任的结构

众所周知，企业社会责任不是单维度结构而是多维度结构[①]。然而，在企业社会责任的维度构成上，迄今为止学术界并没有取得一致观点[②]。文献中，有的学者从对象上进行划分，如利益相关者理论就是按影响对象对企业社会责任维度进行划分的；有的学者从社会责任的内容上进行划分，如 Carroll（1979）将企业社会责任分为经济责任、法律责任、伦理责任和自愿责任则属于按内容进行划分的；有的学者则按企业社会责任的表现形式进行分类，如企业社会责任绩效理论[③]。企业社会责任维度的多样性一方面说明企业社会责任研究本身还不够成熟，另一方面也说明企业社会责任本身的复杂性。由于广西是中国 5 个民族自治区之一，12 个世居少数民族人口占总人口的近40%。尽管广西经济发展相对落后，但各民族和谐共处，是国内民族团结的典范。同时，广西也是沿边和沿海地区，此外，广西也是中国—东盟博览会永久落户地，是中国—东盟自贸区的桥头堡。这一切造就了广西独特的文化和区位优势，也成了广西企业应承担独特社会责任的内在理由。由于企业社会责任具有情景和文化依赖性，为此，我们不能将文献中其他学者关于企业社会责任的维度框架硬套在广西企业的脖子上，那样对广西企业来说显然有失合理性。因此，分析和构建广西企业的社会责任维度就成了本研究的第一个内容。

（二）企业社会责任各维度的权重

正如上文所述，企业社会责任具有多个维度，但各维度的权重不能等量齐

---

① See Aupperle, Kenneth, Carroll, Archie B., Hatfield, John D., "An Empirical Examination of the Relationship Between Corporate Social Responsibility and Porfitability", *Academy of Management Journal*, 1985, 28(2).

② 参见吴华明：《企业社会责任的维度、本质与功能分析》，《商业时代》2014 年第 25 期，第82—83 页。

③ 参见吴华明：《企业社会责任的维度、本质与功能分析》，《商业时代》2014 年第 25 期，第82—83 页。

观,它们具有一定的差异性①。如 Carroll(1979)给经济责任、法律责任、伦理责任和自愿责任四大责任的权重分别赋值 4、3、2、1,Aupperle et al.(1985)以 Carroll 构造为基础,通过对 241 名高层管理人员的调查,得出 Carroll 构造中四个维度的权重分别为 3.50、2.54、2.22 和 1.30。这些文献说明不同情境下,企业社会责任各维度的权重是变化的。要全面了解广西等民族地区企业社会责任的状况,首先必须确定其企业社会责任各维度的权重。确定企业社会责任各维度的权重是对广西等民族地区企业社会责任状况进行客观评价的基础,因此,确定企业社会责任各维度的权重是本研究的另一项重要内容。

(三)对企业社会责任状况进行客观公正的评价

广西等民族地区企业在履行社会责任方面做得到底如何? 这不仅是学术界关注的问题,同样也是业界非常关注的问题。尽管学术界已有很多关于企业社会责任评价的文献,但现有文献中尚没有发现针对像广西这样的民族地区企业社会责任评价的文献。为勾勒出民族地区企业社会责任履行状况的图景,学术界有责任和义务对此进行研究。因此,对社会责任的状况客观公正地进行评价就成了本研究的第三项重点内容。

(四)探求企业履行社会责任的影响因素

企业履行社会责任受众多因素的影响,既有内部因素,也有外部因素。企业内部因素包括企业规模、企业治理结构、企业最高管理者的宗教信仰等人口统计学特征,而企业外部因素包括市场竞争的激烈程度、政府规制水平等。由于企业社会责任具有情景依赖性,因此,在不同的环境下,各种内外因素作用的路径和方式并不相同,其作用程度也不尽一致。那么,民族地区企业在履行企业社会责任时主要受哪些因素的影响? 各因素的影响程度和路径如何? 对这些问题的探求就构成了本研究的第四个重点内容。

① See Carroll, A.B., "A Three-Dimensional Conceptual Model of Corporate Performance", *The Academy of Management Review*, 1979, 4(4), pp.497–505.

（五）探求企业社会责任对企业形象和企业财务绩效的影响情况

文献中,许多学者都想揭开企业社会责任与企业绩效之间关系的神秘面纱,但文献梳理并没有给出肯定一致的答案。如 Griffin 等（1997）对 51 篇关于企业社会责任与企业绩效间关系的实证文献进行分析发现:正相关、负相关和不相关的比值为 33：19：9,而 Margolis and Walsh（2003）分类统计了1972—2002 年的 127 份关于企业社会绩效与财务绩效关系的实证论文,发现近半数以上的文献支持两者正相关,约 25% 的研究认为两者没有显著关系,5% 左右的文献认为两者负相关,剩余文献则得到了一些混合的结论①②。国内也有学者对两者之间的关系进行了实证检验,但实证结论大都同意二者是正相关关系③④⑤。尽管国内外学者对企业社会责任与企业绩效之间的关系进行了广泛的实证研究,且国内外的结论相差较大。那么,民族地区企业社会责任与企业绩效之间的关系如何呢？基于国内外文献结论的多样性,我们很难就民族地区的情况武断地下一个结论,必须开展实证研究。正基于此,本研究要探求民族地区企业社会责任对企业形象和企业综合财务绩效的影响。

二、研究报告的结构安排

本研究由七章构成,各章节的主要内容如下。

第一章为绪论。本章主要阐述选题的实践和理论背景及其理论和现实意

① See Griffin, Jennifer J, Mahon, John F., "The corporate social performance and corporate financial performance debate:Twenty-five years of incomparable research", *Business and Society*,1997,36(1),pp.5-31.

② See Margolis, J.D., J.P. Walsh, "Misery Loves Companies: Rethinking Social Initiatives by Business", *Administrative Science Quarterly*,2003,48(2),pp.268-305.

③ 参见温素彬、方苑:《企业社会责任与财务绩效关系的实证研究——利益相关者视角的面板数据分析》,《中国工业经济》2008 年第 10 期,第 150—160 页。

④ 参见王文成、王诗卉:《中国国有企业社会责任与企业绩效相关性研究》,《中国软科学》2014 年第 8 期,第 131—137 页。

⑤ 参见汤丽萍、王秋实:《企业社会责任与财务绩效相关性研究综述》,《会计之友》2011 年第 29 期,第 23—25 页。

义,研究的具体内容及其方法,并用概念模型简要地表述了研究的基本思路和技术路线。

第二章为国内外企业社会责任研究的文献梳理。该部分主要从学术的角度对国内外企业社会责任的相关研究进行了较为系统的回顾。首先对国外企业社会责任的相关研究从概念发展、实施评价、影响因素、信息披露及与企业绩效间的关系进行了系统梳理,接下来对国内企业社会责任的相关性研究也从概念、实施评价、影响因素、信息披露及与企业绩效间的关系进行了系统梳理。

第三章为广西企业社会责任模型及影响因素假设。该部分先介绍了广西企业社会责任模型的构建。然后,阐述了广西企业社会责任及其影响因素模型并在此基础上提出了14个研究假设。接下来,介绍了本研究问卷量表的形成。最后,介绍了研究数据的收集问题。

第四章为基于结构方程模型的企业社会责任分析。本章主要阐述应用结构方程模型对广西企业社会责任及其影响因素的分析情况,并对第四章提出的部分研究假设进行了检验。

第五章为基于熵权法的企业社会责任水平评价。本章首先介绍了熵权法,然后在应用熵权法确定广西企业社会责任各维度权重的基础上计算出广西企业社会责任的综合水平及各维度水平,并比较了广西样本涉及地市企业社会责任水平。

第六章为企业及其最高管理者特征的企业社会责任影响分析。本章采用方差分析法分析了企业规模、产业属性等5个企业特征和性别、文化程度及宗教信仰等3个企业最高管理者个人特征对企业社会责任及其各维度的影响。

第七章为对实证分析结果的讨论。本章从企业社会责任评价模型、广西企业社会责任履行状况、广西企业社会责任主要影响因素、企业社会责任效应及企业特征和最高管理者特征等实证结果进行了讨论。

第八章为研究结论、治理策略和未来展望。本章首先陈述了本研究的结论,然后简要地阐述了民族地区企业社会责任的治理策略,最后,就如何进一步深入研究民族地区企业社会责任进行了说明。

第三节　研究方法和技术路线

一、研究方法

为实现研究目标,本研究将采用定性与定量相结合,以定量为主的方法对民族地区企业社会责任状况进行研究。具体来说,本研究主要采用文献分析法、专家咨询法、问卷调查法、熵权法及统计分析法等研究方法。

(一)文献分析法

文献分析法是通过收集、鉴别和整理与研究相关的已有文献,然后对文献进行系统分析来获取研究工作信息的方法。绝大多数研究都是在前人研究的基础上开展的,因此,对国内外现有文献的梳理,找出现有研究的不足是开展有效研究的起点。只有通过对现有文献的研究和分析,才能找到实施研究前进的方向,也才能为研究奠定坚实的理论基础。尽管学术界对企业社会责任研究的历史还不是很长,但已经积累了非常多的文献,我们唯有对这些文献进行系统梳理,才能确定前进的目标,也才能有的放矢地开展研究,否则就可能迷失方向或做无用功。

(二)专家咨询法

专家咨询法是为实现某项任务,按照原则选定专家就有关问题向专家征询意见的一种工作方法。本研究的主要目标之一是以广西为例对民族地区企业社会责任状况进行评价。在评价之前必须先确定民族地区企业社会责任的维度。为此,我们必须就广西企业社会责任维度征求区内相关专家的意见。

(三)问卷调查法

问卷调查法是通过向调查者发出简明扼要的征询单(表),请其填写对有关问题的意见和建议来间接获得材料和信息的一种方法。由于本研究涉及许多因素和内容而且大部分内容难以获得客观定量数据,只能通过问卷形式来收集;同时,也只有通过问卷才能将许多主观定性因素转化为量化数据进行分析。为此,本研究针对评价指标体系设计了相应的问卷,通过发放问卷收集相关信息。

(四)熵权法

信息论认为,信息是系统有序度的一个度量,而熵是系统无序度的一个度量。熵权法是根据指标的信息熵值大小来确定指标权重的一种客观性方法,其基本思路是依照指标变异度大小确定指标的客观权重。一般来说,若某个指标的信息熵小,表明该指标值的波动性大,其提供的信息量就多,在综合评价中所起的作用也大,权重也大。相反,若某个指标的信息熵大,表明指标值的波动性小,提供的信息量就少,在综合评价中所起到的作用也小,因而权重也小。

(五)统计分析法

统计分析法泛指对收集到的有关数据资料应用数理统计的理论和方法进行分析,以揭示事物之间内在数量关系的一种研究方法。统计分析方法可分为描述性和推断性统计方法,具体来说,统计分析方法又可进一步分为时间序列分析、非时间序列分析等。根据研究的需要,本研究拟采用单因素方差分析、结构方程分析等方法,以揭示企业规模等因素对企业社会责任的影响及企业社会责任对企业声誉、员工满意及综合财务绩效的影响。

二、研究的技术路线

为实现研究目标,本研究将遵循提出问题、分析问题、解决问题的一般研究思路,采用定性与定量相结合的方法来对相关问题进行研究。具体的研究思路和框架如图 1-1 所示。

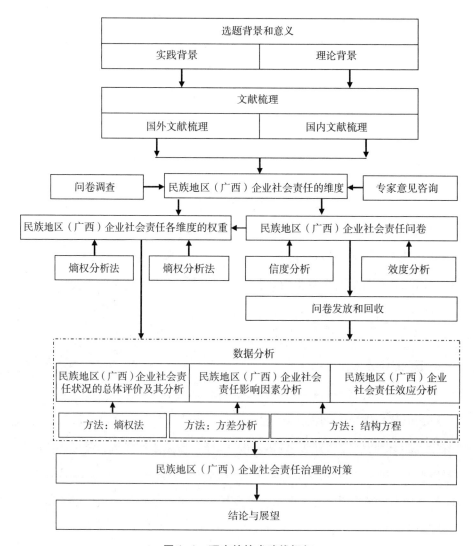

图 1-1 研究的技术路线框架

第二章 国内外企业社会责任
研究的文献梳理

　　企业社会责任观念和理论的产生及发展是社会技术进步和现代企业发展的必然结果。自企业社会责任问题提出以来,就引起了学术界的广泛关注,产生了海量文献。接下来,我们将对国内外企业社会责任的理论研究进行概要性梳理,以期弄清企业社会责任研究发展的脉络,从而为本研究提供较为坚实的理论基础和指导。

第一节 国外关于企业社会责任的相关研究

　　正如本文阐述的研究背景中所言,虽然关于企业社会责任的思想可以追溯到 2000 多年前的古希腊时代①,但企业社会责任真正进入学术界视野则是 20 世纪 20 年代的事情。1924 年,英国学者欧利文·谢尔顿提出了企业社会责任概念,从而引发了业界和学术界对企业社会责任的关注和讨论。随后,许多学者加入到企业社会责任相关问题的讨论和研究中来,形成了非常丰富的文献。

---

　　① See Eberstadt, Nicholas N.: "What History Tells Us About Corporate Social Responsibilities", *Business and Sociality*, 1973(7), pp.76–78.

一、关于企业社会责任概念的研究

概念界定是所有研究的起点和基础,其重要性自然是不言而喻的。因此,如何界定企业社会责任自然就成了企业社会责任研究的重要内容之一。

(一)企业社会责任概念的提出

虽然企业社会责任概念的拓荒者被认为是英国学者欧利文·谢尔顿(Sheldon),但真正被推上"企业社会责任之父"宝座的却是美国学者霍华德·博文[1]。1953年,博文出版了具有划时代意义的著作《商人的社会责任》(*Social Responsibilities of the Businessman*),该书被公认为是现代企业社会责任概念构建的起始点[2],因此,理所当然地也就成了本研究文献航行的出发点。

在《商人的社会责任》一书中,博文在明确企业和商人两个概念的基础上,将商人的社会责任定义为"商人具有按照社会的目标和价值观去确定政策、作出决策和采取行动的义务"。在书中,博文(1953)给企业社会责任概念赋予了三方面的含义,一是强调现代大公司是承担社会责任的主体。他认为,技术环境的变化使得大公司集中了社会的大部分经济资源,因此,大公司的经济行为对社会的影响比小公司要大得多。二是明确了企业管理者是企业社会责任的直接实施者。他认为,企业的管理者是"被强制"或"被劝说"而考虑社会责任的,尤其是大企业经营权和所有权分离为这种思想提供了有利环境。三是明确指出企业社会责任的原则是自愿。这点将企业的社会责任与法律约束和政府监管加以区分[3]。

---

[1]　See Carroll, Archie B., "Corporate Social Responsibility: Evolution of a Definition Construct", *Business and Society*, 1999, 38(3), pp.268-295.

[2]　See Carroll, Archie B., "Corporate Social Responsibility: Evolution of a Definition Construct", *Business and Society*, 1999, 38(3), pp.268-295.

[3]　参见沈洪涛、沈艺峰:《公司社会责任思想起源与演变》,上海人民出版社2007年版。

（二）企业社会责任概念的演进

博文（1953）提出的企业社会责任概念点燃了学术界对这一概念讨论的热情，随后，不少学者在博文（1953）的基础上进行了完善和发展，并为企业社会责任概念烙下了具有鲜明时代特征的印记。

20世纪60年代，一些学者对企业社会责任表现出极大的兴趣并投身到该领域的研究或讨论中来，他们都试图给出企业社会责任的明晰概念，但总体上依然难以跳出"慈善"（Philanthropy）的框架。在众多的学者中，戴维斯（Davis）、弗雷德里克（Frederick）、麦克奎因（McGuire）、沃尔顿（Walton）及弗里德曼（Friedman）的企业社会责任定义值得关注。Davis（1960）将企业社会责任定义为"商人决策和行动的依据至少有一部分不是出于企业直接的经济和技术利益的原因"[①]。这里，他借用了博文（1953）的"商人"一词。戴维斯认为，企业社会责任决定的决策者实际上是商人，而不是企业，企业只是为商人决策提供了一个文化框架和利益诉求目标，只有商人才是企业目标和政策的制定者。他认为，企业社会责任具有两面性。首先，企业是一个经济组织，商人作为经济组织的管理者负有影响公共福利经济发展的责任，他将其界定为企业社会责任的经济性一面；其次，他认为商人也负有培养和发展人类价值观的责任，而这是无法用经济价值标准来衡量的另一类社会责任，体现了企业社会责任的非经济性一面。企业社会责任的两面性意味着企业对社会成员具有"社会—经济"和"社会—人类"两方面的义务，而要履行"社会—人类"义务就必须使"责任和权利形影相随"。沿着这一逻辑，他提出了"责任铁律"（Iron of Law）原则，即"企业的社会责任必须与企业的社会权利相称"，"权力越大，责任越大"。因Davis在企业社会责任定义方面的贡献及责任铁律原则的提出赢得了"企业社会责任亚父"的尊称[②]。Frederick（1960）从社会福利的视角定

---

① Davis, Keith., "Can Business Afford to Ignore Social Responsibilities?" *California Management Review*, 1960, 2(03), pp.70-76.

② 参见唐更华：《企业社会责任发生机理研究》，湖南人民出版社2008年版。

义企业社会责任,他认为企业社会责任就是"企业及其管理者以能满足公众预期的方式运行",也即企业的生产经营活动应以社会福利改进为目标。Eells and Walton(1961)进一步发展了企业社会责任概念,他们认为"人们在谈论企业社会责任时考虑的往往是企业给社会造成的负面影响及处理企业与社会间关系的伦理准则"①。McGuire(1963)首次创造性地将企业社会责任延伸到经济和法律环境以外。他提出企业不仅具有经济和法律责任及义务,而且还有超出这些义务之外的社会义务,但其定义并没有明确阐述超出经济和法律之外的义务是什么②。Walton(1967)对企业社会责任的多个方面进行了阐述并提出了社会责任的新概念,他认为,企业与社会之间存在交互作用并进一步强调企业的全部利益相关者在追求各自利益目标时都要考虑这种相互关系;同时,他首次将自愿和非营利等看作是企业社会责任的核心特征③。

当然,其间也不乏反对"企业社会责任"的论调与声音,尤以 Friedman 最具代表性。与 Davis(1960)、Frederick(1960)和 Walton(1967)等学者积极的企业社会责任态度定义不同,Friedman(1962)对企业社会责任则给出了消极的定义。他认为,只有自然人才能承担责任,而公司作为虚拟人,其实际承担责任的是包括业主和公司管理者在内的商人④。因此,在委托—代理管理模式下,他认为,公司管理者履行社会责任必定是违背委托人的意愿而花委托人的钱,如此会减少股东的回报,进而从根本上动摇自由经济的基础。为此,他旗帜鲜明地提出:在自由经济情境下,企业有且仅有一个社会责任——那就是从事经营活动以增加利润。

20 世纪 70 年代,是企业社会责任概念研究相对活跃的时期。这一时期

---

① Eells,R.,Walton,C.,*Conceptual Foundations of Business*,Homewood:Richard D.Irwin,1961.

② See McGuire,J.W.,*Business and Society*.New York:McGraw-Hill,1963.

③ See Walton,C.C.,*Corporate social responsibilities*,Belmont:CA,Wadsworth,1967.

④ See Frederick W.C.,"The growing concern over business responsibility",*California Management Review*,1960(2),pp.54–61.

关于企业社会责任的定义显著增加①。提出了诸如企业社会表现(corporate social performance,CSP)、企业社会响应(corporate social responsiveness,CSR)和企业公民(corporate citizenship,CC)等概念。美国经济发展委员会创造性地使用三个同心圆来代表企业的经济、社会和文化责任。Steiner(1971)在Frederick(1960)和Davis(1960)企业社会责任的基础上进一步强调企业的责任应该与其规模一致,小企业也应该承担力所能及的社会责任②。Davis(1973)对自己1960年给出的企业社会责任概念进行了扩展,重新将企业社会责任定义为"对狭隘的经济、技术和法律要求之外问题的关注和响应"③。Eells and Walton(1973)则把企业社会责任看成企业对经济目标之外的社会需求和社会目标的关切④。Sethi(1975)讨论了企业社会表现(CSP)的维度,并将企业行为区分为社会义务(social obligation)和社会响应(social responsiveness)⑤。对于社会义务,他认为,企业社会义务意味着企业行为要与主流社会规范、价值观及行为预期一致。1975年,Davis(1975)又提出了企业社会责任五定理,即社会责任来自社会权利;企业的生产经营是一个双向开放系统,既要接受来自社会的投入,同时也要向社会公开其经营结果;企业在进行生产经营决策时应全面核算社会成本和社会收益;社会成本应计入产品和服务价格中,从而使消费者可以支付他的社会耗费;企业作为公民,除了承担社会成本外,还要尽力参与社会需要的其他活动⑥。

————————

①　See Arevalo Jorge A.,"Dimensions of corporate social responsibility:a time for new discourse",In *World Review of Entrepreneurship Management and Sustainable Development*,February 2009.

②　参见冯聪:《基于企业生命周期的企业社会责任与企业绩效关系研究》,西南交通大学学位论文,2015年。

③　Davis,K.,"The case for and against business assumption of social responsibilities",*Academy of Management Journal*,1973(16),pp.312−322.

④　See Eells,R.,Walton,C.,*Conceptual foundations of business*,Burr.Ridge,1974.

⑤　See Sethi,S.P.,"Dimensions of corporate social performance:an analytic framework",*California Management review*,1975,17(3),pp.58−64.

⑥　See Davis,K.,"Five propositions for Social Responsibility",*Business Horizon*,1975,18(03),pp.19−24.

1979 年,著名学者 Carroll 在总结和综合前人企业社会责任定义的基础上,在 *Academy of Management Review* 期刊上发表了题为"A Three-Dimensional Conceptual Model of Corporate Social Performance"的论文,文中集大成地提出了非常经典的企业社会表现的定义。该定义认为,企业社会表现有三个维度,第一个维度由企业对社会的经济、法律、伦理和慈善四个方面的责任构成;第二个维度由企业面对社会责任时可能采取的反应(reaction)、防御(defence)、适应(accommodation)及预防(pro-action)四种模式构成;第三个维度由企业应该处理的社会问题构成①。作为第一个较为全面的 CSP 模型,Carroll 模型具有两个基本特征,一是对企业社会责任概念的扩展;二是对企业社会责任、有效回应和回应行动的综合。

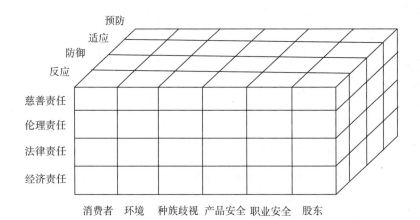

图 2-1 Carroll 企业社会表现三维概念模型

资料来源:Carroll,A.B.,"A Three-Dimensional Conceptual Model of Social Performance",*The Academy of Management Review*,1979,4(4),pp.497-505.

进入 20 世纪 80 年代后,学术界对企业社会责任概念辨析的热情逐渐消退,不过,Carroll(1979)的定义引起了许多学者的关注,并对其进行了深化和拓展。Tuzzolino and Armandi(1981)借用马斯洛的需求层次理论来分析企业

---

① See Carroll,Archie B.,"Corporate Social Responsibility:Evolution of a Definition Construct",*Business and Society*,1999,38(3),pp.268-295.

承担社会责任的动机,认为企业也与自然人一样有 5 个不同层次的需求并渴望得到满足,企业为满足不同层次的需求会承担相应的社会责任①。1985 年,Wartick 和 Cochran 在 Carroll(1979)定义的基础上,进一步准确地界定了企业社会表现。他们将公司社会表现定义为"公司社会责任表现反映了公司社会责任准则、社会回应过程和用于解决社会问题的政策相互间的根本作用"。② Wartick and Cochran(1985)的 CSP 模型,进一步综合了 Carroll(1979)模型中责任、回应和社会议题三个维度,用原则、过程和政策框架进行了重构,并且详细分析了企业社会责任与社会有效回应间的关系,使我们清楚地看到模型的层次性、整体性和连续性,摆脱了对社会责任纯理论概念的讨论,赋之以更实用的管理意义。最重要的是,这个模型加入了动态的过程概念,提出了解决问题的过程,形成了一个较为宽泛和具有代表性的定义。表 2-1 描述了 Wartick 和 Cochran(1985)的企业社会表现定义的具体内容。

表 2-1　Wartick and Cochran(1985)对企业社会表现定义的具体内容

原则	过程	政策
企业社会责任	企业社会响应	社会问题管理
经济	反应型	确认问题
法律	防御型	分析问题
伦理	适应型	形成回应
慈善	预防型	
指向:	指向:	指向:
企业的社会契约; 企业的道德代理	回应社会环境变化的能力; 形成回应的管理方法	最小化"意外事件"; 决定有效的社会政策
哲学导向	制度导向	组织导向

资料来源:Wartick,L.S.,Cochran,P.L.,The Evolution of the Corporate Social Performance Model[J].Academy of Management Review,1985,10(4),pp.758-769.

① See Tuzzolino,F.,Armandi,B.R.,"A need-hierarchy framework for assessing corporate social responsibility",*Academy of Management Review*,1981,(6),pp.21-28.

② Wartick,S.L.,Cochran,P.L.,"The Evolution of the Corporate Social Performance Model",*Academy of Management Review*,1985,10(4),pp.758-769.

自 Wartick 和 Cochran（1985）提出企业社会表现模型后，克拉克森（1988）、Reed（1990）等都对企业社会表现进行了定义，但他们的阐述都没有超过 Wartick 和 Cochran（1985）的定义范围。不过，值得一提的是，Miles（1987）提出的"具有实践基础的企业社会表现"模型。该模型以企业风险、高层管理人员理念、外部关系战略和外部关系设计为核心概念，以"理念—战略连接关系式"和"风险—设计权变关系式"为纽带构建而成①。图 2-2 描述了Miles（1987）的企业社会表现模型。

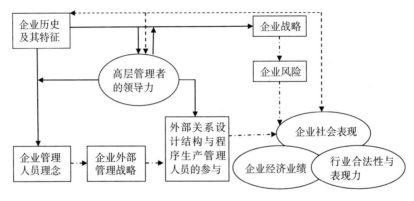

图 2-2　Miles（1987）的企业社会表现模型

20 世纪 90 年代，很少有学者提出新的企业社会责任定义，大部分学者仅就以前的定义进行修正或补充。1991 年，Carroll 重新审视了 1979 年提出的企业社会责任，并将第四类责任（自主责任）明确界定为"慈善责任"，而且将社会责任的四个内容整合在企业社会责任金字塔模型之中。Brummer（1991）拓展了 McGuire（1963）的定义思路，将企业责任划分为四种，企业经济责任、企业法律责任、企业道德责任和企业社会责任并认为 CSR 是不同于经济、法律、道德责任的企业责任②。Wood（1991）在对 CSP 概念和模型的演变进行回

---

① See Miles, R. H., *Managing the Corporate Social Environment: A Grounded Theory*, Prentice-Heall, Inc., 1987.

② See Brummer, J., *Corporate Responsibility and Legitimacy: an Interdisciplinary Analysis*, New York: Greenwood Press, 1991.

顾后认为,Carroll(1979)模型和 Wartick and Cochran(1985)模型还不足以反映企业社会表现的内涵[1]。首先,企业社会表现概念应该更关注行动和结果,而不限于整合不同的企业社会责任概念;其次,企业社会回应应该是由许多单一过程构成的过程网络;最后,社会议题的政策只是企业行为的一个结果,而这种结果可以是肯定的,也可以是否定的。考虑到上述三方面的原因,Wood(1991)提出了包含企业社会责任、企业回应过程和企业行为结果三个层面的修正模型[2]。基于修订的模型,Wood(1991)将 Wartick and Cochran(1985)的定义重新表述为"企业社会表现是指一个企业社会组织的社会责任原则、社会回应过程与政策和方案的构成及当它们与企业社会关系相联系时所产生的可能观察结果"[3]。1995 年,Swanson(1995)对 Carroll(1979)、Wartick and Cochran(1985)和 Wood(1991)对企业社会表现的定义进行了总体批评。他指出,企业社会责任模型集中体现了企业与社会研究领域中的一个中心理论难题,即经济观与责任观如何结合的问题。他认为,只有对 Wood(1991)的定义进行重新导向,让经济观和责任观都能在重新导向后的企业社会责任表现模型中得到表述,才能将企业社会责任原则、企业社会响应过程和企业行为结果联系起来[4]。所谓重新导向,指在个人、组织和社会层面上通过伦理过程和价值过程来建构企业的决策。包括扩大企业社会责任原则的内容、公司文化与规范化过程、社会影响三个方面的内容。其模型的具体内容见图 2-3。

　　当然,20 世纪 90 年代对企业社会责任概念发展产生重要影响的学者当属国际可持续发展权威,英国的学者约翰·埃尔金顿(John Elkington)。他于

---

[1]　See Wood,Donna J.,"Corporate Social Performance Revisited",*Acadmy of Management Review*,1991,16(4),pp.690-702.

[2]　See Wood,Donna J.,"Corporate Social Performance Revisited",*Acadmy of Management Review*,1991,16(4),pp.690-702.

[3]　Wood,Donna J.,"Corporate Social Performance Revisited",*Acadmy of Management Review*,1991,16(4),pp.690-702.

[4]　See Swanson,Diane L.,"Addressing a Theoretical Problem by Reorienting the Corporate Social Performance Model",*Academy of Management Journal*,1995,20(1),pp.43-64.

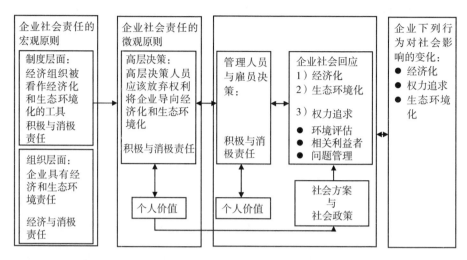

图 2-3 Swanson(1995)重新导向后的企业社会责任表现模型

资料来源：Swanson, D. L., "Addressing a Theoretical Problem by Reorienting the Social Performance Model", *Academy of Management Review*, 1995, 20(1), pp.43-64.

1997 年提出了三重底线理论。他认为就企业的社会责任而言，可分为经济责任、环境责任和社会责任。经济责任是企业传统的基本责任，主要体现在提高利润、按时纳税和股东分红等；环境责任就是要保护环境；社会责任是对社会其他利益相关方的责任。企业在进行生产经营活动时必须履行上述三个领域的责任，这就是企业社会责任相关的"三重底线理论"①。三重底线理论提出后，开始并没有引起人们的广泛关注，直到《拿叉子的野人：21 世纪企业的三重底线》一书出版后，才唤起了人们对三重理论的更大关注并逐渐成为 21 世纪企业社会责任概念的共同基础。

21 世纪以来，在企业社会责任定义方面没有太多新观点，基本上属于对以前定义的修正和扩展。如 2010 年 11 月，ISO 发布《ISO26000 社会责任指南》，在《指南》中定义的企业社会责任概念为"社会责任是指组织通过透明和

---

① See Elkington J., *Cannibals with forks: the triple bottom line of 21ˢᵗ century business*, Oxford: Capstone, 1997.

道德的行为为其活动和决策给社会和环境造成的影响所承担的责任。这种担责行为应致力于可持续发展、健康和社会福利,考虑利益相关方的期望,符合适用法律和国际行为规范,并被整合到整个组织及其关联实践关系之中",基本上是先前学术界关于企业社会责任概念的综合。

二、企业社会责任的驱动因素

随着企业社会责任运动的兴起和发展,诸如企业社会责任的动力是什么等问题越来越引起学术界的关注。实际上,自现代企业社会责任理念产生的那刻起,人们就开始思考这一问题,如被称为现代企业社会责任之父的 Bowen(1953)一开始就认为,企业社会责任是建立在企业自愿原则之上的,是纯粹的自愿行为,法律等强制要求承担的责任不在企业社会责任范畴之列。尽管 Bowen(1953)没有明确说明企业社会责任的驱动力,但从其观点中,我们不难解读出企业社会责任的驱动力在于企业内部。Bowen(1953)的观点得到了许多学者的支持。然而,也有学者持不同观点,他们认为,光靠企业内在的动力还不足以驱动企业社会责任之船扬帆而起,还必须加上外部驱动才能使企业社会责任运动蓬勃发展,如杜兰特等(2007)认为,在市场经济条件下,在企业社会责任问题上肯定会出现"搭便车"现象,而 Orlitzky(2005)认为,必须实施强有力的管制或巨大的社会压力才能确保企业履行社会和环境责任[①]。总之,对于企业社会责任行为的驱动因素,一直存在争议,迄今为止尚无定论,可谓是仁者见仁、智者见智。文献梳理发现,学者们对企业社会责任的驱动力研究主要从如下几个角度进行了分析。

(一)利益相关者理论视角

利益相关者理论认为,企业是建立在各种社会契约基础上的经济组织,其生存和发展离不开各利益相关方的参与,故企业应该对利益相关方的责任加

---

① See Orlitzky M., "Payoffs to Social and Environmental Performance", *Journal of Investing*, 2005,14(3),pp.48-52.

以关切。Freeman(1984)、Clarkson(1995)、Donaldson and Preston(1995)、Phillips(2003)、Merchant and Otley(2007)等学者认为,企业在股东、债权人、雇员、消费者、供应商、政府部门、社区等利益相关者的压力下,会主动承担社会责任①②③④⑤。而 Ferrell and Hult(2003)、Smith and Ward(2007)等则认为利益相关方对企业社会责任的驱动是通过"中介效应"来实现的,而这种"中介效应"的路径则表现为消费者和供应商等利益相关方会影响企业业绩,进而影响企业的社会责任行为。总之,从利益相关者理论视角研究的学者认为,企业履行社会责任的主要驱动因素是利益相关者的压力约束、中介效应或市场导向⑥。

(二)利益动机视角

20世纪中叶后,一些学者对于企业为什么会自觉承担社会责任这一问题从利益动机视角给出了不同的答案,形成了利他动机和利己动机两个截然不同的理论流派。

1. 利他动机论

该理论流派的主要代表人物是斯蒂纳(Steiner)、戴维斯和布洛姆(Davis and Blomstrom)。其核心观点是企业承担社会责任的出发点是利他。Steiner 在1975年出版的 *Business and Society* 一书中提出,企业的决策是利他和利己动机共同作用的结果。在利他动机的作用下,企业管理者会作出相对有利于

---

① See Freeman R E., *Strategic management:A stakeholder approach*, Boston:Pitman/Ballinger, 1984.

② See Clarkson M., "A stakeholder framework for analyzing and evaluating corporate social performance", *Academy of Management Review*, 1995,20(1), pp.92–117.

③ See Donaldson Thomas, Preston Lee E., "The Stakeholder Theory of the Corporation:Concepts, Evidence, and Implications", *Academy of Management Review*, 1995,20(1), pp.65–91.

④ See Phillips R, "Stakeholder legitimacy", *Business Ethics Quarterly*, 2003,13(1), pp.25–41.

⑤ See Merchant & Otley, *A review of the literature on control and accountability*, Handbook of mana, 2007.

⑥ See Smith, N., Ward, H., "Corporate Social Responsibility at a corssroads?" *Business Strategy Review*, 2007,18(1), pp.16–21.

社会而不利于企业的决策。Davis and Blomstrom 认为,具有社会责任意识的企业家除关注企业自身的技术和经济目标之外,还会认真考虑社会的公共目标。利他动机论者认为,企业之所以出于利他动机而自愿承担社会责任,主要是因为现代企业制度下,企业的股权日益分散,企业所有权和经营权高度分离所导致的经理人控制了企业的经营权,这为企业经理人关注股东以外的社会公益奠定了制度基础。所有权与经营权分离制度安排下的经理人"利他"动机最终导致企业的利他行为并致使企业自愿被投入偏离股东利益的领域。

20 世纪 80 年代初,Tuzzolino and Armandi 参照马斯洛关于个体需求层次理论提出了企业需求的五层次模型,从而使利他动机论者早期的管理者"利他"的动机进化为企业"利他"动机论。Tuzzolino and Armandi(1981)认为,企业作为经济行为主体,其需求也有五个层次:生存、安全、归属、尊重和自我实现①。这五个需求由低到高形成需求层次,而且与个体的需求一样,企业也只有当低层次的需求得到满足以后才会有高层次的需求。他们认为,自我实现需求是企业追求某种终极目标、意义或事业的需求,可分解为内部和外部两部分。内部部分是指企业关注、满足企业员工的利益诉求与愿望,如满意的薪酬、工作内容丰富化、养老金计划等;外部部分指企业关注和满足社区和政府的利益需求和愿望,以改善企业与社区及政府间的关系,如通过慈善捐赠、污染控制、提高产品质量等与社区和企业建立良好的社会关系。在 Tuzzolino and Armandi(1981)看来,企业追求自我实现主要体现在企业对社会公益的追求上,这种对社会公益的追求只有在其他四种需求得到满足的情况下才有可能实现,而且与企业出于自利动机追求的四种低层次需求不同,企业追求自我实现主要是出于利他动机,即社会公益动机。

---

① See Tuzzolino F, Armandi B R., "A need hierarchy framework for assessing corporate social responsibility", *Academy of Management Review*, 1981, 6(1), pp.21-28.

表 2-2　企业五层次需求

需求层次	需求内容	动机	定义	主要评价标准
第一层次	生存	自利	获得必要的利润以确保企业生产经营活动的正常开展	获利能力
第二层次	安全	自利	减少环境的不确定性并在市场竞争中立于不败之地	红利政策、股利发放率、竞争优势等
第三层次	归属	自利	与其他相关组织建立或保持建设性关系	贸易联盟、企业声誉、游说组织、讨价还价等
第四层次	尊重	自利	企业获得竞争优势	市场地位、产品领导、市场份额、价格影响力等
第五层次	自我实现	利他	追求某种终极目标、意义或事业	满意的薪酬、工作内容丰富化、与社区和政府良好的关系

资料来源：根据 Tuzzolino and Armandi(1981)整理。

2. 利己动机论

利己动机论源于传统主流经济学理性人这一基本假设。理性人假设理论认为，经济主体行为的基本动机是自身利益最大化。企业作为社会中的经济主体，其基本行为逻辑是追求利润最大化。利他动机的代表人物 Divas 较早的时候是企业社会责任利己动机论的主要倡导者。Divas(1960)认为，企业作为社会资源的占有者必须承担与其社会权势相一致的社会责任，否则，社会迟早会剥夺企业占有财富和影响社会的能力，这就是"戴维斯责任铁律"[①]。不难看出，"责任铁律"实际上隐含着企业承担社会责任主要是出于自我保护的利己动机的命题。Narver(1971)认为，追求市场价值最大化是企业及其管理者一贯的行为准则，而企业市场价值的现值主要取决于企业预期收益和伴随其收益的风险[②]。企业在承担社会责任方面投入资源尽管可能会减少当期收益，但却能向社会发出正面的积极信号并迎合社会对企业应承担更多社会责

---

① See Davis, K., "Can Business Afford to Ignore Social Responsibilities?" *California Management Review*, 1960(2), pp.70-76.

② See Narver J.C., "Rational Management Responses to External Effects", *Academy of Management Journal*, 1971, 14(1), pp.99-115.

任的要求,进而在资本市场上提升企业的预期收益并降低投资者的预期风险。McWilliams and Siegel(2001)从宏观经济学供求规律的角度分析了企业社会责任供给问题,认为企业在实现社会责任利益最大化方面,必须做到承担社会责任的边际收益等于承担社会责任的边际成本。由此得出了企业社会责任决策与其他投资绝没有本质差别,其根本动机在于承担社会责任收益最大化的结论①。

利己动机论不仅得到主流经济学家的普遍接受和赞同,也获得了实证研究的验证。如 Johnson(1966)通过分析美国国内税务署编制的 1936—1941 年公司收益与公司纳税申报单原始数据资料发现,寡头垄断企业的捐赠率明显高于竞争性企业和垄断企业②。之所以如此,究其原因在于寡头垄断企业易于通过捐赠获得竞争优势,竞争性企业则难以通过这种方式获得竞争优势,而垄断企业则根本没必要通过捐赠来获得竞争优势。10 年后,Whitehead(1976)用多元回归方法证实了 Johnson(1966)的经验性结论,并将企业捐赠行为视为完全利益驱动的非价格捐赠行为③。Keim(1978)通过分析美国国内税务署 1940—1971 年资产总额在 10 万美元以上公司的收益统计报告发现,企业捐赠率与企业规模之间呈负相关关系。他认为,企业捐赠率与企业规模之所以会出现反比例关系是因为大企业难以将捐赠收益私人化,从而导致缺乏内在的捐赠动力,而小企业的捐赠收益私人化相对容易,故捐赠率相对较高。此外,Keim(1978)还认为,捐赠收益具有规模门槛要求,因此,微小企业的捐赠率也低。最后,Keim(1978)总结道,20 世纪 50 年代以来,企业整体上之所以倾向于承担更多的社会责任并不是因为企业盈利动机发生了根本变

① See Mcwilliams, A., Siegel, D., "Corporate Social Responsibility: A Theory of the Firm Perspective", *Academy of Management Review*, 2001(26), pp.117-127.

② See Johnson O., "Corporate philanthropy: An analysis of corporate contributions", *Journal of Business*, 1966, 39(4), pp.489-504.

③ See Whitehead P., *Some economic aspects of corporate giving*, Virginia Polytechnic Institute and State University, 1976, pp.15-18.

化,而是因为企业的运行环境发生了根本变化,即便如此,但企业利己的动机恒定不变①。

(三)合规性理论视角

合规性理论是指企业的一切行为如果能获得社会认可,就可能获得社会赋予的合规性地位②。1976 年,Ramanthan 在研究企业社会责任研究中,首次引入合规性理论。Ramanthan(1976)认为,企业的行为只有在符合法律规范、组织规范等理性社会标准的情况下才会被认为是合规的,企业应在合规性范围内承担相应的社会责任③。之后,Moon(2004)、Schepers(2006)和 Campell(2007)等一些学者构建了影响企业社会责任表现的制度框架,Li and Chiang(2010)则进一步证实了政府规制、非政府组织、产业及社会合规性作为企业履行社会责任前置变量的重要性④⑤⑥⑦。

近年来,一些学者开始从政治寻租的视角来研究企业的社会责任行为。他们认为,企业之所以主动履行企业社会责任行为是因为这些企业看到了企业履行责任行为可以作为企业政治寻租的工具,通过正确使用企业责任行为这一政治寻租工具就可以迎合政府对企业的期望而获得占有更多社会资源的机会,进而提高利益最大化的概率。Su and He(2010)发现,为了获得更多的政

---

① See Keim,G.D.,"Managerial Behavior and the Social Responsibility Debate:Goals Versus Constraints",*Academy of Management*,1978,21(1),pp.57-68.

② 参见张晓、范英杰:《企业社会责任行为驱动因素研究综述》,《财政监督》2016 年第 2 期,第 101—103 页。

③ See Ramanathan,K.V.,"Toward a Theory of Corporate Social Accounting",*The Accounting Review*,1976,51(3),pp.516-528.

④ See Moon J.,"Government as a driver of corporate social responsibility",*International Centre for Corporate Social Responsibility*,2004.

⑤ See Schepers,D.H.,"The Impact of NGO Network Conflict on the Corporate Social Responsibility Strategies of Multinational Corporations",*Business Sociality*,2006,45(3),pp.282-299.

⑥ See Campell,J.L.,"Why Would Corporations Behave in Society Responsible Ways? An Institutional Theory of Corporate Social Responsibility",*The Academy of Management Review*,2007,32(3),pp.946-967.

⑦ See Li,J.,Chiang,D.T.,"Advancing corporate social responsibility in supply chain from behavioral perspectives",*Calif.J.*,2010,8(1),pp.83-92.

治资源,民营企业比国有企业更倾向使用企业社会责任这一政治寻租工具①。

(四)非正式制度理论视角

近年来,非正式制度理论成为分析企业社会责任驱动因素的新范式②。非正式制度理论由新制度经济学的先驱 Douglass C.North(1981)提出。该理论认为,社会中存在着两种制度安排,即正式制度和非正式制度。正式制度是指人们有目的地创造出来并通过国家等组织正式确立的成文规则,包括宪法、成文法、正式合约等,而非正式制度则是人们在长期的交往过程中逐渐形成的用于约束人们行为的不成文限制,是与法律等正式制度相联系的一个概念,包括价值观、伦理道德、风俗习惯、意识形态等③。有学者认为,在正式制度难以穷尽人的行为而无法对人的所有可能行为进行有效约束的情况下,价值信念、伦理道德及文化传统等非正式制度安排的作用将更加凸显,甚至主导着人们的社会生活。当正式制度和非正式制度发生冲突,致使正式制度流于形式甚至无法实施时,正式制度的有限约束和低廉的违规成本就无法形成企业对履行社会责任的刚性约束,也由此使得非正式制度理论成为解释企业主动履行社会责任行为研究的新范式。

1.国家层面的非正式制度

从国家层面的非正式制度安排来看,影响最广泛、最深刻的莫过于国家的传统文化。国家传统文化作为国家层面重要的非正式制度安排,奠定了企业的伦理基础并深刻地影响着企业社会责任态度和行为。Smith(2005)基于Hofstede(1980)的国家文化模型研究了国家文化对企业社会责任行为的影响,认为阴柔气质型社会比阳刚气质型社会更加重视社会责任履行;Peng et

---

① See Su, J., He, J., "Does Giving Lead to Getting? Evidence from Chinese Private Enterprises", *Journal of Business Ethics*, 2010(93), pp.73-90.

② 参见张晓、范英杰:《企业社会责任行为驱动因素研究综述》,《财政监督》2016年第2期,第101—103页。

③ See Douglass C., *North. Structure and Change in Economic History*, New York: W. W. Norton, 1981.

al.(2012)通过实证发现,个人主义和不确定性规避两个文化维度与企业社会责任表现呈显著正相关关系①。

2. 组织层面的非正式制度

虽然国家的传统文化会影响企业的社会责任态度,但企业社会责任行为的差异性还需要考虑组织层面的非正式制度影响。事实上,在组织层面的非正式制度安排中,企业文化同样也是非常重要的非正式制度安排,它隐形地影响着企业的社会责任态度和行为。Maignan et al.(1999)认为企业文化不仅影响其社会责任行为,甚至影响企业履行社会责任方式的选择②;Swanson(1999)认为具有社会责任导向的企业文化将成为企业未来社会责任发展的推进器;③Zadek(2004)以耐克公司为个案研究了企业文化对企业社会责任行为的影响④。Trevino & Nelson(2007)认为伦理型企业文化氛围有助于推进企业更好地履行社会责任⑤。Jones et al.(2007)认为建立在道德基础上的企业文化有助于推动企业履行社会责任⑥。

3. 个体层面的非正式制度

企业的主体是人,企业所有行为都是企业员工行为意愿的体现,因此,企业员工个体层面的非正式制度安排,尤其是企业高层管理人员的非正式制度会影响企业的社会责任行为。Hambrick & Mason(1984)认为企业高管的决策难

---

① 参见张晓、范英杰:《企业社会责任行为驱动因素研究综述》,《财政监督》2016 年第 2 期,第 101—103 页。

② See Maignan,I,Ferral O.C,Hult G.T.M.,"Corporate Citizenship:Cultural Antecedents and Business",*Marketing Science*,1999,27(4),pp.455−469.

③ See Swanson D L.,"Toward an integrative strategy of business and society:A research strategy for corporate social performances",*Academy of Management Review*,1999,24(3),pp.506−521.

④ See Zadek,Simon,"The Path to Corporate Responsibility",*Harvard Business Review*,2004,82(12),pp.125−132.

⑤ See Trevino,L.K.,Nelson,K.A.,*Managing business ethics:Straight talk about how to do it right*,John Wiley & Sons,Inc.,2007.

⑥ See Jones P.,Daphne Comfort,"What's in store? Retail Marketing and Corporate Social Responsibility",*Marketing Inttelligence & Planning*,2007,25(11),pp.17−30.

以达到经济意义上的"最优决策",是融合了个人价值观、心理认知、性格、背景等个人非正式制度安排的相对"理性决策"①。企业社会责任行为作为企业的一项重要战略决策,其决策必然受到企业高层管理人员的非正式制度安排影响②。Ibrahim & Angelidis(1994)研究发现女性高管的社会责任认知要高于男性,更愿意履行社会责任,而 Thomas & Simerly(1995)发现企业最高管理者的职业背景和经历会显著影响企业的社会责任行为,不过,其影响程度受行业类型的影响③④。

(五)动力源视角

一些学者对企业社会责任的动力源自何处进行了研究,形成了内外两种动力观。一种观点认为,企业社会责任是建立在自觉、自愿基础上的,对外界压力响应而不得不实施的社会责任行为不能称为真正的企业社会责任行为,因此,企业实施社会责任的动力主要源于企业内在的"善"德和寻求利润最大化的本性⑤。而另一种观点则认为,在市场经济条件下,如果没有外力约束,企业会实施内部成本外部化来降低成本,从而损害社会利益。为防止企业的内部成本外部化行为,社会就必须对其实施强有力的管制或约束,即用外部压力来迫使企业履行社会责任。

1. 企业社会责任的内部驱动力

现有文献对于企业社会责任内部动力机制的解释主要从道德和经济两个角度来展开。

---

① See Hambrick, D.C., Mason, P.A., "Upper Echelons: The Organization as a Reflection of Its Top Managers", *Academy of Management Journal*, 1984(9), pp.193-200.

② See Mudrack, P., "Individual Personality Factors that Affect Normative Beliefs about the Rightness of Corporate Social Responsibility", *Business and Sociality*, 2007, 46(1), pp.33-62.

③ See Ibrahim A.N., Angelidis J.P., "Effect of Board Members Gender on Corporate Social Responsiveness Orientation", *Journal of Applied Business Research*, 1991, 10(01), pp.35-40.

④ See Thomas, A.S., Simerly, R.L., "Internal Determinants of Corporate Social Performance: The Role of Top Managers", *Academy of Management Proceedings*, 1995(02), pp.411-415.

⑤ See Bowen, H., *Social responsibilities of the businessman*, Harper, 1953.

（1）企业的道德驱动着企业自觉履行社会责任行为

人们对企业管理者道德观念对企业社会责任推动作用的认知,很早就受到关注。事实上,无论是 Shedon（1924）的企业社会责任概念,还是 Bowen（1953）的《商人的企业社会责任》,抑或 Berle and Dodd 在 20 世纪 30—50 年代进行的企业受托人之辩,其前提和核心思想都是企业会自愿承担社会责任。也就是说,企业是自觉地去履行社会责任,而不是外力作用下的被动行为。在这种假说情景下,企业家或企业成了纯粹受道德良知驱使的企业社会责任实施人,他们实施慈善等社会责任行为完全是"发自内心",不带有任何商业目的,是出于更高的道德追求,而 Etzioni（1998）用实证方法证实了道德承诺会影响道德行为①。

Graafland et al.（2006）认为,许多企业由于具有承诺与包含道德责任和商业原则在内的企业文化,因此,在某些方面道德责任对企业社会责任具有更大的推动力②。他们通过研究荷兰 111 家大小公司（其中大公司 48 家,小公司 63 家）高层管理者的企业社会责任观和企业实际的企业社会责任实践之间的关系,结果发现,在对雇员关系的社会责任方面,道德动机相对于战略动机具有更大的驱动力,而在对消费者的社会责任方面,道德动机与战略动机的驱动力相当,在对供应商、竞争者和社区等利益相关者的社会责任方面,道德动机与战略动机的驱动力没有显著差别。

事实上,许多学者在支持企业履行社会责任的同时,也看到企业履行社会责任对企业盈利水平的影响,并由此认为企业的盈利目标与社会责任目标之间具有对立性。但现实中,人们发现企业的正直诚信及以对社会负责的方式进行经营更能获得社会的认可,改善企业的形象,进而促进企业的财务绩效。这说明,企业的社会责任行为与企业的盈利目标并不是不可调和的二元对立,

---

① See Etzioni, A., *The Essential Communitarian Reader*, Oxford: Rowman & Littlefield, 1998.

② See Graafland, J., B. V. Ven., "Strategic and Moral Motivation for Corporate Social Responsibility", *Journal of Corporate Citizenship*, 2006(22), pp.111-123.

完全可以共生。如 Thomas et al.(2004)的研究证明,与缺乏社会责任的企业相比,企业的诚实、正直和负责任的经营行为,可以有效降低企业的经营风险,可以减少包括政府罚款、律师和审计费等在内的不必要费用支出,此外,还可以减少诸如声誉损失、士气低落、员工离职、顾客流失等许多难以量化的隐性成本,如此最终提升企业的财务业绩①。

(2)企业社会责任的经济驱动

正如前文所言,企业的本性是逐利,追求利润最大化是企业内在化的行为准则。如果企业履行社会责任能满足其逐利天性,在逐利动机的驱使下,企业自然会有启动社会责任快速列车的动机。

首先,增加利润本身就是企业承担社会责任的一个重要方面。在企业社会责任的发展过程中,尽管学者们对企业社会责任的内涵存在广泛的争议,但对企业应承担经济责任,即为社会创造财富、为股东赚取利润这一责任却得到了绝大多数学者的赞成和认可。Hayek(1969)认为,为出资人赚取长期利润是企业唯一的责任;②Friedman(1970)也认为企业唯一的责任就是在法律限定的框架内为股东或企业所有者赚取利润③。美国经济发展委员会(1971)将有效执行经济职能确定为企业最基本的社会责任;Schwartz & Carroll(2003)将企业社会责任划分为经济、法律和道德三个领域,其中经济责任的核心内容就是通过提供满足消费者要求的产品或服务来赚取利润;Carroll(1979,1991)将企业社会责任划分为经济责任、法律责任、伦理责任和慈善责任四个层次,其中经济责任要求企业在经济活动中承担提供质量合格、价格公正的产品、满足股东、员工和企业生存所需要的物质需要、主动

---

① See Thomas, Terry, Schermerhorn Jr., John R., Dienhart, John W., "Strategic. Leadership of Ethical Behavior in Business", *Academy of Management Executive*, 2004, 18(2), pp.56–66.

② See Hayek, F.A., "The Corporation in a Democratic Society: In Whose Interest Ought it and Will it be Run?", In Ansoff, H.I.(ed.), *Business and society*, Harmondworth, 1969.

③ See Friedman M., "The social responsibility of business is to increase its profits", *The New York Times Magazine*, 1970(7), pp.375–380.

缴纳税款等经济职能①②。实际上,利润率的高低本身就是考核企业家或企业承担社会责任的重要指标,利润率高就意味着企业的产出高于投入,同时也意味着为社会创造的财富越多,因此,说明其尽到的社会责任就越大。

其次,履行企业社会责任可能改善企业的业绩。有学者认为,企业履行社会责任将占用企业有限的资源,从而削弱企业为股东盈利的能力,因此,认为企业会缺乏自觉履行社会责任的内在动力。但另一些学者则认为,企业履行社会责任可以改善企业形象,提升企业的社会声誉,减少不必要的显性和隐性成本而改善企业的利润表,因此,企业发展经济的强烈意愿就成为企业履行社会责任的内在动力③。

2. 企业社会责任的外部驱动力

尽管 Bowen(1970)早期曾将企业社会责任的驱动寄希望于企业的自愿和主动,但后来发现,企业的权利大而广泛,自愿社会责任很难有效约束企业,且

---

① See Schwartz, M. S., Carroll, A. B., "Corporate Social Responsibility: A Three Domain Approach", *Business Ethics Quarterly*, 2003, 13(4), pp.503-530.

② See Carroll, A.B., 1991, "The Pyramid of Corporate Social Responsibility: Toward the Moral Management of Organizational Stakeholders", Business Horizons, 1991, 34(4), pp.39-48.

③ See Turban D B., Greening D W., "Corporate social performance and organizational attractiveness to prospective employees", *The Academy of Management Journal*, 1997, 40(3), pp.658-672; See Siltaoja, M.E., "Value priorities as combining core factors between CSR and reputation: a qualitative study", *Journal of Business Ethics*, 2006, 68(1), pp.91-111; See Carroll, A.B., "A three-dimensional conceptual model of corporate social performance", *Academy of Management Review*, 1979, 4(4), pp.497-505; See Fombrun, C.J.and Van Riel, C.B., "What's in a name? Reputation building and corporate stratege", *Academy Management Journal*, 1990, 33(2), pp.233-256; See de Quevedo-Puente, Esther, de la Fuente-Sabaté, Juan Manuel, Fombrun, Charles J., "Corporate social performance and corporate reputation: two interwoven perspectives", *Corporate Reputation Review*, 2007, 10(1), pp.60-72; See Kwarteng, A., Dadzie, S., Famiyeh, S., "Empirical examination of sustainability and its effects on competitive advantage: evidence from a developing country's manufacturing sector", *Journal of Global Responsibility*, 2016, 7(1), pp.1-16; See Famiyeh S., Kwarteng A., Dadzie S.A., "Corporate social responsibility and reputation: some empirical perspectives", *Journal of Global Responsibility*, 2016, 7(2), pp.258-274; See Matthew Haigh, Marc T.Jones., "The Driver of Corporate Social Responsibility: A Critical Review", *Business Review Cambridge*, 2006, 5(2), pp.245-251; See Montabon, F., Sroufe, R., Narasimhan, R., "An Examination of Corporate Reporting, Environmental Management Practices and Form Performance", *Journal of Operations Management*, 2007, 25(5), pp.998-1014.

许多迫切的社会问题,如环境保护、种族平等、产品质量等,不能依靠企业在社会责任方面的自觉和自愿来解决,于是,他修正了自己的初期观点,放弃了"自愿原则",转而提出企业社会责任的有效性应该建立在社会对企业适当控制的基础上。有学者认为,要敦促企业履行社会责任需要政府、企业和公民积极参与,并达成一致行动。可以说,没有外部的驱动,企业社会责任就难以实现。

(1)企业社会责任的政府驱动

企业社会责任的政府驱动是指企业的生产经营活动应遵从政府制定的"游戏规则",否则,将面临来自政府的惩罚①②。Qu(2007)和 Steurer(2010)等学者认为,政府在企业社会责任的外在制度供给方面具有先天优势,因而在推动企业承担社会责任方面扮演的角色难以替代③④。政府对企业社会责任的约束主要体现在两个方面,一是政府作为社会公众的监护人及企业私利与社会公利的仲裁人,通过法律法规等形式引导和规范企业社会责任的走向和层次,确保其沿着社会期望的方向前行。二是对企业产生的难以通过市场机制来解决的负外部性问题,政府也可以通过引导企业履行社会责任来解决。

Givel(2007)研究发现,企业之所以承担企业社会责任,主要目的是与政府建立良好的关系,以提升企业公众形象,避免更为麻烦的政府管制⑤。Dummett(2006)的研究发现,政府立法或管制是促使企业承担环境责任的首位驱

① See Windsor D., "Corporate social responsibility:Three key approaches", *Journal of Management Studies*, 2006, 43(1), pp.93-114.

② 参见杨春方:《我国企业社会责任驱动机制研究》,华中科技大学博士学位论文,2009年。

③ See Qu, R., "Effects of government regulations, market orientation and ownership structure on corporate social responsibility in china:an empirical study", *International Journal of Management*, 2007, 24(3), pp.582-591.

④ See Steurer, R., "The role of government in corporate social responsibility:Characterizing public policies on CSR in Europe", *Policy Sciences*, 2010, 43(1), pp.49-72.

⑤ See Givel M., "Motivation of chemical industry social responsibility through Responsible Care", *Health Policy*, 2007, 81(1), pp.85-92.

动因素①。当企业认为政府的立法或管制能为企业创造一种确定且公平的捐赠环境时就能最大地减少"搭便车"现象的发生。不过,也有研究认为,政府的干预在多数情况下是多余或是低效的,因为企业为了提升自身的经营业绩会权变地承担相应的社会责任,而政府的立法干预可能打乱他们解决社会和环境问题的策略②③。Baden et al.(2009)对英国中小企业的调查研究发现,近半数中小企业对政府管制或强加的社会责任表示不满,甚至有33%的企业认为政府对企业强加社会责任会降低他们履行社会责任的水平并导致企业社会责任的"天花板效应"④。

(2)企业社会责任的社会驱动

企业作为社会经济系统的组成部分,其行为必然受到外部环境的影响和制约,而这种影响和制约程度取决于企业从外部获得的资源对企业存续或成功的贡献度大小及要承担风险的大小。他们因向企业让渡资源而获得了投票权利(woting power)、经济权利(economic power)和政治权利(political power),因而迫使企业满足其权益要求并承担相应的社会责任,由此形成了企业社会责任的社会驱动力⑤⑥。Frederick(1988)认为,企业社会责任的驱动力主要来自企业的利益相关群体,这些利益相关者包括:股东、消费者、员工、社区、非政

---

① See Dummett K., "Drivers for corporate environmental responsibility", *Environment Development and Sustainability*, 2006, 8(3), pp.375-389.

② See Orfitzky M., Schmidt F.L., Rynes S., "Corporate Social and Financial Performance: A Meta-analysis", *Organization Studies*, 2003, 24(3), pp.403-411.

③ See Kanter R.M., "From Spare Change to Real change", *Harvard Business Review*, 1999, 77(3), pp.122-132.

④ See Baden D.A., Harwood I.A., Woodward D.G., "The effect of buyer Pressure on suppliers in SMES to demonstrate CSR Practices: An added incentive or counter Productive?", *European Management Journal*, 2009(1), pp.1-13.

⑤ See Freeman R.E., "Strategic management: A stakeholder approach", Boston: Pitman/Ballinger, 1984.

⑥ See Mitchell R.K, Agle B.R, wood D.J., "Toward a Theory of Stakeholder Identification and Salienee: Defining Principle of Who and What Really Counts", *The Academy of Management Review*, 1997, 22(4), pp.853-886.

府组织、竞争者及环保组织等社会群体等。同时,他将利益相关群体分为直接和间接利益相关群体。直接利益相关群体是与企业直接发生市场交易的利益相关者,如股东、债权人、员工、分销商、供应商等;而间接利益相关群体是与企业发生非市场交易的利益相关者,如政府、非政府组织等。他们要么采用个体行动的方式、要么采用集体行动的方式、要么采用联合行动的方式对企业施压促使企业改变行为方式。

　　Dummett(2006)采用与企业高管、学者和环保人士访谈的形式对诸如市场优势、风险规避、来自消费者和股东及非政府组织压力、社会期望等企业的外部驱动因素对企业环境责任的驱动作用进行了研究,结果发现:保护或提升企业的形象声誉、成本节约、规避风险或对企业环境责任的不利报道及社会期望等因素对企业环境责任的驱动作用明显,而追求市场优势、股东的压力、消费者压力对企业环境社会责任的驱动作用并不突出①。至于企业履行环境责任的非政府组织作用则是仁者见仁、智者见智。一些企业管理者不承认非政府组织在驱动企业环境责任方面所发挥的积极作用,而环保人士和学者都比较认同他们的积极作用。Brekke & Nyborg(2008)的研究发现,高素质的员工是企业社会责任行为的积极推进者②。许多学者研究了消费者对企业社会责任的推动作用,发现消费者强有力的支持显著地驱动着企业的社会责任行为,其原因在于企业的社会责任将提升顾客对企业和产品的认同度和满意度,从而提升企业的声誉和捐赠优势③。

---

　　①　See Dummett K., " Drivers for corporate environmental responsibility ", *Environment Development and Sustainability*, 2006, 8(3), pp.375-389.

　　②　See Brekke K.A., Nyborg K., "Attracting responsible employees: Green production as labor market screening", *Resource and Energy Economics*, 2008, 30(4), pp.509-526.

　　③　See Luo X., Bhattacharya C.B., "Corporate social responsibility, customer satisfaction, and market value", *Journal of Marketing*, 2006, 70(4), pp.1-18; Baden D.A., Harwood I.A., "Woodward D G The effect of buyer pressure on suppliers in SMEs to demonstrate CSR practices: An added incentive or counter productive?", *European Management Journal*, 2009(1), pp.1-13; Wael Hassan El-Garaihy, Abdel-Kader Mohamed Mobarak, Sami Abdullah Albahussain., "Measuring the Impact of Corporate Social Responsibility Practices on Competitive Advantage: A Mediation Role of Reputation and Customer Satisfaction", *International Journal of Business and Management*, 2014, 9(5), 109-124.

三、企业社会责任的内容维度

自 20 世纪初企业社会责任思想提出以来,国内外的许多学者和机构就开始了对企业社会责任定义、内容边界及其维度的探索,形成了几百种定义和内容维度,可谓百花齐放、百家争鸣,呈现出企业社会责任"概念丛林"现象,并随着 CSR 概念的衍生和扩展,不断丰富和具体化,从最初的一维扩展到最多十一维责任[1][2]。

企业社会责任内容的一维观点。最初,学者们认为,企业的唯一责任就是追求利润最大化,如 Hayek(1960)认为企业唯一的目的就是为股东赚取长期利润,Friedman(1970)也指出企业除了在法律限定内为其股东或企业所有者追求利润外便别无他责[3][4]。

企业社会责任内容的两维观点。企业社会责任内容两维观点的典型代表人物有 Steiner et al.(1980)、Gallo(1980)和 Frederick et al.(1983)[5][6][7]。Steiner et al.(1980)和 Gallo(1980)依据企业系统边界将企业社会责任简单地划分为内在社会责任和外在社会责任两个维度。不过,Steiner et al.(1980)所指的内在企业社会责任是指企业合法且公正地开展内部人力资源管理活动,而外在企业社会责任则是特指激发少数团体的创业精神,培养或雇用残障人

---

① 参见肖红军、李伟阳、许英杰:《企业社会责任评价研究:反思、重构与实证》,经济管理出版社 2014 年版。

② 参见刘凤军、杨崴、王嫽莹、李敬强:《中外企业社会责任研究综述》,《经济研究参考》2009 年第 12 期,第 37—41 页。

③ See Hayek,*The Constitution of Liberty*,Chicago:The University of Chicago Press,1960.

④ See Friedman M.,"The social responsibility of business is to increase its profits",*The New York Times Magazine*,1970(7),pp.375-380.

⑤ See Steiner G.A.,Steiner J.F.,*Business,Government and Society:A Managerial Perspective*,Third Edition.New York:Random House,1980.

⑥ See Gallo,M.A.,"The Family Business and Its Social Responsibilities",*Family Business Review*,2004(6),pp.135-148.

⑦ See Frederick,William C.,"Toward CSR3:Why Ethical Analysis is Indispensable and Unavoidable in Corporate Affairs",*California Management Review*,1983,28(2),pp.126-141.

员。Gallo(1980)通过对家族企业的研究,认为企业内部社会责任包括向社会提供符合预期要求的产品或服务、创造财富、企业员工的全面发展及企业的可持续发展,而外部责任主要是通过纠正或阻碍对社会和谐发展产生破坏行为的努力而得以体现。Frederick et al.(1983)将企业社会责任分为强制性责任和自愿性责任两个维度①。强制性责任是指法律法规规定企业必须履行的责任,如保护生态环境、维护就业机会公平、保护消费者权益等,而自愿性社会责任主要包括慈善捐助、推进社会的和谐发展、为政府的国家和地方治理献计献策等。

企业社会责任内容的三维观点。企业社会责任内容的三维观点的代表主要有美国经济发展委员会的"同心圆"模型、Sethi(1975)的三维行为模型、Elkington(1979)的三重底线模型及 Schwartz & Carroll(2003)的三领域模型②③④。1971年,美国经济发展委员会在发表的《工商企业的社会责任》报告中,提出了企业社会责任的"同心圆"模型。该模型将企业应履行的社会责任用内、中、外三个圆圈来表示。其中,"内圈"表示企业应履行的基本责任,即经济责任;"中圈"为企业履行经济功能要与社会价值观和关注的重大社会问题相结合;"外圈"表示企业承担的促进社会进步等更广泛的其他社会责任。Sethi(1975)在 McGuire(1963)的基础上提出了企业满足社会需要的三维模型:社会义务、社会责任和社会响应⑤。社会义务指企业响应市场治理和法律约束的行为;社会责任则是指将企业行为提高到与社会规范、社会价值、社会期望一致的水平;社会响应则是关于企业对变迁的社会需要做长期性准备

---

① See Frederick,William C.,"Toward CSR3:Why Ethical Analysis is Indispensable and Unavoidable in Corporate Affairs",*California Management Review*,1983,28(2),pp.126-141.

② See Sethi,S.R.,"Dimensions of corporate social responsibility",*California Management Review*,1975,17(3),pp.58-64.

③ See Elkington J.,"Cannibals with Forks:The triple bottom line of 21ˢᵗ century business",Capstone:Oxford,1997.

④ See Schwartz M.S.,Caroll A.B.,"Corporate Social Responsibility:A Three Domain Approach",*Business Ethics Quarterly*,2003(13),pp.503-530.

⑤ See McGuire,J.W.,*Business and Society*,New York:McGraw-Hill,1963.

的行为。1979 年,英国学者 Elkington 提出了关于企业社会责任的"三重底线"模型。该模型认为,企业行为要满足经济、社会和法律底线,它不仅是衡量和报告企业经济、法律与环境业绩及责任,而且包括一系列价值观、问题和过程,企业要平衡好经济、社会和环境的关系。2003 年,Schwartz & Carroll 在分析企业社会责任"金字塔"模型局限性的基础上,提出了三领域模型,又称"维恩图"模型。该模型认为,可将企业应履行的社会责任内容分为三个领域:经济、法律和道德领域。其中经济领域是"那些对企业有正面经济影响的直接或间接活动",法律领域是"企业对反映社会统治者意愿的法律规范的响应",而道德领域则是指"利益相关方对企业道德责任的期望"。同时该模型还认为,企业社会责任的这三个分领域具有同样的重要性。

企业社会责任内容的四维观点。四维观点的代表有 Carroll(1979,1991)的"金字塔"模型①②。该模型认为,企业社会责任包括经济责任、法律责任、伦理责任和慈善责任四个方面。经济责任是指在经济活动方面应该承担的职责,如提供满足消费者需要的产品、主动纳税、为股东盈利等;法律责任是指企业在依法享有相应权利的同时必须承担遵守法律法规条款约束的责任;道德责任要求企业行为正确、公正和合理,符合社会准则、规范和价值观;慈善(自愿)责任是企业按照主流的社会价值观和社会期望自愿承担的责任,如捐助慈善机构、参与社会公益事业等。

企业社会责任的六维度观。企业社会责任六维度观的主要代表是国际会计公司(Emst & Emst)。国际会计公司在 1971 年就运用文本内容分析法对财富 500 强企业披露的社会责任信息进行了跟踪研究,得出企业社会责任包括环境、员工、机会平等、社会、产品及其他六个维度。

---

① See Carroll,A.B.,"A three-dimensional conceptual model of corporate social performance", *Academy of Management Review*,1979,4(4),pp.497-505.

② See Carroll,A.B.,"The Pyramid of Corporate Social Responsibility:Toward the Moral Management of Organizational Stakeholders",*Business Horizons*,1991(4),pp.39-48.

企业社会责任的 11 维度观。Isabelle & David（2004）通过对美国、英国、法国和荷兰四个国家的调研,提出企业社会责任涉及社会、顾客、员工、股东、供应商 5 个方面,这 5 个方面具体可以展示为 11 个维度①。这 11 个维度分别为:艺术与文化建设、赞助教育、提高全民生活质量、环境保护、产品或服务的质量、机会平等、健康与安全、创造利润、信息公开、公司治理、机会公平等。

四、企业社会责任的评价

著名管理学大师德鲁克说过"你如果无法度量它,就无法管理它"。要对企业社会责任问题进行有效管理,就必须对它进行有效测度。因此,对企业社会责任评价进行研究就成了企业社会责任研究的主要内容之一。国外理论界对企业社会责任评价的早期研究可分两种类型,一类是基于社会问题的评价,另一类是基于利益相关者的评价。对社会问题的评价框架主要是从企业社会责任的概念和理论规范出发,提出对企业社会责任进行评价的指标体系。但从现有文献来看,所有被关注的社会问题,都涉及一个或多个利益相关者群体,因此,近年来基于社会问题的研究方法越来越受到质疑,而另一种利益相关者方法越来越受到重视。

（一）国外早期评价企业社会责任的主要方法

对企业社会责任评价,西方相继出现了多种不同的利益相关者评价模型,其中影响最大的当属美国学者 Jeffery（1982）的外部利益相关者评价法和 Clarkson（1995）的 RADP 法②③。

---

①　See Isabelle Maignan,David A.Ralston,"Corporate Social Responsibility in Europe and the U. S.Insights from Businesses' Self-Presentations",*Journal of International Business Studies*,2002,33(3), pp.497-514.

②　See Jeffery Sonnenfeld,"Measuring corporate performance",*Academy of Management Proceeding*,1982(6),pp.7-11.

③　See Clarkson,M.B.E.,"A stakeholder framework for analyzing and evaluating corporate social performance",*Academy of Management Review*,1995,20(1),pp.92-117.

　　Jeffery(1982)采用外部利益相关者方法从社会责任和社会敏感性两个方面对 6 家美国林业企业的企业社会责任进行了评价研究。他之所以采用外部利益相关者方法进行企业社会责任研究,是因为他认为企业社会责任评价的目的是完善自我和对利益相关者的管理,让外部的利益相关者对企业的社会责任进行评价,必须更多地考虑利益相关者管理的社会影响(社会敏感性)。企业如此不仅可以清楚自身的企业社会责任在同行中的位置,进行有效的资源配置,而且可以促进企业最高管理者与利益相关者的沟通。

　　Jeffery(1982)通过与 6 家企业的 103 名经理多次面谈后确定了调查内容和对象并设计了问卷。问卷要求企业的利益相关者(包括投资分析家、政府监督员、国会议员、学者等)对这 6 家企业的社会责任和社会敏感性进行分析评价。对企业的社会敏感性从外部人员的可接近性、应对公共问题的准备、在公共活动中的可靠性和一致性、企业言论的可靠性、外部批评者眼中的合法性、外部事件的关注度、明晰的企业利益与公众利益 7 个维度进行评价。

　　Jeffery(1982)的外部利益相关者方法从外部利益相关者的角度来评价企业的社会责任不仅为利益相关者维护自身的权益提供了机会,也为不同企业的社会责任对比提供了客观可靠的依据。不足之处在于它只关注外部利益相关者而忽视了内部利益相关者,另外没有差异性地对待社会责任的 7 个维度。

　　Clarkson(1995)认为企业既不是慈善机构,也不是政府机构,因此,对企业社会责任的评价应以利益相关者理论框架为基础来构建模型。他将企业的利益相关者区分为主要相关者和次要利益相关者。主要利益相关者是指缺少他们企业将难以运行的利益相关者,如股东、供应商、顾客等;次要利益相关者是指影响企业或被企业影响的群体,其特点是他们不直接介入企业的事务。在此基础上,Clarkson(1995)借鉴 Wartick and Cochran(1985)描述企业社会责任战略的四个术语(对抗性、防御性、适应性和预见性),建立了企业社会责任的 RDAP 评价模式。该模式包括两个部分,第一部分为 ETHIDEX 指数,该指数主要用来度量企业各利益相关者群体的相关责任和问题,同时也为确定、收集和组织有关数据提供框架;第二部分为依据第一部分来对企业绩效评价,具体又包括对企业经济业绩表现的评价和对利益相关者表现的评价两方面。

除此之外,声誉指数法、内容分析法和问卷调查法均不同程度地受到专家学者的青睐和眷顾。声誉指数法(Reputation Index)主要是由专家学者对企业各类相关政策进行主观评价后得出的排序结果。社会责任指数最早由美国经济优先权委员会(CEP)在1971年用于对24家造纸企业的污染控制排名。后来,Vance(1975)和Heinze(1976)也用该方法对企业的社会责任表现进行评价①②。20世纪80年代,由《财富》杂志开发的"公司声誉评级法"受到众多学者的推崇和喜爱③④。内容分析法(Content Analysis)也是企业社会责任研究中广泛采用的方法之一,它主要是通过对企业公开的报表或文件披露的定性信息进行编码分类,然后来评价企业的社会责任状况,它以企业披露的社会信息量作为社会责任的代理变量,但现实中,管理者隐瞒或虚报企业社会责任信息将导致评价结果的较大误差⑤⑥。问卷调查法通过设计可直接操作化的题项将企业社会责任的各维度编制成问卷,然后通过被调查者对企业社会责任各维度题项的回答来分析评价企业的社会责任状况。运用问卷调查法来评

---

① See Vance S.C., "Are socially responsible corporations good investment risks", *Aacdemy Management Review*, 1975, 64(8), pp.18–24.

② See Heinze D.C., "Financial correlates of a social involvement measure", *Akron. Business and Economic Review*, 1976(2), pp.48–51.

③ See Fombrun C., Shanley M., "What's in a name? Reputation building and corporate strategy", *Academy of Management Journal*, 1990(2), pp.233–258.

④ See Thomas, A., Simerly, R., "The Chief Executive Officer and Corporate Social Performance: An Interdisciplinary Examination", *Journal of Business Ethics*, 1994, 13(12), pp.959–968.

⑤ See Abbott W.F., Monsen R.J., "On the Measurement of Corporate Social Responsibility: Self Reported Disclosures as a Method of Measuring Corporate Social In volvement", *Academy of Management Journal*, 1979, 22(3), pp.501–515.

⑥ See Unerman, J., "Methodological issues—Reflections on quantification in social reporting content analysis", *Accounting, Auditing and Accountability Journal*, 1999, 13(5), pp.667–680.

价企业社会责任相关主题的理论成果中,最具影响力的是 Aupperle et al. (1985)①。他们基于前人的研究开发出包含 80 个题项的企业社会责任问卷,实际上,该问卷更适合对企业管理者的社会责任认知进行测量。

(二)国外组织机构对企业社会责任的评价

随着企业社会责任实践的不断发展,包括非政府组织、政府机构等在内的各类组织对企业社会评价指标进行了探究,形成了几个在全球范围内有较大影响力的评价指标,如 KLD 指数、道琼斯可持续发展指数等。

KLD 指数是西方企业社会责任领域中应用最广泛的测评工具之一,由 KLD 公司(Kinder, Lydenberg and Domini Research & Analytics)的分析师独立创设,旨在评价企业和利益相关者之间关系的一种评级标准。它从环境、社区关系、雇佣关系、机会平等、消费者关系等几个方面对企业的社会责任绩效进行评价。KLD 指数的突出优点表现在两个方面,一是允许评价人员跨越时间维度对企业社会责任进行持续评价,从而较好地把握企业社会责任状况的变化;二是评价由独立的第三方实施,增加了评价的公正性和客观性。当然,缺点是没有加权,仍需依靠个人倾向性做判断。

道·琼斯可持续发展指数(The Dow Jones Sustainability Indexes. DJSI)由道·琼斯公司、斯达克斯(STOXX)和 SAM 集团三家公司于 1999 年联合推出,是全球第一个把可持续发展融入公司财务业绩表现的指数,也是在全球范围内专门追踪在可持续发展方面走在前列的企业表现指数。指数中的指标分为两类:一类为通用指标,另一类为与特定产业相关的指标。通用指标适用于所有产业,而与特定产业相关指标的选择主要考虑特定行业所面临的挑战和未来发展趋势,两类指标权重各占 50%。评估分为经济、环境和社会部分,涵盖了问卷调查、媒体以及利益相关方的分析。

---

① See Aupperle, K. E., Carroll, A. B., Hatfield, J. D., " An empirical examination of the relationship between corporate social responsibility and profitability", *Academy of management Journal*, 1985,28(2), pp.446-463.

五、企业社会责任与企业绩效之间的关系

自企业社会责任运动兴起以来,对企业社会责任与企业绩效之间关系的研究就成为业界和学术界关注的焦点。但 20 世纪 70 年代之前,学术界主要采用定性方法对其进行分析。1972 年,Moskowitz 对 14 家企业长达半年的研究拉开了两者关系实证研究的序幕,之后,许多学者开始了企业社会责任与企业绩效关系实证研究的历程,他们分别从成本理论、代理理论、利益相关者理论、企业声誉理论等视角对两者的关系进行了大量的实证研究,形成了非常丰富的文献[1]。然而,文献梳理发现,尽管学者们为之付出了巨大心血,但在企业社会责任和企业财务绩效之间关系的问题上依然没有取得一致认可的研究结论,从正相关、负相关到不相关的观点都不同程度地得到学者们的支持[2][3][4][5][6]。

Roman et al.(1999)对 55 篇关于企业社会责任与企业经营业绩之间关系的实证文章进行元分析,发现其中有 33 篇的研究结论为正相关,有 5 篇的研究结论为负相关,有 14 篇的研究结论为不相关[7]。Margolis & Walsh(2001)对 1972—1994 年发表的研究企业社会责任与经营业绩之间关系的 51 篇文章进

[1]　See Moskowitz,M.,"Choosing socially responsible stocks",*Business and Society*,1972(1),pp.71-75.

[2]　See Jones,T.M.,Wicks,A.C.,"Convergent Stakeholder Theory",*Academy of Management Review*,1999,24(2),pp.206-221.

[3]　See Berman S.L.,Wicks A.C.,Kotha S.,et al.,"Does Stakeholder Orientation Matter? The Relationship between Stakeholder Management Models and Firm Financial Performance",*Academy of Management Journal*,1999,42(5),pp.488-506.

[4]　See McWilliams A,Siegel D.,"Corporate Social Responsibility and Financial Performance:Correlation or Misspecification?"*Strategic Management Journal*,2000,21(3),pp.603-609.

[5]　See Margolis J.D.,Walsh J.P.,"Misery loves companies:Rethinking social initiatives by business",*Administrative Science Quarterly*,2003,48(2),pp.268-305.

[6]　See Allouche J.,Laroche P.,"A Meta-Analytical Investigation of the Relationship between Corporate Social and Financial Performance",*Revue De Gestion Des Resources Humaines*,2005,57(7),pp.18-41.

[7]　See Roman,R.M.,Hayibor,S.and Agle,B.R.,"The relationship between social and financial performance:Repainting a Portrait",*Business And Society Review*,1999,38(1),pp.109-125.

行了统计分析。他们发现,结论为负相关的论文有 20 篇、结论为正相关的 33 篇、还有 9 篇没有得出明确的结论,其中,部分论文还同时得出正相关和负相关或不相关等不一致的结论。

(一)企业社会责任积极影响企业的经营绩效

在企业社会责任与企业经营绩效关系的众多研究中,许多学者通过收集企业社会责任与经营业绩的统计数据,构建统计研究模型实证地分析了企业社会责任行为对企业经营业绩的影响,得出了企业社会责任会积极影响企业财务绩效的结论。

Bragdon & Marlin(1972)用股东权益回报率作为衡量企业经营绩效指标研究企业社会责任对股东权益回报率的影响,发现企业社会责任与企业的股东权益回报率成正相关关系。Parket & Eilbirt(1975)采用股东权益回报率、利润率和每股收益率或资产回报率等指标作为衡量企业财务绩效的指标,也证明了企业社会责任对企业绩效的正作用[1][2]。

Cochran & Wood(1984)以资产年限等为控制因素,以营业利润和销售额的比率、超常价值、总资产营业利润率三类科技收益指标为自变量,分别对1970—1974 年的 39 家上市公司和 1975—1979 年的 36 家企业绩效进行研究,研究发现,即使控制了公司资产年限等因素,企业社会责任依然对企业财务绩效产生积极影响[3]。Freeman(1997)通过元分析证明了企业社会责任行为与企业财务绩效之间具有正相关关系[4]。Stanwick et al.(1998)选用满足财富声誉指数所列企业、污染排放排名靠前的 500 家企业、盈利水平和销售水平能从

---

① See Bragdon,J.H.,Marlin,J.T.,"Is Pollution Profitable",*Risk Management*,1972,19(2),pp.9-18.

② See Parket I.R.,Eilbirt H.,"The practice of business social responsibility underlying factors",*Business Horizons*,1975,18(4),pp.5-10.

③ See Cochran P.L.,Wood R.A.,"Corporate Social Responsibility and Financial Performance",*Academy of Management Journal*,1984,27(1),pp.42-56.

④ See Freeman J.,"Socially irresponsible and illegal behavior and shareholder wealth:A meta-analysis of event studies",*Business and Society*,1997(36),pp.221-249.

财富 500 强列表中获得三个条件的企业为样本,分析 1987—1992 年样本企业的社会绩效与企业规模、企业营利性及企业排污量之间的关系,结果部分支持了正向协同的假设[1]。Ruf et al.(2001)的研究结果表明,企业社会表现的改善能给企业带来短期和长期效益[2]。Verschoor and MurPhy(2002)将《商业伦理》评出的 100 家在企业社会责任方面表现最佳的企业公民与"标准普尔 500 强"中的其他企业的财务绩效进行比较,发现"最佳公民企业"的整体财务状况明显优于标准普尔 500 强的其他企业[3]。Mengue & Ozanne(2005)对 140 家澳大利亚制造企业的企业环境责任与企业税后利润及市场份额间的关系进行了研究,发现企业环境责任行为与税后利润及市场份额显著正相关,与企业销售额增长负相关[4]。Mc Williams et al.(2006)从企业战略角度研究了企业社会责任问题,他认为企业社会责任能维护或提升企业的声誉,形成企业差异,进而给企业带来额外价值[5]。Montabon et al.(2007)利用 45 家企业的报告资料研究了企业环境责任行为与企业财务绩效之间的关系,发现企业环境责任行为与企业财务绩效之间显著正相关[6]。Mittal et al.(2008)采用统计回归和

---

[1] See Stanwick P.A.,Stankwick S.D.,"The Relation Between Corporate Social Performance and Organizational Size,Financial Performance and Environmental Performance:an Empirical Examination",*Journal of business ethics*,1998,17(2),pp.195-205.

[2] See Ruf,B.,K.Muralidhar,R.Brown,J.Janney,K.Paul,"An Empirical Investigation of the Relationship Between Change in Corporate Social Performance and Financial Performance:A Stakeholder Theory Perspective",*Journal of Business Ethics*,2001,32(2),pp.143-156.

[3] See Verschoor,C.C.,Murphy,E.,"The Financial Performance of Large U.S Firms and Those with Global Prominence:How Do the Best Corporate Citizens Rate?",*Business and Society*,2002(107),pp.371-380.

[4] See Menguc,B.,Ozanne,L.K.,"Challenges of the Green Imperative:A natural resource-based approach to the environmental orientation-business performance relationship",*Journal of Business Research*,2005(58),pp.430-438.

[5] See McWilliams,A.,Siegel,D.S.,Wright,P.M.,"Corporate social responsibility:strategic implications",*Journal of Management Studies*,2006,43(1),pp.1-18.

[6] See Montabon F,Sroufe R,Narasimhan R.,"An Examination of Corporate Reporting,Environmental Management Practices and firm Performance",*Journal of Operations Management*,2007,25(5),pp.998-1014.

相关分析法研究了印度几家成功开展企业社会责任活动企业的伦理承诺与企业财务业绩之间的关系,发现企业伦理承诺尽管没有显著增加企业的增加值,但具有较高伦理承诺公司的市场增加值不会比不具有商业道德的公司的市场增加值低①。Surroca et al.(2010)采用来自 28 个国家 599 家企业的数据,实证分析了企业社会责任与财务绩效之间的关系,发现两者之间并没有直接的相关关系,不过,研究也发现,企业履行社会责任可以通过提升"无形资产"而间接达到提升财务业绩,即企业社会责任对企业财务业绩尽管没有直接效应,但具有间接效应②。Kanwal et al.(2013)使用相关分析研究了巴基斯坦卡拉奇证券交易市场上 15 家上市公司企业社会责任对企业业绩的影响,发现企业社会责任与企业业绩存在积极的相关关系,不仅如此,企业社会责任还会增加企业的社会价值和声誉③。Nollet et al.(2016)采用非线性模型分析了标准普尔 500 指数企业 2007—2011 年的彭博环境治理披露得分与资产回报率、资本回报率及股票超额收益之间的关系,发现两者呈倒 U 型关系,认为从长期来看,企业社会表现与企业财务业绩之间呈正相关关系④。Masoud & Halaseh(2017)采用面板数据的固定效应和随机效应分析法研究了约旦安曼证券交易所企业社会责任与企业财务业绩和市场绩效之间的关系⑤。固定效应的分析结果表明,企业社会责任与财务绩效和市场绩效之间具有积极但不显著的关系。Mehralian et al.(2017)通过问卷调查法收集到 933 份调查问卷,然后使

① See Mittal,R.K.,Sinha,Neena,Singh,Archana.,"An analysis of linkage between economic value added and corporate social responsibility",*Management Decision*,2008,9(46),pp.1437–1443.

② See Surroca J,Triba J.A.,Waddock S.,"Corporate Responsibility and Financial Performance: The Role of Intangible Resources",*Strategic Management Journal*,2010,31(5),pp.463–490.

③ See Kanwal M.,Khanam F.,Nasreen S.,Hameed S.,"Impact of corporate social responsibility on the firm's financial performance",*Journal of Business and Management*,2013,14(5),pp.67–74.

④ See Nollet J.,Filis G.,Mitrokostas E.,"Corporate social responsibility and financial performance:a non-linear and disaggregated approach",*Econ Model*,2016,52(B),pp.400–407.

⑤ See Masoud N.,Halaseh A.,"Corporate Social Responsibility and Company Performance:An Empirical Analysis of Jordanian Companies Listed on Amman Stock Exchange",*Canadian Journal of Behavioural Science*,2017,19(1),pp.1–26.

用结构方程模型研究了伊朗制药业企业的社会责任对企业业绩的影响,分析发现企业社会责任通过质量管理的调节效应显著地影响企业的各项业绩[①]。Maqbooln et al.(2018)研究了印度背景下银行业企业社会责任与经营业绩之间的关系,他们使用 28 家商业银行 10 年(2007—2016 年)的数据进行分析,发现企业社会责任与企业经营业绩之间存在显著的相关关系[②]。

此外,还有很多学者的研究也支持了企业社会责任正向显著地影响着企业的财务业绩。如 Bromily & Marcus(1989)、Hart & Ahuja(1994)、Frooman(1997)、Lech(2013)、Beltratti(2005)、Jamali et al.(2008)、Kim et al.(2013)、John et al.(2013)等。

(二)企业社会责任消极地影响企业的经营业绩

文献中,尽管有许多学者的实证研究支持了企业社会责任行为会显著正向地影响企业经营业绩的结论,但也有相当一部分学者得出了截然相反的研究结论,认为企业的社会责任行为对企业经营业绩具有消极的反向作用。

Vance(1975)用了 3 年的时间对 Moskowitz 挑选的企业进行了跟踪调查,发现这些企业股价下跌,且比三大指数的平均水平低得多。为进一步证实这一发现,他又对比了《商业与社会》期刊上所列的声誉水平较高和较低企业的状况,比较社会责任得分最高和得分最低企业间的财务业绩,发现两者呈负相关关系,并由此推断出履行社会责任不是企业理想投资选择的结论。Ingram & Frazier(1980)的研究发现,企业社会责任与财务业绩之间呈负相关关系。究其原因,他们认为是企业履行社会责任增加了企业的成本,因而使得这些企业在与不承担或承担较少社会责任企业的竞争中处于不利地位

---

① See Mehralian G.,Nazari J.A.,Zarei L.,Rasekh H.R.,"The effects of corporate social responsibility on organizational performance in the Iranian pharmaceutical industry:The mediating role of TQM",*Journal of Cleaner Production*,2016,135(11),pp.689-698.

② See Maqbooln S.,Zameer M.N.,"Corporate social responsibility and financial performance:An empirical analysis of Indian banks",*Future Business Journal*,2018(4),pp.84-93.

而恶化财务绩效[1]。Holman and Siger(1985)以 1973—1977 年期间《财富》杂志 500 强中的 49 家企业为研究对象,用内容分析法分析了企业年报和政府监督报告有关企业社会责任的内容,再用公司股票价格变动的风险来衡量投资者的反应,结果发现,市场通过较低股票价格而减少了股东的财富,恶化了那些社会资本投资比例较高企业的财务业绩[2]。Brammer,Brooks and Pavelin(2006)用 KLD 指数作为衡量企业社会责任的指标,研究了企业社会责任与股票回报率之间的关系,发现两者呈现出负相关关系[3]。Brine et al.(2007)研究了澳大利亚企业的年度报告,发现企业社会责任与财务绩效之间呈负相关关系[4]。Fisher-Vanden & Thorburn(2011)发现由于市场对公司参加环境友善计划的反应不积极,企业社会责任并没有产生预期的财务绩效[5]。Nollet et al.(2016)的线性模型研究结论支持企业社会表现与资本回报率之间的呈显著的负相关关系[6]。Masoud & Halaseh(2017)采用面板数据的固定效应和随机效应分析法研究了约旦安曼证券交易所企业社会责任与企业财务业绩和市场绩效间的关系[7]。固定效应的分析结果表明,企业社会责任与财务绩效和市场绩效之间具有积极但不显著的关系,而随机效

---

① See Ingram R.W., Frazier K.B., "Environmental Performance and Corporate Disclosure", *Journal of Accounting Research*,1980,12(2),pp.614-622.

② See Holman, Siger., "The impact of corporate social performance and policy", *Management Review*,1985(7),pp.43-46.

③ See Brammer S.,Brooks C.,Pavelin S., "Corporate social performance and Stock returns:UK evidence from disaggregate measures", *Financial Management*,2006,35(3),pp.97-116.

④ See Brine,M.,Brown,R.,Hackett,G., "Corporate social responsibility and financial performance in the Australian context", *Economic Round-up*,2007,3(4),pp.47-58.

⑤ See Fisher-Vanden K, Thorburn KS., "Voluntary corporate environmental initiatives and shareholder wealth", *J Environ Econ Manag*,2011,62(3),pp.430-445.

⑥ See Nollet J.,Filis G.,Mitrokostas E., "Corporate social responsibility and financial performance:a non-linear and disaggregated approach", *Econ Model*,2016,52(B),pp.400-407.

⑦ See Masoud N, Halaseh A., "Corporate Social Responsibility and Company Performance:An Empirical Analysis of Jordanian Companies Listed on Amman Stock Exchange", *British Journal of Education,Society & Behavioural Science*,2017,19(1),pp.1-26.

应的分析结果表明,企业社会责任与财务绩效和市场绩效之间呈负相关关系。

此外,还有一些学者的研究也支持了企业社会责任与企业绩效负相关的结论,如 Chen & Metcalf(1980)、Cochran & Wood(1984)、Hoffer et al.(1988)、Hill,Kelly & Agle(1990)、Coffey and Fryxell(1991)、Wright and Ferris(1997)、Patten(2002)、Wu(2006)、Surroca et al.(2010)等。

(三)企业社会责任对企业财务业绩影响不确定

在企业社会责任与企业财务业绩的关系研究中,除了上述两种结论外,还有另一种结论,那就是企业社会责任对企业财务业绩没有确定方向的显著影响,可能为正,可能为负,还可能是没有统计学意义上的显著影响。

McGuire et al.(1988)使用《财富》杂志调查的数据,用资产收益率、总资产、销售增长率、资产增长率及收入增长率作为企业财务业绩指标,分别研究企业社会表现与前期、同期和后期财务业绩之间的关系①。他们得出的研究结论是:企业前期财务绩效的状况会影响企业当前的社会责任表现,如果前期的财务绩效不理想,那么企业当前的社会责任表现则不会理想。Lankoski(2000)的研究发现,企业社会责任与财务绩效之间是一种倒 U 型关系,这种倒 U 型关系说明过度追求企业社会责任会导致高昂的成本而损害企业的利益②。Mahoney & Roberts(2007)以企业社会责任为自变量、财务绩效为因变量,利用加拿大 352 家企业 4 年的面板数据进行实证研究,发现企业社会责任与财务绩效之间不存在显著关系③。Brammer and Millington(2008)认为,企业社会责任和企业财务绩效之间可能是积极的关系,也可能是消极的关系,这取

---

① See McGuire J B,Sundgren A,Schneeweis T.,"Corporate and Social Responsibility and Firm Financial Performance",*Academy of Management Journal*,1988(31),pp.854−872.

② See Lankoski L.,*Determinants of environmental profit:an analysis of the firm level relationship between environmental performance and economic performance*,Helsinki University of Technology,2000.

③ See Mahoney L.,R.W.,Roberts,"Corporate Social Performance,Financial Performance and Institutional Ownership in Canadian Firms",*Accounting Forum*,2007(31),pp.233−253.

决于企业的社会责任水平①。Lech(2013)使用普通最小二乘回归法研究了企业社会责任与财务业绩之间的关系,发现两者之间也不存在显著的统计关系②。Chetty et al.(2015)利用南非 42 家公司 2004—2013 年的数据,采用回归分析法分析了企业社会责任对企业经营业绩的影响,发现企业社会责任活动对经营业绩并没有显著的差异③。Jae-Joon Han et al.(2016)使用环境、社会和治理信息披露作为企业社会责任的替代变量,研究了企业社会责任与企业利润之间的关系,发现环境、社会和治理信息披露分数之间的关系具有多样性④。环境责任表现得分与财务业绩之间呈负(或 U 曲线)相关关系,而治理责任表现得分与财务业绩之间呈积极(或倒 U 型曲线)关系。另外,社会责任表现分数与企业财务绩效之间不存在显著的统计学关系。

尽管对企业社会责任与绩效之间关系的研究没有得出一致认可的结论,但总体而言,多数学者的结论支持两者存在正相关关系,也即多数学者认为企业承担社会责任能改善企业的财务绩效。据不完全统计,在 1972—2015 年间公开发表的关于企业社会责任与企业财务绩效关系的研究论文中,60%以上的研究结论为正相关,不到 10%的研究结论为负相关,其余为不相关或不显著相关。

---

① See Brammer S, Millington, A., "Does it pay to be different? An analysis of the relationship between corporate social and financial performance", *Strategic Management Journal*, 2008, 29(12), pp.1325-1343.

② See Lech, A., "Corporate social responsibility and financial performance: theoretical and empirical aspects", *Comparative Economic Research*, 2013, 16(3), pp.49-62.

③ See Chetty, Sukanya, Naidoo, Rebekah, Seetharam, Yudhvir, "The impact of corporate social responsibility on firms' financial performance in South Africa", *Social Science Electronic Publishing*, 2015, 9(2), pp.193-214.

④ See Jae-Joon Han, Hyun Jeong Kim, Jeongmin Yu, "Empirical study on relationship between corporate social responsibility and financial performance in Korea", *Asian Journal of Sustainability and Social Responsibility*, 2016(1), pp.1-16.

第二节　国内关于企业社会责任的相关研究

　　与西方企业社会责任思想相比,我国企业社会责任理念的传播则要晚得多。虽然 1978 年《国际经济评论》就发表了彭晋璋翻译的日本学者难波田春夫发表的题为《对十年后的日本经济的研究》一文,文中首次谈到了"企业的社会责任",但该文并没有对企业社会责任做深入研究。1990 年 11 月,海洋出版社出版了袁家方主编的《企业社会责任》,1990 年 12 月,团结出版社出版了唐焕良和李敏龙合编的《企业的社会责任》一书,这标志着企业社会责任思想在中国大陆开始传播。事实上,国内大陆地区学术界对企业社会责任的研究的真正起始点是 20 世纪 80 年代初期。1982 年,黄俊英在《环球经济》第 4 期上发表了题为"企业社会责任策略与未来展望"的论文,标志着中国内地学者开启了企业社会责任研究的大门。随后,一大批学者开始关注企业社会责任问题并开始进行相关研究并形成了丰富的学术文献,如仅在 CNKI 上,以企业社会责任为篇名检索词进行检索,就能找到 11657 篇期刊文献、2440 篇硕士论文、181 篇博士论文和 408 篇会议论文(检索时间点为 2019 年 10 月 23 日),内容十分广泛。

一、关于企业社会责任概念的研究

　　国内第一个给企业社会责任进行定义的是袁家方。他在 1990 年出版的《企业社会责任》一书中给企业社会责任定义为:企业社会责任是企业在争取自身的生存和发展时,面对社会需要和社会问题,为维护国家、社会和人类的根本利益而必须承担的义务①。于向阳(1991)认为企业社会责任可分为广义

---

　　①　参见申立峰:《国内企业社会责任概念研究综述》,《企业导报》2013 年第 10 期,第 186—187 页。

社会责任和狭义社会责任①。广义社会责任既包括"道义性"或"意义性"社会责任,也包括"规范性"社会责任。而狭义的社会责任仅指"规范性"社会责任,即处于一定社会地位的企业为实现一定的社会目标而由劳动者就业、自然资源保护、消费者保护等法律规定而承担的责任。李占祥(1993)将企业社会责任定义为企业对社会履行的职责、应做的奉献和应尽的义务,包括发展生产力、不伤害环境和物质资料再生产领域以外的责任②。刘俊海(1999)在《企业的社会责任》一书中,提到企业社会责任是指企业不仅为股东营利外,还要努力增进股东利益之外的其他社会群体的利益③。卢代富(2002)将企业社会责任定义为:企业在谋求股东利润最大化之外所负有的维护和增进社会利益的义务④。此外,还有许多学者从不同的角度对企业社会责任的概念进行了定义。

(一)不同理论视角下的企业社会责任定义

国内学者分别从利益相关者、社会契约理论、组织规模理论和慈善理论等视角对企业社会责任进行了定义,形成了不同视角下的企业社会责任概念。

1.利益相关者理论视角。屈晓华(2003)认为,企业社会责任是通过企业制度行为来体现对消费者、合作伙伴、员工、社区和国家履行的各种积极义务和责任,是对市场和利益相关者群体的一种良性反应,是企业经营目标的综合指标,包括经济、法律、生态和伦理四个方面的责任⑤。周祖城(2007)认为,企业社会责任是指企业以利益相关者为对象应该承担的包括经济、法律和道德责任在内的一种综合责任⑥。

---

① 参见于向阳:《企业社会责任之探讨》,《山东法学》1991 年第 4 期,第 22—25 页。
② 参见李占祥:《论企业社会责任》,《中国工业经济研究》1993 年第 2 期,第 58—60、70 页。
③ 参见刘俊海:《公司的社会责任》,法律出版社 1999 年版。
④ 参见卢代富:《企业社会责任的经济学与法学分析》,上海人民出版社 2002 年版。
⑤ 参见屈晓华:《企业社会责任演进与企业良性行为反应的互动研究》,《管理现代化》2003 年第 5 期,第 13—16 页。
⑥ 参见周祖城、张漪杰:《企业社会责任相对水平与消费者购买意向关系的实证研究》,《中国工业经济》2007 年第 9 期,第 111—118 页。

2. 社会契约理论视角。1937 年,科斯在《企业的性质》一文中将企业定义为由一系列契约的组合。科斯对企业的定义为其他研究者以契约理论研究企业社会责任奠定了基础。在契约理论框架下,企业社会责任是企业内生的契约责任,其边界、层次和范围受制于企业契约的边界、层次和范围①。刘长喜(2005)认为,企业社会责任是指企业对股东、员工等在内的各个利益相关者的综合性契约责任,具体包括经济责任、法律责任、伦理责任和慈善责任等②。李淑英(2007)认为,企业与社会之间的契约关系要求企业履行相互间达成的契约,按照社会的期望行事,为改善社会和经济状态尽自己的义务③。李丰团(2011)认为,企业社会责任在本质上是由显性契约和隐性契约构成的契约组合体,是企业契约体系的一部分④。于力新(2012)认为,完善的企业社会责任概念,应该能够系统地回答如下问题:一是企业履行社会责任的原因是什么;二是企业向谁履行社会责任;三是企业社会责任的动态变化及履行过程⑤。基于这样的思考,他提出了如图 2-4 所示的基于社会契约理论的企业社会责任模型。

(二)不同学科视角下的企业社会责任定义

(1)管理学视角

刘俊海(1999)、惠宁和霍丽(2005)等学者从管理学角度阐述了企业社会责任。刘俊海(1999)认为,企业社会责任是指不能仅以股东利益最大化或赚

---

① 参见刘建秋、宋献中:《契约理论视角下企业社会责任的层次与动因》,《财政研究》2012年第 6 期,第 68—69 页。

② 参见刘长喜:《利益相关者、社会契约与企业社会责任——一个新的分析框架及其应用》,复旦大学博士学位论文,2005 年。

③ 参见李淑英:《社会契约论视野中的企业社会责任》,《中国人民大学学报》2007 年第 2期,第 51—57 页。

④ 参见李丰团:《基于契约理论的企业社会责任解析》,《商业时代》2011 年第 10 期,第81—82 页。

⑤ 参见于力新:《基于社会契约理论的企业社会责任研究》,《科技创新导报》2012 年第 36期,第 218—210 页。

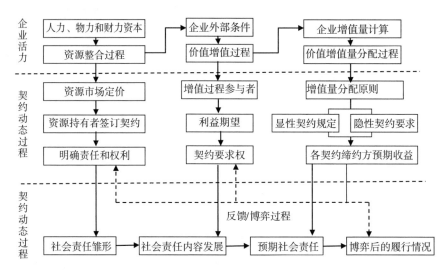

图 2-4　基于社会契约的企业社会责任模型

钱为自己的唯一目的,而应该最大限度地增进股东利益之外的其他所有社会利益①。惠宁和霍丽(2005)认为,企业社会责任就是指企业在为股东谋取最大利润的同时,要充分考虑利益相关者的利益②。

（2）伦理学视角

周祖城(2005)、田虹(2006)等则从伦理学视角来定义企业社会责任。周祖城(2005)依据伦理观将企业社会责任界定为企业应该承担的,以利益相关者为对象,包括企业经济责任、法律责任和道德责任在内的一种综合责任③。田虹(2006)认为,企业社会责任的本质是在经济全球化背景下企业对自身经济行为的道德约束,既是企业的宗旨和经营理念,又是企业用来约束其内部及供应商生产行为的一整套管理体系④。

---

① 参见刘俊海:《公司的社会责任》,法律出版社1999年版。

② 参见惠宁、霍丽:《企业社会责任的构建》,《改革》2005年第5期,第8—93页。

③ 参见周祖城:《企业社会责任:视角、形式与内涵》,《理论学刊》2005年第2期,第58—61页。

④ 参见田虹:《从利益相关者视角看企业社会责任》,《管理现代化》2006年第1期,第23—25页。

（3）法学视角

王汇杰（2010）从法学的角度认为,企业社会责任是处理企业与社会之间利益关系的道德原则和法律原则的综合①;周林彬和何朝丹（2008）认为,企业社会责任是法律强制约束力下的法制内社会责任和"超越法律"的企业社会责任②。

（4）社会学视角

林军（2004）认为企业社会责任是从社会整体考虑的企业对社会的影响及社会对企业行为的期望与要求③。黎友焕（2006）认为,企业作为社会发展的主要动力,在使用社会资源获取利润的同时也必须承担相应的社会责任④。企业履行社会责任是实现财富优化的良好途径,是调节社会公平和提升经济效率的有效杠杆,也是维护社会温度的稳压器,同时还是公共环境和自然环境的保护屏障。张彦宁（2005）认为,企业社会责任是企业为所处社会的全面和长远利益而必须关心、全力履行的责任和义务,表现为企业对社会的适应和参与⑤。

二、企业社会责任驱动力研究

对企业社会责任的驱动力,国内的一些学者采用规范或实证研究方法进行了积极探索。

（一）规范研究

李双龙（2005）认为,企业是否承担社会责任、承担何种社会责任及承担多大程度的社会责任是由多种因素决定的,不仅受一国历史、文化、制度和经济发展水平的影响,也受企业规模、所有制、预期心理等众多因素

---

① 参见王汇杰:《法学视角下企业社会责任的实现》,兰州大学硕士学位论文,2010 年。

② 参见周林彬和何朝丹:《试论"超越法律"的企业社会责任》,《现代法学》2008 年第 2 期,第 37—45 页。

③ 参见林军:《企业社会责任的社会契约理论解析》,《岭南学刊》2004 年第 4 期,第 71—75 页。

④ 参见黎友焕:《论企业社会责任建设与构建和谐社会》,《西北大学学报》（哲学社会科学版）2006 年第 5 期,第 44—47 页。

⑤ 参见张彦宁:《企业社会责任的新内涵》,《企业管理》2005 年第 1 期,第 9 页。

的影响①。鞠芳辉等(2005)认为,企业承担社会责任既有经济方面的动因,也有道德和制度方面的动因,而在市场经济条件下,如果社会公众意识强化到足以转化为消费者的货币选票,那么经济动因就成了企业承担社会责任的最根本动因②。他们还发现,在市场可分割的前提下,企业的市场策略不会影响企业社会责任总量的供给,实施企业社会责任标准并不一定会提高企业社会责任的总体水平。胡明娟(2006)定性地分析了影响中国企业社会责任推行的因素③;高建芳(2007)认为,影响旅游企业履行社会责任的因素可以从主观和客观两方面来分析,旅游企业领导者的社会责任观是影响旅游企业社会责任行为的主观意识,而利益相关者对旅游企业的影响和行业特性是影响旅游企业社会责任的客观因素④。刘芳雄(2010)认为,社会、市场力量和法律力量的交互作用能有效地推动 CSR 运动向前发展,但需以充满活力、富于自主精神的市民社会作为前提⑤。

毕楠(2012)在分析不同利益相关者驱动作用的基础上,提出了如图 2-5 所示的基于利益相关者的企业社会责任驱动模型⑥。他们认为,要使企业主动履行社会责任,需具备两个关键环节,一是通过提高企业员工忠诚所实现的企业效率;二是通过消费者忠诚所实现的企业财务绩效,是这两个核心利益相关者对企业社会责任的诉求驱动了企业家和股东主动地履行社会责任。李洁等

① 参见李双龙:《试析企业社会责任的影响因素》,《经济体制改革》2005 年第 4 期,第 67—70 页。

② 参见鞠芳辉、谢子远、宝贡敏:《企业社会责任的实现——基于消费者选择的分析》,《中国工业经济》2005 年第 9 期,第 91—98 页。

③ 参见胡明娟:《中国企业社会责任的推行及其影响因素》,华中科技大学硕士学位论文,2006 年。

④ 参见高建芳:《旅游企业社会责任评价指标体系研究》,北京林业大学硕士学位论文,2007 年。

⑤ 参见刘芳雄:《论企业社会责任的驱动机制》,《南京大学法律评论》2010 年春季卷,第 135—144 页。

⑥ 参见毕楠:《企业社会责任价值创造的驱动因素与作用机理研究》,《当代经济研究》2012 年第 7 期,第 50—56 页。

(2012)运用问卷调查和因子分析法分析了医药企业社会责任的驱动因素①。周翼翔和钱晨(2012)研究了转型期我国中小企业社会责任的驱动因素,认为经济因素、法律及高管价值观和道德责任感是企业社会责任的强驱动因素,而同行压力、消费者、政府管制及非政府组织和社会舆论是企业社会责任的弱驱动因素②。

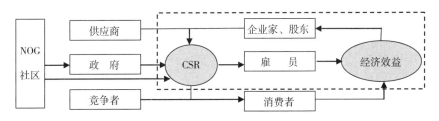

图 2-5　基于利益相关者的企业社会责任驱动模型

(二)实证研究

与前面的规范研究不同,一些学者采用实证研究的方法研究了企业社会责任的驱动因素,得出了一些具有参考意义的结论。田志龙等(2005)通过对海尔、宝洁(中国)和新希望集团等企业履行社会责任驱动因素的研究,得出了不同性质企业的驱动力不同,而且差别较大的结论③。辛杰(2008)通过对山东2200家企业的实证研究发现,驱动企业履行社会责任的因子有"客户与环境利好""员工、文化与形象""管理创新与竞争力""和谐经济与国际社会""外部利益相关者"和"风险规避"六个因子,不同取向类型的企业履行社会责任的驱动因素显著不同④。何朝晖(2009)运用结构方程模型分析了中小企业在创建期、发展期、成熟期等不同阶段的企业社会责任与成长性之间的关系,

---

① 参见李洁、徐佩、张亦凤:《中国医药企业社会责任及驱动因素的实证研究》,《经济研究导刊》2012年第27期,第40—42页。

② 参见周翼翔、钱晨:《转型期我国中小企业社会责任的驱动因素研究》,《铜陵学院学报》2012年第3期,第54—57页。

③ 参见田志龙、贺远琼、高海涛:《中国企业非市场策略与行为研究——对海尔、中国宝洁、新希望的案例研究》,《中国工业经济》2005年第9期,第82—90页。

④ 参见辛杰:《企业社会责任驱动因素研究——以山东省2200家企业调查为例》,《预测》2008年第6期,第6—11页。

发现在中小企业发展的三个阶段,法律与经济都是推动中小企业履责的重要驱动力①。

王伟(2008)采用问卷调查法,通过提出研究假设研究了山东省包括国有、民营及外资企业等在内的100家样本企业在基本企业社会责任、中级企业社会责任和高级企业社会责任三个层次社会责任的参与度及其驱动因素②。结果发现:(1)在承担基本社会责任方面,外资企业的主要驱动因素是相关法律法规的要求、国有企业的主要驱动因素是社会公众舆论,而私营企业的主要驱动因素为法律法规要求和突破"社会责任贸易壁垒";(2)在中级社会责任方面,外资企业、国有企业和私营企业的主要驱动因素分别为企业品牌形象提升、社会公众舆论和企业品牌形象提升;(3)在高级社会责任方面,外资企业、国有企业和私营企业的主要驱动因素分别为经营的合法性、企业家的个人形象和经营的合法性。

杨春方(2009b)和尹钰林(2010)根据来自中国中小企业国际博览会参展企业的问卷及对部分高管的调查分析,发现企业领导人的道德水平是驱动企业社会责任行为的重要因素③④。党渭平(2014)采用实证研究方法对甘肃省兰州市中小企业社会责任驱动因素进行了研究,研究发现,兰州市中小企业社会责任的驱动因素可划分为内部驱动因素和外部驱动因素两个维度,其中企业伦理道德是内部驱动因素,社会监督是外部驱动因素⑤。同时,研究还发现,企业性质、发展阶段和企业规模也对企业社会责任实施水平有显著影响,但企业所处的行业并没有显著影响企业的社会责任水平。王刚(2014)研究

---

① 参见何朝晖:《中小企业社会责任与成长性关系研究》,中南大学博士学位论文,2009年。
② 参见王伟:《企业社会责任行为驱动因素实证研究》,山东大学硕士学位论文,2008年。
③ 参见杨春方:《中国企业社会责任影响因素实证研究》,《经济学家》2009年第1期,第66—76页。
④ 参见尹钰林:《企业社会责任前置因素及其作用机制研究》,南开大学博士学位论文,2010年。
⑤ 参见党渭平:《兰州市中小企业社会责任驱动因素实证研究》,兰州理工大学硕士学位论文,2014年。

了商业银行履行企业社会责任的驱动因素,提出了如图 2-6 所示的商业银行企业社会责任驱动模型,并使用 Fuzzy DEMATEL 方法对八家商业银行进行实证分析,结果认为,驱动商业银行企业社会责任行为的关键因素有"政府要求商业银行协助公共财政,服务政府发展目标"和"客户对产品和服务质量的要求提高";根本驱动因素有"政府加强金融市场的监管,确保金融稳定"和"股东要求获得可持续的收益回报";直接驱动因素有"非政府组织倡导对慈善事业的支持"和"非政府组织开展环保活动,提高对环境保护的关注和支持"①。项喧和熊伟(2017)对驱动浙江中小企业社会责任的因素进行了研究,认为驱动浙江中小企业的因素具有多元性,包括企业声誉和形象、拓展新市场、提升竞争力、企业家个人价值及企业创新能力提升驱动等几个方面②。

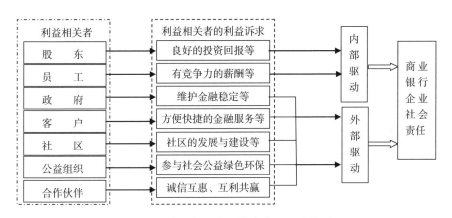

图 2-6 商业银行企业社会责任驱动模型

此外,李洁等(2012)、陆孝春(2013)、施玉婷(2013)、李钰(2014)、骆嘉琪等(2015)、李嫚(2016)、张晓和范英杰(2016)等学者都对企业社会责任的驱动因素进行了研究。

① 王刚:《商业银行履行企业社会责任的驱动因素研究》,大连理工大学硕士学位论文,2014 年。

② 参见项喧、熊伟:《中小企业社会责任驱动因素与推进机制研究——以浙江为例》,《管理现代化》2017 年第 3 期,第 80—82 页。

三、企业社会责任评价研究

企业社会责任评价是企业社会责任研究的重要内容之一。科学合理的评价体系不仅反映社会发展对企业的要求,也是相关管理部门监测企业社会责任履行情况的依据,同时也有利于企业及时了解社会责任目标的执行情况[①]。20 世纪 90 年代开始,受大量国外企业社会责任标准和指南传入中国的影响,国内学者开始对企业社会责任评价问题进行研究。

(一)国内企业社会责任研究的总体状况

在中国知网(CNKI)上以"企业(或公司)社会责任+评价"为标题检索词(检索时间为 2019 年 11 月 19 日晚上 11 点,精确检索),可以发现 731 篇文献,其中期刊文献 482 篇,硕士论文 220 篇,博士论文 9 篇,会议论文 20 篇。若以"企业(或公司)社会责任+评价"为主题检索词(检索时间为 2019 年 11 月 19 日晚上 23 点,精确检索),可以发现 3116 篇文献,其中期刊文献 1294 篇,硕士论文 1447 篇,博士论文 282 篇,会议论文 35 篇。此外,还出版了一批关于企业社会责任评价的专著,如颜剩勇(2007)的《企业社会责任财务评价研究》、王天仁(2009)的《中国企业社会责任评价体系构建与应用》、上海质量管理科学研究院编著(2010)的《企业社会责任的履行与评价》、刘淑华(2015)的《企业社会责任绩效评价及推进机制》等[②][③][④][⑤]。

(二)评价指标体系的研究

评价指标体系是整个企业社会责任评价工作的关键。国内学者从不同角

---

① 参见曹华青:《中国企业社会责任评价研究综述》,《企业技术开发》2012 年第 10 期,第 106—107 页。

② 参见颜剩勇:《企业社会责任财务评价研究》,西南财经大学出版社 2007 年版。

③ 参见王天仁:《中国企业社会责任评价体系构建与应用》,研究出版社 2009 年版。

④ 参见上海质量管理科学研究院编著:《企业社会责任的履行与评价》,中国标准出版社 2010 年版。

⑤ 参见刘淑华:《企业社会责任绩效评价及推进机制》,中国经济出版社 2015 年版。

度提出了企业社会责任评价指标体系,涌现出了一批有价值的研究成果。

马学斌和徐岩(1995)是国内较早对企业社会责任评价相关问题进行探讨的学者。他们首先基于国家、消费者等 6 个主要利益相关者构建了一个包括 22 项指标在内的企业社会责任评价体系,然后采用层次分析法(AHP)确定各项指标的权重并应用其对企业的社会责任表现进行了评价①。

李富平和宋爱东(1997)根据矿山企业的特点,从国家、职工、能源、社区和生态 5 个方面构建了矿山企业社会责任评价指标体系,并采用层次分析法和灰色系统理论的综合测度法对矿山企业履行社会责任状况进行了综合评价②。

姜万军等(2006)主要从经济关系、社会关系和环境关系 3 个方面出发,构建了一个包括 22 个指标在内的指标体系③。他只是提出了指标,没有像马学斌和徐岩(1995)等一样采用定量方法确定各项指标的权重。李立清(2006)从劳工权益、人权保障、社会责任管理、商业道德和社会公益行为五大要素出发,构建了一个中国企业社会责任评估指标体系,整个评价指标体系由 13 个因子构成,包含 38 个三级指标,为科学客观地评价国内企业社会责任水平提供了客观依据④。

陈留彬(2007)从员工权益、环境保护与可持续发展、企业诚信、消费者权益和债权人保护及社区关系、社会公益与慈善、社会责任管理 6 个方面出发,构建了包括上述 6 项一级指标、19 项二级指标、51 项三级指标在内的评价指标体系并确定了各指标的权重⑤。然后根据这些指标设计问卷,并针对山东

---

① 参见马学斌、徐岩:《企业社会责任评价技术应用研究》,《系统工程理论与实践》1995 年第 2 期,第 55—62 页。

② 参见李富平、宋爱东:《矿山企业社会责任评价方法研究》,《有色金属(矿山部分)》1997 年第 3 期,第 4—8 页。

③ 参见姜万军、杨东宁、周长辉:《中国民营企业社会责任评价体系初探》,《统计研究》2006 年第 7 期,第 32—36 页。

④ 参见李立清:《企业社会责任评价理论与实证研究:以湖南省为例》,《南方经济》2006 年第 1 期,第 105—118 页。

⑤ 参见陈留彬:《中国企业社会责任评价实证研究》,《山东社会科学》2007 年第 11 期,第 145—150 页。

企业调查获得的 121 份有效问卷进行了方差分析。郭京福等(2007)对完善第二产业企业社会责任指标进行了研究①。李雄飞(2007)构建了一个包含社会经济贡献、社会环境影响、自然资源开发与利用、自然与生态环境有效四个一级指标的企业社会责任评价指标体系②。许震黎(2007)研究了我国煤炭企业社会责任评价问题,他认为评价我国煤炭企业的社会责任包括法律责任、安全责任、环境保护与恢复责任、企业受益责任、职工福利责任及人力资源责任六个方面③。田静(2007)基于利益相关者视角,从股东、供应商、员工、消费者、社区、政府和环境资源等利益相关者出发,构建了企业社会责任评价指标体系,并采用层次分析法确定各项指标的权重④。高建芳(2007)基于利益相关者理论,运用 Carroll(1979)的利益相关者/责任矩阵对旅游企业的社会责任内容进行分析和研究,并针对旅游企业的社会责任内容设计了旅游企业的社会责任评价指标体系⑤。

　　赵杨和孔祥纬(2010)通过对国内 14 个评价体系的对比分析,提出了一套基于利益相关者的企业社会责任评价理论框架和评价模型,评价指标体系包含 78 项评价指标⑥。杨莉(2010)以利益相关者理论、企业代理理论、交易费用理论、企业生态理论等为理论基础,参照国资委发布的《关于中央企业履行社会责任的指导意见》的要求构建了企业社会责任评价指标体系⑦。杨超

---

① 参见郭京福、张欣、王可:《企业社会责任评价指标研究》,《大连民族学院学报》2007 年第 6 期,第 27—29 页。

② 参见李雄飞:《企业社会责任评价指标体系的构建》,《中国乡镇企业会计》2007 年第 9 期,第 104 页。

③ 参见许震黎:《煤炭企业社会责任综合评价指标的构建》,《会计之友(下旬刊)》2007 年第 10 期,第 71—72 页。

④ 参见田静:《企业社会责任绩效评价指标体系的设计与应用》,南京理工大学硕士学位论文,2007 年。

⑤ 参见高建芳:《旅游企业社会责任评价指标体系研究》,北京林业大学硕士学位论文,2007 年。

⑥ 参见赵杨、孔祥纬:《我国企业社会责任履行绩效评价体系构建研究——基于利益相关者理论及分项评价模式》,《北京工商大学学报》(社会科学版)2010 年第 6 期,第 48—55 页。

⑦ 参见杨莉:《我国企业社会责任评价指标及方法研究》,西北大学硕士学位论文,2010 年。

(2010)基于利益相关者理论,提出了一套涉及社会责任、投资者责任、环境责任、公司治理责任、员工责任和其他责任等内容的评价指标体系,并采用主观赋权法,为这些指标赋权,各项指标的权重为:社会责任维度24%、对投资者责任维度8%、环境影响责任维度20%、公司治理责任维度10%、用工责任维度30%、其他责任维度8%[①]。杨钧(2010)对中小企业社会责任评价问题进行了研究,按照层次性与系统性、全面性、细分性、数据可获性及合理有效性等原则设计了中小企业社会责任评价模型,该模型涉及经济、法律、道德和自愿责任4个一级评价指标和24个二级评价指标,并采用层次分析法确定了各指标的权重[②]。从文献所列的权重系数大小来看,杨钧(2010)给自愿责任的赋权最大,为0.370,而道德责任的权重最小,只有0.071,其合理性值得商榷。阮班鹰(2010)基于利益相关者理论研究了科学发展观视角下的企业社会责任评价问题,提出了一个包含六个一级指标和33个二级指标的企业社会责任评价指标体系[③]。

田虹和姜雨峰(2014)从利益相关者角度建立网络媒体企业履行社会责任的评价指标体系并运用层次分析法和综合模糊评价法确定了各项指标的权重[④]。王丹和朱波强(2014)基于利益相关者理论构建了企业社会责任评价指标体系,涉及的利益相关者包括股东、债权人、员工、客户、供应商、政府、社区、环境等,然后采用熵权法对38家矿山资源型企业的社会责任水平进行了评价,结果表明环境、社区和员工是矿产资源型企业社会责任评价要素的重点[⑤]。董淑兰

---

①　参见杨超:《企业社会责任评价指标体系》,《企业管理》2010年第12期,第86—87页。

②　参见杨钧:《企业社会责任评价模型——基于中国中小企业的实证分析》,《未来与发展》2010年第3期,第68—71、38页。

③　参见阮班鹰:《基于科学发展观的企业社会责任评价体系研究》,《财会通讯》2010年第7期,第32—33页。

④　参见田虹、姜雨峰:《网络媒体企业社会责任评价研究》,《吉林大学社会科学学报》2014年第1期,第150—158、176页。

⑤　参见王丹、朱波强:《基于熵值法的我国企业社会责任评价研究——以矿产资源型企业为例》《会计之友》2014年第30期,第8—12页。

和王思盈(2014)基于三重底线理论和利益相关者理论,构建了包括食品安全责任、经济责任、公共责任和环境责任四大类,涉及消费者、供应商、投资者、员工、政府、社区公益和环境等利益相关者的食品企业社会责任评价指标体系①。夏虹和黄彩(2014)构建了煤炭上市公司的企业社会责任评价指标体系并用层次分析法和熵权法确定各指标的权重②。田俊敏(2014)从社会和自然两个方面分析了企业社会责任指标体系的构成③。肖红军等(2014)按照企业社会责任评价的"1+1+4""钻石"模型,以社会责任相关理论、标准及案例等为依据,遵循全面完整、科学系统、可衡量、可获得、可比较、可持续性和前瞻性原则,构建了由责任理念与战略、责任推进管理、经济价值创造、社会价值创造、环境价值创造、合规透明运营等六项一级指标、23 个二级指标和112 项三级指标构成的通用型企业社会责任评价指标体系,其内容框架如图 2-7 所示④。

黄益方和孙永波(2015)以苏宁电器为例研究了零售企业的社会责任评价问题。他们认为,零售企业的社会责任包括经济、法律、环境、伦理和慈善五个维度,在此基础上,他们从投资者、员工、消费者、供应商、政府、社区、环境等利益相关者出发,建立了包括 25 个指标的评价指标体系⑤。王怀明和王鹏(2015)以 ERG 需求理论和利益相关者理论为指导,构建了一套测度食品企业社会责任表现的指标体系,并对江苏、浙江和安徽地区 85 家食品加工企业

---

① 参见董淑兰、王思盈:《食品企业社会责任评价体系的构建》,《中国农业会计》2014 年第 2 期,第 56—59 页。

② 参见夏虹、黄彩:《基于 AHP 和熵权法赋权的煤炭企业社会责任评价》,《东华理工大学学报》(社会科学版)2014 年第 3 期,第 209—212 页。

③ 参见田俊敏:《企业社会责任评价指标体系构建》,《财会通讯》2014 年第 13 期,第 26—28 页。

④ 参见肖红军、李伟阳、许英杰:《企业社会责任评价研究:反思、重构与实证》,经济管理出版社 2014 年版。

⑤ 参见黄益方、孙永波:《零售企业社会责任评价指标体系研究——以苏宁电器为例》,《中国流通经济》2015 年第 1 期,第 68—76 页。

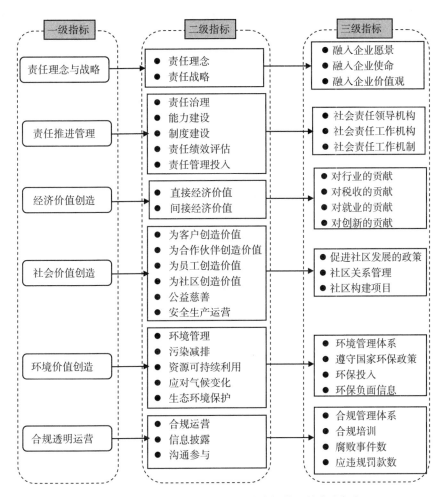

图2-7　通用型企业社会责任评价指标体系的内容框架

的社会责任表现及其影响因素进行了评价和分析①。研究发现,样本企业的企业社会责任表现较为平常,尤其是对政府、社区和消费者的社会责任表现尤其欠佳。此外,他们用单因素方差分析法分析了管理者社会责任态度、社会法治环境和政府响应性等因素对食品企业社会责任表现的影响,发现这三个因

_____

①　参见王怀明、王鹏:《食品企业社会责任表现的评价及影响因素研究》,《东南大学学报》(哲学社会科学版)2015年第1期,第58—63页。

素显著地影响食品企业的社会责任表现。杨小燕和徐佩(2015)从消费者视角研究了江苏医药企业的社会责任评价问题。他们首先构建了包括消费者经济、法律、伦理和道德4个层面的社会责任评价指标体系并设计问卷,然后对来自江苏30位医药企业高管及专家的有效问卷数据运用层次分析法进行实证分析,得到江苏省医药企业对消费者社会责任各指标的权重,并根据所得指标权重进行评价①。

徐士伟等(2016)研究了公众对企业社会责任评价问题。他们以中国上市公司并购事件作为研究样本,设立股票市场的公众评价、企业社会责任等关键变量,构建模型检验转让方企业社会责任表现对公众评价的影响。结果发现,转让方企业社会责任表现能显著正向影响公众评价②。姚骥和俞小平(2016)根据利益相关者理论,构建了林业企业的社会责任评价指标体系并运用熵权法、CRITIC法、基尼系数法以及复合权重法等方法对13家国内上市林业企业2013年的社会责任履行状况进行了实证评价,发现这些企业2013年的企业社会责任整体水平较低③。冯骢和彭新艳(2016)也基于利益相关者理论提出了涉及7个主要利益相关者37项指标的企业社会责任评价体系,这些指标既有主观指标,也有客观指标④。

闫蓉蓉和付海燕等(2017)以利益相关者等理论为依据,按照可持续发展与经济效益和社会效益双赢的原则,提出了印刷企业应履行清洁生产、企业发展、利益相关者和服务社会4个方面的社会责任及其相应的评价指标体系⑤。

---

① 参见杨小燕、徐佩:《消费者视角下江苏省医药企业社会责任评价》,《中国卫生事业管理》2015年第3期,第208—211页。

② 参见徐士伟、陈德棉、乔明哲:《公众对企业社会责任的评价研究——基于交易成本的视角》,《四川师范大学学报》(社会科学版)2016年第6期,第106—113页。

③ 参见姚骥、俞小平:《中国林业上市企业社会责任评价研究》,《林业经济问题》2016年第1期,第58—64页。

④ 参见冯骢、彭新艳:《企业社会责任评价指标体系构建研究——以利益相关者为视角》,《西南交通大学学报》(社会科学版)2016年第6期,第130—135页。

⑤ 参见闫蓉蓉、付海燕:《印刷企业社会责任评价体系研究》,《北京印刷学院学报》2017年第1期,第46—50页。

（三）评价方法的研究

科学合理的评价方法是实现评价目标的关键。为实现评价目标，国内学者针对层次分析法（AHP）、模糊综合评价法、包络分析法、灰色关联分析法、熵权法等国内外常用评价分析法的特点，进行了组合和改进，并将其应用到实际评价中，取得了一定的成效。

国内一些学者，如马学斌和徐岩（1995）、李富平和宋爱东（1997）、王林萍等（2007）、宋建波和盛春艳（2009）、朱永明和许锦锦（2013）、冯臻（2014）、朱洁和朱天真（2017）等，采用层次分析法或结合其他分析法对企业社会责任进行评价。马学斌和徐岩（1995）将层次分析法和插值原理结合起来对企业社会责任进行评价①。李富平和宋爱东（1997）将层次分析法和灰色系统理论的综合效果测度法有机结合起来，对某矿山企业社会责任状况进行了综合评价②。王林萍等（2007）应用利益层次分析法对农药企业的经济效益、创新能力、产品质量、售后服务、环境保护、员工权益、社区关系和慈善公益八个方面的社会责任水平进行了评价③。宋建波和盛春艳（2009）综合应用层次分析法和指数法对我国638家制造业上市公司的企业社会责任进行了评价与披露④。朱永明和许锦锦（2013）利用二元对比层次分析法和模糊综合评价法从9个方面对国有大中型企业社会责任进行了综合评价⑤。冯臻（2014）运用层次分析法对基于利益相关者视角构建的企业社会责任评价指标体系进行

①　参见马学斌、徐岩：《企业社会责任评价技术应用研究》，《系统工程理论与实践》1995年第2期，第55—62页。

②　参见李富平、宋爱东：《矿山企业社会责任评价方法研究》，《有色金属（矿山部分）》1997年第3期，第4—8页。

③　参见王林萍、施婵娟、林奇英：《农药企业社会责任指标体系与评价方法》，《技术经济》2007年第9期，第98—102、122页。

④　参见宋建波、盛春艳：《基于利益相关者的企业社会责任评价研究——以制造业上市公司为例》，《中国软科学》2009年第10期，第153—163页。

⑤　参见朱永明、许锦锦：《国有大中型企业社会责任评价体系研究——以中国银行为例》，《工业技术经济》2013年第2期，第27—32页。

了评价①。朱洁和朱天真(2017)结合层次分析法和模糊综合评价法对上市公司前100强中的10家国有企业的企业社会责任效果进行评价②。李娜和闫莹(2017)采用层次分析法和指数法对山西省10家煤炭上市企业社会责任履行情况进行实证分析发现,总体来说,山西省煤炭上市企业的社会责任履行情况较差,社会责任意识有待提高③。

另一些学者则采用其他方法对企业社会责任评价问题进行研究。如田虹(2007)综合经济系统内外的影响因素,构建了企业社会责任内部效应的动态回归模型,采用模糊评价法对企业社会责任效应进行了分析④。朱学颖和张丕宏(2009)探究了运用BP神经网络模型对企业社会责任进行评价的可能性⑤。齐二石等(2011)运用灰色系统理论中的聚类分析和AHP法集成的方法对各煤炭企业之间社会责任履行效果进行了比较分析⑥。毛磊等(2011)利用数据包络分析法对企业社会责任进行评价⑦。韦德贞(2011)采用网络层次分析法(ANP)对企业社会责任进行研究⑧。王译靖(2015)选取2010年至2013年出具社会责任报告或可持续发展报告的321家沪市A股上市公司为样本,用内数据包络分析(DEA)构建出战略性企业社会责任的量化指标,然

---

① 参见冯臻:《层次分析法视角下企业社会责任行动评价指标体系构建》,《企业经济》2014年第10期,第44—47页。

② 参见朱洁、朱天真:《国企改革背景下国有竞争型企业社会责任评价与实证研究》,《经贸实践》2017年第5期,第32—33页。

③ 参见李娜、闫莹:《煤炭企业社会责任履行评价》,《煤炭技术》2017年第4期,第340—342页。

④ 参见田虹:《企业社会责任效应研究》,吉林大学博士学位论文,2007年。

⑤ 参见朱学颖、张丕宏:《BP神经网络在企业社会责任评价中的应用浅探》,《商业文化(学术版)》2009年第4期,第80—81页。

⑥ 参见齐二石、朱永明、焦馨锐:《基于灰色理论的煤炭企业社会责任绩效评价研究》,《商业研究》2011年第10期,第12—16页。

⑦ 参见毛磊、贾湖、肖承杭:《基于数据包络分析方法的建筑企业社会责任评价系统研究》,《科学技术与工程》2011年第34期,第8658—8664页。

⑧ 参见韦德贞:《基于ANP模型的企业社会责任绩效评价》,《财会通讯》2011年第19期,第20—22页。

后应用内容分析法获得相关分析数据,分别对这些企业的战略性企业社会责任及基础层、市场层和环境层战略性企业社会责任与财务绩效的关系、所有权性质对战略性企业社会责任的影响进行了研究①。夏虹和黄彩(2014)结合层次分析法和熵权法研究了煤炭企业的社会责任评价问题②。董千里等(2017)使用我国2011—2015年沪深A股上市制造企业为样本,基于利益相关者理论选择评价指标,通过改进的熵权法对样本企业的社会责任表现进行评价并运用固定效应模型分析了企业社会责任与财务绩效之间的关系③。

四、企业社会责任与企业绩效间关系的研究

尽管20世纪90年代企业社会责任的思想就开始在我国传播,但我国学者对企业社会责任与企业绩效间关系的研究却是21世纪初的事情,而且,开始主要以定性分析为主。张德亮和吴颖利(2003)、谭深和刘开明(2003)是国内较早开展企业社会责任与企业绩效之间关系研究的学者之一。张德亮和吴颖利(2003)探讨了在研究企业社会责任与企业绩效间关系时要注意的问题④;谭深和刘开明(2003)从国际竞争的角度分析了企业社会责任对企业的影响,认为从短期来说,企业社会责任对企业的对外贸易会产生收缩效应,但从长期来看,企业社会责任会通过提升国际公信力而产生贸易创造效应⑤。王靓(2006)是国内较早开始采用定量方法研究企业社会责任与企业绩效间关系的学者之一。他采用问卷调查法对浙江省500余

---

① 参见王译靖:《战略性企业社会责任与财务绩效关系研究》,浙江财经大学硕士学位论文,2015年。

② 参见夏虹、黄彩:《基于AHP和熵权法赋权的煤炭企业社会责任评价》,《东华理工大学学报》(社会科学版)2014年第3期,第209—212页。

③ 参见董千里、王东方、于立新:《企业规模、企业社会责任与企业财务绩效关系研究》,《技术经济与管理研究》2017年第2期,第23—28页。

④ 参见张德亮、吴颖利:《浅议企业社会责任与经济绩效之间关系的前提及视角》,《经济师》2003年第1期,第29—31页。

⑤ 参见谭深、刘开明:《跨国公司的社会责任与中国社会》,社会科学文献出版社2003年版。

家企业进行了调查并对获得的数据采用 SPSS 软件进行了分析,发现企业社会责任有助于企业经营业绩的改善,同时探究了企业规模和性质对企业社会责任表现的影响①。随后,大量学者开始对该问题进行研究,积累了大量文献。纵观这些文献的研究结论基本与国外的研究结论类似,同样没有确定一致的结果。

(一)企业社会责任正相关于企业经营绩效

袁昊、夏鹏、赵卓丽(2004)认为,企业社会责任与企业绩效之间具有正相关关系②。邓冬梅(2005)认为,企业社会责任与经营绩效之间是一种正向的积极关系③。胡孝权(2004)认为,企业主动承担社会责任为企业创造了更广阔的生存空间,有助于企业社会现象的改善,将增强企业的差异化优势,从而提升企业的美誉度并最终提升企业的市场竞争力④。舒强兴和唐小兰(2006)认为,企业履行社会责任能提升企业的业绩⑤。李艳华(2006)采用实证研究法分析了中国企业社会责任表现与组织行为变量的关系,发现:(1)企业社会责任表现与企业员工感受到的组织吸引力显著正相关;(2)企业管理、社区责任两个维度的责任表现均对潜在求职者群体感受到的组织吸引力、企业声望产生显著正向影响⑥。李正(2006)以上海证券交易所 2003 年 521 家上市公司为样本,研究了企业社会责任活动与企业价值的相关性问题。结果表明,短期来说,企业承担社会责任会降低企业的价值,但从长期来看,

---

① 参见王靓:《利益相关者角度的企业社会责任与企业绩效关系研究》,浙江大学硕士学位论文,2006 年。

② 参见袁昊、夏鹏、赵卓丽:《承担社会责任未必影响公司发展——从企业社会责任指向谈企业社会责任与绩效关系》,《华东经济管理》2004 年第 6 期,第 34—36 页。

③ 参见邓冬梅:《企业社会责任与企业绩效关系探析》,《科技创业月刊》2005 年第 7 期,第 116—117 页。

④ 参见胡孝权:《企业可持续发展与企业社会责任》,《重庆邮电学院学报》(社会科学版)2004 年第 2 期,第 123—125 页。

⑤ 参见舒强兴、唐小兰:《论企业社会责任与经济绩效的关系》,《湖南大学学报》(社会科学版)2006 年第 5 期,第 79—82 页。

⑥ 参见李艳华:《中国企业社会责任研究》,暨南大学博士学位论文,2006 年。

企业承担社会责任不会降低企业的价值①。徐光华和张瑞(2007)选用盈利能力和成长能力作为衡量财务绩效指标进行实证研究,证明企业社会责任和财务绩效存在正相关关系②。杨蓉和杨宇(2008)以我国上市公司为研究对象,研究了企业社会责任与核心竞争力之间的关系,研究结果表明上市公司的企业社会责任成本与核心竞争力之间在总体上呈现较强的正相关关系③。

黎友焕(2010)通过对全国208家企业承担社会责任的实证研究发现,无论企业的规模、所在地区及所处行业,企业社会责任与企业绩效之间均表现为正相关关系,承担社会责任能提升企业的绩效④。窦鑫丰(2015)基于上市公司社会责任评测体系,运用典型相关分析法对旅游企业社会责任与企业财务绩效的实证研究发现,我国旅游企业的社会责任与财务绩效间呈正相关关系,认为企业积极参与社会责任实践有助于增加企业的绩效并最终带来企业价值的提升⑤。魏丽玲和陆旸(2016)基于上市公司的数据,分析了食品饮料制造企业对债权人、供应商、员工、政府、股东及消费者等利益相关者履行社会责任对其财务绩效的影响⑥。结果发现,食品饮料制造企业的企业社会责任与财务绩效之间存在显著的正相关关系。董千里等(2017)以我国2011—2015年深沪A股上市制造企业为样本,基于利益相关者理论选择评价指标,采用改进的熵权法评价了样本企业的企业社会责任表现并分析了企业社会责

---

① 参见李正:《企业社会责任与企业价值的相关性研究——来自沪市上市公司的经验证据》,《中国工业经济》2006年第2期,第77—83页。

② 参见徐光华、张瑞:《企业社会责任与财务绩效相关性研究》,《财会通讯》(学术版)2007年第12期,第70—73页。

③ 参见杨蓉、杨宇:《企业社会责任与核心竞争力——基于中国上市公司的实证研究》,《华东师范大学学报》(哲学社会科学版)2008年第5期,第90—96页。

④ 参见黎友焕:《企业社会责任》,华南理工大学出版社2010年版。

⑤ 参见窦鑫丰:《企业社会责任对财务绩效影响的滞后效应——基于沪深上市公司面板数据的实证分析》,《产业经济研究》2015年第3期,第74—81页。

⑥ 参见魏丽玲、陆旸:《企业社会责任与财务绩效关系研究——以食品饮料制造业为例》,《东南大学学报》(哲学社会科学版)2016年第18期,第26—29页。

任与财务绩效之间的交互跨期影响①。结果表明,沪深两市 A 股制造企业的当期财务绩效与当期企业社会责任之间存在显著交互影响,但滞后一期的企业社会责任、财务绩效与当期的财务绩效、企业社会责任间的影响关系不明确。

(二)企业社会责任与企业经营绩效负相关

尽管许多国内学者采用定性或定量的方法研究后得出了企业社会责任与企业绩效之间存在显著积极的正向关系,但也有一些学者研究发现企业的社会责任行为与企业绩效间呈负相关关系。李正(2006)以我国上海证券交易所 2003 年 521 家上市公司为样本,研究了企业社会责任活动与企业价值间的相关性。研究结果发现,在当期,企业承担社会责任越多,企业的价值也越低;但长期来说,企业承担社会责任并不会降低企业价值②。朱金凤和杨鹏鹏(2009)以沪市 A 股 1001 家上市公司为样本,实证检验了企业社会责任和财务绩效之间的关系。发现企业履行的社会责任不同对企业绩效的影响也不同,企业的政府和债权人责任对财务绩效有正向显著的影响,而企业对员工和供应商的责任与 ROA 之间显著负相关、企业对公益事业的责任与托宾 Q 之间也为负相关关系③。杨皖苏和杨善林(2016)以 2013—2015 年跨国供应链上市企业为样本,分析尽责与未尽责管理情景下企业当期及滞后期企业履行社会责任对企业财务绩效指标托宾 Q 值和资产报酬率的影响。研究发现,尽责管理情景下当期法律、客户责任与托宾 Q 值呈负相关关系,当期供应商、员工责任与托宾 Q 值呈正相关关系,当期客户责任与资产报酬率呈负相关关系,而股东责任与资产报酬率呈正相关关系,供应商、员工、股东、伦理和慈善

① 参见董千里、王东方、于立新:《企业规模、企业社会责任与企业财务绩效关系研究》,《技术经济与管理研究》2017 年第 2 期,第 23—28 页。
② 参见李正:《企业社会责任与企业价值的相关性研究——来自沪市上市公司的经验证据》,《中国工业经济》2006 年第 2 期,第 77—83 页。
③ 参见朱金凤、杨鹏鹏:《企业社会责任与财务绩效关系的实证检验》,《统计与决策》2009 年第 7 期,第 135—137 页。

责任对企业绩效存在滞后效应,且尽责管理下履行社会责任对企业财务绩效的影响比未尽责管理下的影响显著[1]。

(三)企业社会责任与企业经营绩效间的关系不确定

陈玉清和马丽丽(2005)分析了我国上市公司社会责任会计信息披露与上市公司价值之间的关系,结果表明:现阶段这一信息与我国上市公司价值的相关性不强[2]。王天竹等(2015)以我国2011—2013年沪深两市419家制造业上市公司为样本,基于利益相关者视角对企业社会责任与竞争力关系进行了实证研究[3]。研究结果显示,企业对股东、供应商、债权人的责任与竞争力之间呈现显著正相关关系,而企业对员工的责任与竞争力的相关性不显著,企业对消费者的责任与竞争力呈负相关关系。李玲(2015)以沪深两市2009—2013年的面板数据为样本,采用固定效应方法,实证研究了我国上市公司的企业社会责任行为对其财务绩效的影响不明显,而且企业社会责任对财务绩效的影响存在明显的滞后效应,呈倒U型特征[4]。

五、关于广西企业社会责任的研究

虽然国内关于企业社会责任研究的文献非常丰富,但有关广西企业社会责任的文献则要少得多,在CNKI上仅有几篇。贾莹丹等(2011)基于广西上市公司2006—2010年的数据,研究了广西企业社会责任与企业社会责任披露的相关性问题,结果发现:企业对政府和员工履行的责任与企业盈利水平正相

---

① 参见杨皖苏、杨善林:《中国情境下企业社会责任与财务绩效关系的实证研究——基于大、中小型上市公司的对比分析》,《中国管理科学》2016年第1期,第143—150页。

② 参见陈玉清、马丽丽:《我国上市公司社会责任会计信息市场反应实证分析》,《会计研究》2005年第11期,第76—81页。

③ 参见王天竹、马鸿飞、周小燕:《基于利益相关者的企业社会责任与竞争力相关性的实证研究》,《科技与管理》2015年第6期,第13—20页。

④ 参见李玲:《旅游企业社会责任与财务绩效的典型相关分析——基于利益相关者视角》,《企业经济》2015年第8期,第162—165页。

关；对债权人履行的责任与企业的盈利水平和市场价值负相关；对供应商履行的责任与企业的市场价值负相关①。肖文娟和唐冬妮（2012）采用内容分析法对 20 家广西制造业上市公司 2010 年的社会责任履行状况及其对企业经济后果的影响进行了研究,研究发现:（1）广西制造业上市公司的社会责任信息披露较少且披露载体不规范;（2）单独提供社会责任报告的公司社会责任尽责程度较高且向定量化方向发展;（3）公司履行环境保护等社会责任,可以提升公司的财务绩效②。吴婷（2012）以广西上市公司 2010 年的年报数据和相关股价数据为样本,调查分析了这些企业的社会责任会计信息披露情况并就企业社会责任贡献对公司价值的影响进行了实证研究③。韦丽青（2014）以2007—2012 年广西在市的上市公司为对象,探究了董事会特征、股权结构和高管激励方式等公司治理方式对企业社会责任水平的影响④。结果显示,独立董事人数、第一大股东持股比例等与企业社会责任显著正相关,而董事会规模、董事长与总经理两职兼任、企业是否为国有以及高管薪酬水平对企业社会责任水平没有显著影响。陈永清和蒙仁君（2015）采用问卷调查法对广西 226家企业社会责任实施现状进行了调查,结果发现:总体来说,企业对社会责任的认知还不够深入、不仅积极性不高而且履责能力有限⑤。彭娟和周杰（2016）采用问卷调查法对 194 名广西区直国有管理者进行问卷调查,发现国有企业管理者对企业社会责任内容的认知存在片面性、企业作为社会责任履

---

① 参见贾莹丹、文静、董春英:《企业财务绩效与企业社会责任信息披露的相关性研究——基于广西上市公司 2006—2010 年的经验数据》,《现代经济信息》2011 年第 18 期,第140—141 页。

② 参见肖文娟、唐冬妮:《广西上市公司社会责任尽责程度及其经济后果分析》,《广西职业技术学院学报》2012 年第 2 期,第 78—81 页。

③ 参见吴婷:《广西上市公司社会责任会计信息披露的实证研究》,《柳州师专学报》2012年第 1 期,第 56—59 页。

④ 参见韦丽青:《广西上市企业公司治理结构对企业社会责任的影响研究》,《中国乡镇企业会计》2014 年第 1 期,第 17—21 页。

⑤ 参见陈永清、蒙仁君:《广西企业社会责任实施现状调查分析》,《沿海企业与科技》2015年第 3 期,第 40—44 页。

行主体的意识有待普及和提高①。

总之,本章主要对国内外企业社会责任的相关研究进行梳理。首先,从企业社会责任概念、企业社会责任驱动因素、企业社会责任的内容维度、企业社会责任评价和企业社会责任与企业绩效之间的关系五个方面对国外有关企业社会责任的相关研究进行了梳理,然后对国内企业社会责任概念、企业社会责任驱动力、企业社会责任评价及企业社会责任与企业绩效之间的关系进行了梳理。通过对国内外文献的梳理,我们发现:

第一,尽管国内外学术界对企业社会责任问题进行了近一个世纪的研究,但迄今为止,依然没有形成一致认可的企业社会责任概念,可谓是仁者见仁、智者见智。人们对企业社会责任内涵的界定受特定社会文化的影响,具有明显的文化依赖性或情景依赖性。

第二,对于企业社会责任的主要驱动因素,迄今也没有形成相对一致的观点。一般认为,许多驱动因素同样具有情景依赖性。

第三,对于企业社会责任与企业绩效之间的关系,国内外学术界更是没有达成相对一致的观点,但相对而言,持积极支持的结论相对多于持消极负面的结论。

第四,尽管国内外对企业社会责任进行了大量的研究,但在广西这一特定文化背景的相关研究较为少见。

---

① 参见彭娟、周杰:《广西区直国有企业管理者企业社会责任认知现状与改进策略》,《企业科技与发展》2016 年第 11 期,第 17—19 页。

第三章 广西企业社会责任模型及影响因素假设

正如一些学者所指出的那样,企业社会责任的表现和认知深受社会文化和社会背景的影响,在不同的社会、文化和时间情景下,其维度构成会有巨大差异①②。我国不仅幅员辽阔,而且有 56 个民族,各民族的文化差异也较为显著,因此,简单地将西方或国内的企业社会责任相关研究结论复制到广西显然不是产生知识的有效方法,必须考虑广西这一特定情景。

第一节 广西企业社会责任模型的构建

一、广西企业社会责任概念模型

广西是我国 5 个民族自治区之一,共有 12 个世居民族,少数民族人口约占总人口的 45%,区内大多数企业均有来自不同民族的员工,由此使得广西区内的绝大部分企业具有民族性特征。由于企业社会责任具有文化依赖性,

---

① See Sethi, S.P., "Dimensions of corporate social performance: an analytic framework", *California Management review*, 1975, 17(3), pp.58-64.

② See Isabelle Maignan, David A., "Ralston.Corporate Social Responsibility in Europe and the U.S.Insights from Businesses' Self-Presentations", *Journal of International Business Studies*, 2002, 33 (3), pp.497-514.

因此,在确定广西企业社会责任内容的维度上,只能参照国内外的相关研究成果,绝不能照搬照抄。

基于广泛的文献回顾和利益相关者理论并结合广西民族地区的实际情况,我们提出了如图3-1所示的广西企业社会责任模型。该模型包括创造社会财富、促进民族地区人与自然和谐共生、做遵纪守法的企业公民、内部管理人本化、推进民族地区社会和谐发展五个维度。

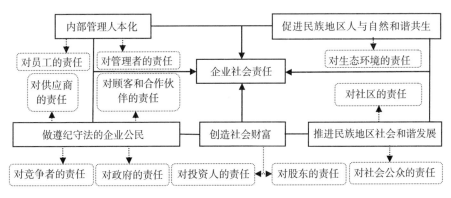

图3-1　广西企业社会责任五维度模型

(一)创造社会财富

管理大师彼得·德鲁克曾经说过,企业并不是为满足自己的目的,而是为满足社会的某种特别需要而存在,也即为生产或提供满足顾客现实或潜在要求的产品或服务而存在。如果企业不能生产或提供满足社会需要的产品或服务,企业就没有存在的理由。事实上,在生产或提供产品或服务的过程中,企业将无差别的人类劳动凝结到待交换的商品或服务中,形成价值和使用价值并通过销售环节实现保值、增值并最终增加社会财富。企业逐利的本性决定了企业必须为社会创造财富,否则,企业保值、增值的愿望就只能是水中月、镜中花。因此,企业的首要社会责任就是为社会创造财富,即为投资人和股东保值增值,为社会生产能满足其要求的产品和服务。广西区内的企业虽然具有特殊性,但更具一般性,其社会价值也必须通过为社会创造财富来实现。为此,不失一般性,我们将为社会创造财富界定为广西企业社会责任的一个维度。

(二)促进民族地区人与自然和谐共生

利益相关者理论认为,大自然是企业许多利益相关者中最重要的成员之一,而且,随着社会的进步和发展,人类对大自然的理解越来越深刻,也越来越认识到处理好人与自然和谐共生的重要性。大自然是人类赖以生存发展的基础,也是企业的重要利益相关者之一。党的十八大以来,人与自然和谐共生已成为新时代中国特色社会主义的基本方略之一,成为以习近平同志为核心的党中央把握社会经济发展和人与自然发展规律的重要理论创新。然而,人类在社会经济发展过程中,为追求自身的快速发展而置生态环境于不顾,过度破坏大自然的系统平衡,从而自食诸如山洪水灾、酸雨、沙尘暴、地陷地震等恶果的事例比比皆是。

对广西地区的企业而言,促进民族地区人与自然和谐共生,确保广西生态安全更为重要,也具有更重要的现实意义。广西壮族自治区地处我国西南边陲,自然生态环境相对脆弱,山高、坡陡、植被少、土层薄、石山多、灾害频繁,是我国典型的生态环境脆弱地区之一①。促进民族地区人与自然和谐共生实质上就是要通过保护和优化广西的生态环境,达到提升广西人民群众的生产和生活条件的目的。促进民族地区人与自然和谐共生不仅具有很强的生态意义,也具有明显的经济、社会和政治意义。正如上文所述,现实中许多人与自然的不和谐多数是企业行为"共振"的恶果,为此,一些学者,如乔永波、鲍洪杰(2014)和黄玉萍(2015)等认为,践行人与自然和谐共生是民族地区企业践行社会责任中尤其需要强调的重要组成部分②③。此外,《民族区域自治法》

---

① 参见赵其国、黄国勤:《论广西生态安全》,《生态学报》2014 年第 18 期,第 5125—5141 页。

② 参见乔永波、鲍洪杰:《贵州民族地区企业环保投资困境透视》,《贵州民族研究》2014 年第 5 期,第 132—135 页。

③ 参见黄玉萍:《少数民族企业社会责任践行中的民族维度——基于利益相关者视角》,《贵州民族研究》2015 年第 4 期,第 152—155 页。

第 66 条规定:任何组织和个人在民族自治地区开发资源、进行建设的时候,要采取有效措施,保护和改善当地的生活环境和生态环境,防治污染和其他公害。基于此,我们认为促进民族地区人与自然和谐共生应该成为,也必须是广西企业社会责任的一个维度。

(三)做遵纪守法的企业公民

进入 21 世纪以来,随着经济全球化步伐的加快,学术界对于企业社会责任的研究有了新的进展,企业公民概念应运而生。2002 年 1 月,在纽约召开的世界经济论坛上,34 个全球最大的跨国企业的 CEO 联合签署了《全球企业公民——CEO 与董事的领导挑战》的声明,从而使企业公民概念从美国走向了全球。

公民这一概念来源于古希腊时期的城邦制国家,其原意是"属于城邦的人"。而与之相对的另一概念是"非公民",即客居者、奴隶、异邦人等群体。这些人尽管在城邦这个共同体中,但对城邦事务没有任何责任,属于与城邦不相关的人。在现代法学中,公民是指具有或取得某国国籍,并根据该国法律规定享有权利和承担义务的人。责任程度与自由程度(或者说权利与义务)的一致性,是公民这一法律概念的核心理念[①]。就我国来说,《中华人民共和国宪法》规定公民的基本义务有 5 条,一是维护国家统一和全国各民族团结;二是遵守宪法和法律,遵守社会公德;三是维护祖国安全、荣誉和利益;四是保卫祖国,抵抗侵略,依法服兵役和参加民兵组织;五是依法纳税。

今天,企业公民已成为全球用来表达企业社会责任的新术语。纵观对企业公民概念的本质和核心研究,存在三种不同的企业公民观,即狭义的企业公民观、广义的企业公民观和延伸的企业公民观。狭义的企业公民观认为,企业公民就是慈善捐助,如 Carroll(1991)就把"一个好企业公民"与慈善责任紧密联系在一起。持狭义企业公民观者认为,企业公民并非出于慷慨参与慈善事

---

① 参见霍季春:《从"企业社会责任"到"企业公民"》,《理论与现代化》2007 年第 1 期,第 67—70 页。

业,而是"策略性慈善"。企业公民行为是受稳定的社会、自然和政治环境可以保证企业赢利等利益驱使的结果。与这样的理解相一致,在不少文献中,企业公民被看成企业为积聚"社会资本"或"声誉资本"对其所在社区的投资①。广义的企业公民观认为,企业公民就是企业社会责任。在文献中,许多学者都是从这个角度来理解企业公民的,强调了企业社会责任的不同方面。如 Maignan 等人认为企业公民是"企业承担其利益相关者施加于他们身上的经济、法律、道德和其他企业可自由选择的责任"。该观点的支持者实际上就是将"企业社会责任"这个概念进行改头换面。持延伸的企业公民观者从全球化和"自由公民"的角度对企业公民的内涵进行分析。全球化的主要特征是社会、政治和经济交往的"无国界化",这意味着越来越多的社会活动发生于主权国家的权力和影响之外②。而自由公民具有社会、民事和政治等三项基本权利,在全球化之前,这些权利的实现都限定于某一国家的国界范围内。如今,企业,尤其是跨国公司在一定程度上承担起本该由政府承担的保证公民权利得以实现的责任。简要来说,企业通过捐赠等方式使公民的社会权利得以实现,如改善贫困地区的教育设施,使人们能够接受教育;跨国公司促使当地政府保护公民的民事权利,使公民免受第三方的不公正对待或侵犯。

基于企业是除政府之外占有资源最多的法人组织,其行为不仅仅会影响自身的经济结果,也会影响其与社会和自然的关系。因此,要求企业像公民一样履行相应的责任显然具有合理性。在本研究中,我们的企业公民概念主要是基于遵纪守法是公民的首要和基本职责而言的,内涵比企业社会责任要小,但比狭义的企业公民要大。

广西不仅是我国 5 个民族自治区之一,而且随着中国—东盟自贸区的发

---

① 参见邵炜、王晶晶:《从"社会责任"到"企业公民"的演变》,《特区经济》2009 年第 3 期,第 291—293 页。

② 参见邵炜、王晶晶:《从"社会责任"到"企业公民"的演变》,《特区经济》2009 年第 3 期,第 291—293 页。

展及中国—东盟博览会永久落户南宁,广西成了我国面向东盟合作的桥头堡,其与世界各国的贸易往来越来越多,也越来越频繁。在这种背景下,广西企业是否是名副其实的"企业公民"不仅影响企业自身的发展,影响区内的民族团结,还将影响我国在东盟等中的国际形象。基于此,本研究将做遵纪守法的企业公民确定为广西企业社会责任的第三个维度。

(四)内部管理人本化

随着梅奥的人际关系行为理论的提出,人本化管理理念开始逐渐盛行并得到了业界和学术界认可。所谓内部管理人本化是指企业在内部开展各项管理活动时,做到以人为本,将工作的重点放在关心人、满足人的需求上,通过理解、帮助和信任员工,提升员工对企业的凝聚力和认同感,营造良好的企业文化氛围,促进企业和员工个人的良性发展和成长。在人本化管理活动中,管理者不但注重计划、组织、指挥、协调和控制等"硬管理",同时更关注了解员工的需求、培养员工的归属感等"软管理"。人本管理是相对于物本管理而言的一种管理模式,其着眼点在于通过满足人的合理要求来调动人的主动性和积极性并最终提升企业的运营效率和核心竞争力。

管理人本化具有五个显著特征:一是强调"员工"是一切管理活动的核心和主体;二是强调所有员工在企业的主人翁地位,让员工自觉行使自身权利,履行相关义务;三是通过开发人力资源来获得竞争优势;四是强调组织目标与个人目标的一致性;五是用各种方法激励员工的生产积极性。内部管理人本化对于员工的管理主要通过民主管理、情感管理、自主管理和文化管理等手段来实现①。

当前,区内一些企业,特别是一些中小企业,在内部员工管理方面还普遍存在:(1)弱势员工群体难以伸张权益和要求;(2)在非公及混合制企业员工的权益难以保障,具体表现在加班加点较普遍、休假权益没有保障;劳动安全卫生隐患多、女工特殊保护规定落实差;社会保险得不到有效落实;(3)工会

---

① 参见罗方:《试论人本化管理的内涵、特征及发展趋势——基于设计项目管理视角》,《商业时代》2012年第18期,第96—97页。

体制和运行方式难以保障;(4)一些地方政府角色错位①。据统计,因一些企业人本管理意识淡薄,导致十二五期间经广西各级调解仲裁机构处理的争议案件就达 8.05 万件,涉及劳动者 9.6 万人,涉及金额 13.7 亿元,其中,农民工劳动争议 2.23 万件,涉及农民工 2.38 万人。事实上,经各级调解仲裁机构处理的争议案件仅仅是众多劳动争议案件中的冰山一角,还有大量案件因各种原因没有得到仲裁机构的调解处理。如此多的劳动争议不仅影响了员工的生产积极性,也影响了广西和谐社会的建设和发展。基于此,我们将内部管理人本化作为广西企业社会责任的一个重要维度。

(五)推进民族地区社会和谐发展

苏亚民(2012)认为,民族地区企业应发挥参与社会管理的能力,充分吸纳社会人员就业,化解社会矛盾,促进民族地区和谐发展②。黄玉萍(2015)认为,促进民族社会发展是少数民族企业应履行的重要社会责任之一。她将少数民族企业对民族地区社会发展的责任,分为促进经济发展的基本责任和对民族地区社会和经济福利贡献的广义责任两个方面③。马金莲等(2016)认为少数民族企业社会责任既有一般企业的共性,也有其特殊性④。就特殊性而言,在企业社会责任内容方面,应履行坚持传承和保护好民族生产工艺和配方的责任;理念方面,应履行坚持地区民族文化为主导并与之相适应的责任;目标方面,应担负起推进民族社区和民族区域发展的责任。

广西作为 5 个民族自治区之一,其企业在促进经济增长、缓解就业压力、平抑物价、优化产业结构、均衡社会财富等方面应该发挥越来越重要的作用。

---

① 参见闵红:《试论广西构建和谐劳动关系企业的问题和对策》,《经济与社会发展》2012年第 4 期,第 25—28 页。

② 参见苏亚民:《论民族地区企业社会责任的特殊性》,《会计之友》2012 年第 16 期,第40—41 页。

③ 参见黄玉萍:《少数民族企业社会责任践行中的民族维度——基于利益相关者视角》,《贵州民族研究》2015 年第 4 期,第 152—155 页。

④ 参见马金莲、魏效锋、冉秋霞、闫英琪:《少数民族企业社会责任的内涵》,《经贸实践》2016 年第 7 期,第 140 页。

基于此,我们将推进民族地区社会和谐发展作为评价广西企业社会责任的一个重要维度。

二、广西企业社会责任模型维度的初步验证

为验证上文提出的五个维度是否能用来度量广西企业的社会责任,我们将初拟的 5 个广西企业社会责任维度采用李克特 5 点量表法设计成问卷,然后有针对性地选择了 36 名广西区内的专家学者和企业高层管理人员进行调查。在问卷发放前,我们先电话进行沟通,征得被调查者同意后,以 E-mail 的形式将问卷发送给被调查者,三天后再用电话询问问卷填写情况,一周后,我们发放的 36 份问卷全部得以回收,问卷回收率为 100%。

(一)被调查者基本情况

参与本次问卷的 36 位被调查者的基本情况如表 3-1 所示。

表 3-1　广西企业社会责任维度问卷调查者基本情况

性别			文化程度			职业		
	男性	女性		研究生	本科生	大专生		公务员	事业单位	企业员工

	性别			文化程度				职业		
	男性	女性		研究生	本科生	大专生		公务员	事业单位	企业员工
频 数	21	15	频 数	17	17	2	频 数	4	19	13
所占%	58.3	41.7	所占%	47.2	47.2	5.6	所占%	11.1	52.8	36.1
	民族			技术职称				职位		
	汉族	壮族	其他		高级	中级		高管	中层	其他
频 数	15	19	2	频 数	23	13	频 数	7	6	23
所占%	41.7	52.8	5.6	所占%	63.9	36.1	所占%	19.4	16.1	63.9

表 3-1 的数据表明:(1)被调查者中有 94.4% 的人文化程度在大学本科及以上;(2)52.8% 的被调查者来自大学等事业单位、36.1% 的被调查者来自企业,只有 11.1% 的被调查者来自公务员队伍;(3)被调查的主体为汉族和壮族,他们分别占 41.7% 和 52.8%,而其他少数民族只有 2 人,仅占 5.6%;(4)所有被调查者的技术职称均在中级以上,其中正高或副高以上职称人员比重

达 63.9%；(5)有 19.4%来自企业的高层管理者、16.1%的被调查者来自企业的中层管理者。

(二)广西企业社会责任维度的调查验证

我们对 36 份问卷中关于广西企业社会责任维度的判定情况进行了统计，结果见表 3-2。

表 3-2　被调查者对广西企业社会责任维度判定调查统计表

广西企业社会责任维度	完全同意(5)的频数	同意(4)的频数	中立(3)的频数	合计	均值
创造社会财富	36	0	0	36	5
促进民族地区人与自然和谐共生	26	10	0	36	4.72
做遵纪守法的企业公民	21	14	1	36	4.56
内部管理人本化	29	7	0	36	4.81
推进民族地区社会和谐发展	23	13	0	36	4.64

表 3-2 的数据表明，100%的被调查者均完全同意将"创造社会财富"作为广西企业社会责任的一个主要维度。72.2%的被调查者完全同意将"促进民族地区人与自然和谐共生"作为广西企业社会责任的主要维度，27.8%的被调查者同意将"促进民族地区人与自然和谐共生"作为广西企业社会责任的主要维度。58.3%的被调查者完全同意将"做遵纪守法的企业公民"作为广西企业社会责任的主要维度，38.9%的被调查者同意将"做遵纪守法的企业公民"作为广西企业社会责任的主要维度，仅有 2.78%的被调查者对"做遵纪守法的企业公民"保持中立。80.6%的被调查者完全同意将"内部管理人本化"作为广西企业社会责任的主要维度，19.4%的被调查者同意将"内部管理人本化"作为广西企业社会责任的主要维度。63.9%的被调查者完全同意将"推进民族地区社会和谐发展"作为广西企业社会责任的主要维度，36.1%的被调查者同意将"推进民族地区社会和谐发展"作为广西企业社会责任的主要维度。

从表 3-2 的数据分析我们可以看出，尽管只有"创造社会财富"一项得到所有被调查者的完全一致认同,但其他四项基于李克特5点量表的均值均在4.5以上,这充分说明,将"创造社会财富""促进民族地区人与自然和谐共生""做遵纪守法的企业公民""内部管理人本化"和"推进民族地区社会和谐发展"等5项作为广西企业社会责任的五个维度具有合理性。

为进一步确定广西企业社会责任维度的合理性,我们邀请广西民族大学管理学院、广西财经大学、南宁师范大学及广西经济干部管理学院的部分教授专家就我们初步确定的五个维度进行了研讨,结果是绝大部分专家学者认为,用这五个维度能较为全面地反映广西企业社会责任的状况,赞成将这5项确定为广西企业社会责任的维度,仅有个别专家认为"做遵纪守法的企业公民"的内涵不太确定或太广,建议进行修改,经解释后,该专家基本同意将其作为广西企业社会责任的一个维度。

第二节 广西企业社会责任及其影响
因素模型与假设

一、广西企业社会责任影响因素模型

为实现研究目标,结合上文确定的广西企业社会责任维度及文献梳理中所提及的企业社会责任影响因素和效应,本研究提出了如图3-2所示的研究模型。模型中,企业社会责任由"创造社会财富""促进民族地区人与自然和谐共生""做遵纪守法的企业公民""内部管理人本化"和"推进民族地区社会和谐发展"五个维度构成。对于影响因素,我们主要考察企业感知的声誉、区域经济发展水平和本身财务状况对企业社会责任的影响。另外,由于企业是虚拟人,不能独立承担社会责任,承担社会责任的实际人为企业的所有者,故研究中我们将探求企业规模、行业、所在地理位置、所有权类型和成立年限等企业特征变量对企业社会责任的影响,同时也探究企业最高管理者个人特征变量对企业社会责任的影响。对于企业社会责任的效应,我们主要探究企业社会责任的社会声誉效应和财务经济效应及员工满意效应,前者主要考察企业社会责任的外部效应,后者主要考察企业社会责任的内部效应。

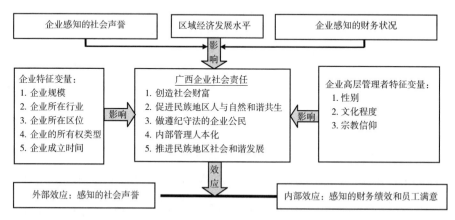

图 3-2　广西企业社会责任影响因素及效应模型

二、研究假设

在确定了广西企业社会责任维度、影响因素和效应模型后,在分析的基础上,我们提出了相应的研究假设。

(一)企业规模

一般认为,企业规模对企业社会责任行为会产生影响,因为企业规模意味着占有社会资源的规模和企业运营抗风险能力的大小。企业规模越大,企业占有的社会资源就越多,抗风险能力也越强,越有能力进行社会责任实践活动。Jenkins and Yakovleva(2006)发现,企业规模对社会责任信息披露(SRD)有显著影响,大规模公司比小公司更乐意披露更多的社会责任信息①。唐小兰(2006)在进行企业社会责任与企业经营绩效之间的相关性研究时,也探究

---

① See Jenkins, H., Yakovleva, N., "Corporate social responsibility in the mining industry: Exploring trends in social and environmental disclosure", *Journal of Cleaner Production*, 2006, 14(3-4), pp.271-284.

了企业规模对企业社会责任的影响,结果表明企业总资产的对数值与企业社会责任呈正相关①。李立清(2006)研究了影响湖南企业社会责任履行的因素,发现企业规模的影响非常突出②。唐志和李文川(2008)应用排序多元离散选择模型实证地研究了浙江民营企业社会责任的经济影响因素,认为企业规模、企业类型、企业发展阶段是现阶段影响浙江民营企业承担社会责任的主要影响因素③。苏蕊芯等(2010)以2008年深交所上市公司为例,从成本—收益的角度出发,采用DEA对上市公司的企业效率进行整体评价,同时采用内容分析法对上市公司履行社会责任程度进行衡量,最后对企业社会责任与企业效率的相关关系进行分析。研究发现,上市公司履行社会责任会受到诸如企业规模、产权结构、前一年财务绩效、行业类型、业务类型、慈善行为、董事会构成等多方面因素的影响④。张海涛等(2011)对我国国有企业社会责任的实证分析发现,企业规模与企业社会责任履行高度相关,企业规模越大,企业履行社会责任的能力就越强⑤。张琦和陈汉辉(2012)采用问卷调查法,对106份问卷分析后发现,企业规模对企业社会责任实践的影响并不显著。张胜荣(2014)通过对225份问卷的量化分析,发现企业规模与农业企业社会责任水平显著正相关,而企业所在地区、企业年限、企业生命周期、企业所有制性质与企业社会责任的相关性并不显著⑥。岳恒(2015)发现,企业规模是影响民营

---

① 参见唐小兰:《企业社会责任与经营绩效的相关性研究》,湖南大学硕士学位论文,2006年。

② 参见李立清:《企业社会责任评价理论与实证研究:以湖南省为例》,《南方经济》2006年第1期,第105—118页。

③ 参见唐志、李文川:《浙江民营企业社会责任影响因素的实证研究》,《浙江工商大学学报》2008年第3期,第75—79页。

④ 参见苏蕊芯、仲伟周、刘尚鑫:《企业社会责任与企业效率关联性分析——以深市上市公司为例》,《山西财经大学学报》2010年第11期,第75—85页。

⑤ 参见张海涛、郭锦墉、杨文平、王晓明、徐学智:《我国国有企业社会责任的实证分析》,《价格月刊》2011年第7期,第90—94页。

⑥ 参见张琦、陈汉辉:《企业特征因素与企业社会责任实践关系实证研究》,《浙江工商职业技术学院学报》2012年第2期,第5—13页。

企业慈善捐赠行为的因素之一①。邓宏亮(2016)发现,在企业社会责任报告方面,民营企业的企业规模和财务状况对企业社会责任报告质量产生显著的正向影响②。董千里等(2017)以我国2011—2015年沪深A股上市制造企业为研究样本,应用改进的熵权法评价样本企业社会责任表现,运用固定效应模型回归方法,实证研究了企业社会责任与财务绩效之间的交互跨期影响等问题③。研究发现:企业规模在企业社会责任与财务绩效之间关系中存在负向调节作用,在企业规模一定的情况下过于强调企业社会责任,会弱化企业社会责任对财务绩效的积极效应,而规模较小的企业履行社会责任会提升企业财务绩效。从上述文献梳理发现,尽管大部分研究结论支持企业规模与企业社会责任具有正相关关系,但也有学者发现,两者的关系并不显著。为此,我们提出研究假设1:

研究假设1(H1):企业规模会显著正向影响广西企业社会责任实践行为。

H1a:企业规模会对广西企业创造社会财富社会责任行为产生显著正向影响;

H1b:企业规模会对广西企业促进民族地区人与自然和谐共生社会责任行为产生显著正向影响;

H1c:企业规模会对广西企业做遵纪守法的企业公民社会责任行为产生显著正向影响;

H1d:企业规模会对广西企业内部管理人本化社会责任行为产生显著正向影响;

H1e:企业规模会对广西企业推进民族地区社会和谐发展社会责任行为

---

① 参见岳恒:《民营企业慈善捐赠行为影响因素的实证研究》,西南交通大学硕士学位论文,2015年。

② 参见邓宏亮:《民营企业社会责任报告质量影响因素分析》,《会计师》2016年第19期,第18—19页。

③ 参见董千里、王东方、于立新:《企业规模、企业社会责任与企业财务绩效关系研究》,《技术经济与管理研究》2017年第2期,第23—28页。

产生显著正向影响。

(二)企业所在行业

从企业社会责任演进的历史我们可以看出,行业组织通过制定行业社会责任指南和技术规则、搭建为企业推行社会责任服务的平台、开展有关培训和宣传及指导企业撰写社会责任报告等形式推动行业企业社会责任的履行和发展。行业组织的这些行为导致了企业社会责任在行业的不同表现。另外,不同行业面对的内部竞争和外部压力各不相同,因此,每个行业都会形成自己特有的社会责任和社会责任行为[①]。赵颖等(2007)以深圳证券交易所上市公司为样本,研究发现行业属性是影响上市公司社会责任信息披露的重要因素[②],刘敏和许海燕(2010)用涉及 12 个行业的 1291 个样本进行研究,发现行业属性与社会责任信息披露存在很大关联[③]。唐志和李文川(2008)发现资本密集型民营企业比劳动密集型民营企业更重视社会责任[④]。陈文婕(2009)也发现行业属性会影响企业社会责任信息的披露[⑤],但唐洋等(2015)的研究却得出行业属性对企业社会责任报告的影响并不显著的矛盾结论[⑥]。黄群慧和彭华岗等(2009)发现社会责任指数在行业间存在明显差异,多数行业处于参与者阶段,食品业等制造业环境责任指数较低并处于旁观阶段[⑦]。岳恒(2015)在

---

① 参见何文秀、吴丽君、林锐:《企业社会责任信息披露影响因素分析》,《赤峰学院学报(自然科学版)》2013 年第 17 期,第 33—34 页。

② 参见赵颖、马连福:《海外企业社会责任信息披露研究综述及启示》,《证券市场导报》2007 年第 8 期,第 14—22 页。

③ 参见刘敏、许海燕:《社会责任信息披露影响因素实证研究——来自深沪市 2008 年度的经验数据》,《财会通讯》2010 年第 36 期,第 21—23、57 页。

④ 参见唐志、李文川:《浙江民营企业社会责任影响因素的实证研究》,《浙江工商大学学报》2008 年第 3 期,第 75—79 页。

⑤ 参见陈文婕:《企业社会责任信息披露影响因素研究》,湖南大学硕士学位论文,2009 年。

⑥ 参见唐洋、阳秋林、刘萍:《我国企业社会责任报告鉴证的影响因素研究——来自沪市上市公司的经验证据》,《湖南财政经济学院学报》2015 年第 3 期,第 46—54 页。

⑦ 参见黄群慧、彭华岗、钟宏武、张蒽:《中国 100 强企业社会责任发展状况评价》,《中国工业经济》2009 年第 10 期,第 23—35 页。

研究影响民营企业慈善捐赠行为的因素时发现,不同行业的企业在慈善捐赠行为上存在较大差异①。宋歌(2015)研究发现,在宏观经济的冲击下,不同行业企业的社会责任履行程度有所不同②。为弄清广西企业的行业属性是否显著影响企业的社会责任行为,我们提出研究假设2:

研究假设2(H2):企业所属的行业不同,企业的社会责任表现将会显著不同。

H2a:不同行业的广西企业在创造社会财富社会责任行为方面会显著不同;

H2b:不同行业的广西企业在促进民族地区人与自然和谐共生社会责任行为方面会显著不同;

H2c:不同行业的广西企业在做遵纪守法的企业公民社会责任行为方面会显著不同;

H2d:不同行业的广西企业在内部管理人本化社会责任行为方面会显著不同;

H2e:不同行业的广西企业在推进民族地区社会和谐发展社会责任行为方面会显著不同。

(三)企业所在区位

企业社会责任是经济发展到一定阶段的产物,因此,企业所在地的经济发展水平和发展阶段会影响企业社会责任的承担行为③④。一般认为,在经济相对落后的地区,企业对产品质量、环境和社会公平的关注度会比较低,而在

---

① 参见岳恒:《民营企业慈善捐赠行为影响因素的实证研究》,西南交通大学硕士学位论文,2015年。

② 参见宋歌:《我国宏观经济因素对企业社会责任的影响》,北京交通大学硕士学位论文,2015年。

③ 参见王漫天、任荣明、胡贵毅:《对企业社会责任的反思及启示》,《现代管理科学》2009年第11期,第40—42页。

④ 参见李双龙:《试析企业社会责任的影响因素》,《经济体制改革》2005年第4期,第67—70页。

经济比较发达的地区,企业的质量意识、环境意识、人权意识和社会公平意识都会相对较强。张琦和陈汉辉(2012)认为,企业所处地区显著地影响着企业社会责任实践,这种影响主要体现在股东责任实践与环境责任实践两方面①。齐文浩(2013)以沪深股市中食品类上市公司为研究样本,分析了企业所在地区发达程度对企业社会责任影响企业绩效的调节作用。结果发现,食品类上市企业所在地区的发达程度正向调节了食品类上市企业社会责任与企业绩效之间的正向关系②。邓泽宏和何应龙(2013)比较了湖北仙桃和浙江萧山两地企业的社会责任认知和履行状况,发现沿海地区比中部地区总体上要高③。张胜荣(2014)研究农业企业社会责任的影响因素时发现,企业所在地区对农业企业社会责任行为并无显著影响④。杨树旺和孟楠(2016)认为,经济发展水平会通过公司治理影响企业社会责任信息披露行为⑤。

　　对于广西而言,城市和农村之间的经济差异性还比较显著,这种经济上的差异性会显著影响企业的社会责任履行吗? 为此,我们提出如下的研究假设3:

　　研究假设3(H3):企业的区位不同,企业的社会责任表现也会显著不同。

　　H3a:不同区位的广西企业在创造社会财富社会责任行为方面会显著不同;

　　H3b:不同区位的广西企业在促进民族地区人与自然和谐共生社会责任行为方面会显著不同;

---

① 参见张琦、陈汉辉:《企业特征因素与企业社会责任实践关系实证研究》,《浙江工商职业技术学院学报》2012 年第 2 期,第 5—13 页。

② 参见齐文浩:《企业社会责任对企业绩效影响实证研究——以食品类上市公司为分析对象》,《技术经济与管理研究》2013 年第 8 期,第 3—13 页。

③ 参见邓泽宏、何应龙:《企业社会责任差异与提升:区域分类比较的视角》,《天津社会科学》2013 年第 5 期,第 97—100 页。

④ 参见张胜荣:《农业企业社会责任影响因素的实证研究》,《科技管理研究》2014 年第 21 期,第 180—186 页。

⑤ 参见杨树旺、孟楠:《经济发展水平、公司治理与企业社会责任信息披露——来自中国上市公司的经验证据》,《湖北社会科学》2016 年第 1 期,第 80—84 页。

H3c:不同区位的广西企业在做遵纪守法的企业公民社会责任行为方面
会显著不同;

H3d:不同区位的广西企业在内部管理人本化社会责任行为方面会显著
不同;

H3e:不同区位的广西企业在推进民族地区社会和谐发展社会责任行为
方面会显著不同。

(四)企业所有权类型

企业所有权对企业社会责任影响的研究一直是国内外学者关注的焦点之
一。Graves & Waddock(1994)研究了所有权结构与社会责任之间的关系,基
于他们的假设①,Johnson & Greening(1999)证实公司治理和所有权性质与企
业的社会责任绩效相关②。王毅、陈劲和许庆瑞(2000)指出,国有、民营与合
资、独资企业的社会责任行为存在差异,具体来说,民营企业的环境责任和诚
信责任重视程度都在其他性质企业之下③。李双龙(2005)认为,不同所有制
的企业对待社会责任的态度也明显不同,国有企业因与政府关系密切,要履行
政府的部分职能,因此,国有企业会主动承担一些社会责任,而民营企业的产
权相对比较清晰,利益主体比较明确,企业的内在利益驱动力强烈,追求利润
最大化是其主要目的,因而其承担社会责任的行为会比较被动④。陈旭东和
余逊达(2007)针对浙江省企业的问卷调查结果显示,民营企业对利益相关者
和企业社会责任概念的了解程度高于国有集体企业,也高于外商及港澳台投

---

① See Graves, S.B., Waddock S.A., "Institutional owners and corporate social responsibility",
Academy of Management Journal, 1994, 37(4), pp.1034-1046.

② See Johnson, R.A., Greening, D.W., "The effects of corporate governance and institutional
ownership types on corporate social performance", *Academy of Management Journal*, 1999 (42),
pp.564-576.

③ 参见王毅、陈劲、许庆瑞:《企业核心能力:理论溯源与逻辑结构剖析》,《管理科学学报》
2000 年第 3 期,第 24—32、43 页。

④ 参见李双龙:《试析企业社会责任的影响因素》,《经济体制改革》2005 年第 4 期,第
67—70 页。

资企业①。王伟(2008)认为不同所有制企业在履行社会责任方面的动力机制不同,外资企业承担基本社会责任的驱动因素主要来源于相关法律法规的要求,承担中级企业责任的驱动因素主要来源于提升企业品牌形象,而承担高级企业责任的驱动因素主要来源于获取企业经营合法性;国有企业承担基本企业责任的驱动因素主要来源于社会公众舆论压力,承担中级企业责任的驱动因素主要来源于社会公众舆论压力,而承担高级企业责任的驱动因素主要来源于树立企业家个人形象;私营企业承担基本企业责任的驱动因素主要来源于相关法律法规要求与突破"社会责任贸易壁垒",承担中级企业责任的驱动因素主要来源于提升企业品牌形象,而承担高级企业责任的驱动因素主要来源于获取企业经营合法性②。欧阳润平和宁亚春(2010)以118家国内企业为样本,研究得出所有权性质与企业社会表现呈负相关关系③。沈洪涛、杨熠和吴奕彬(2010)重点分析了国家股和国有法人股公司之间的差异,发现国有控股股东(尤其是国家股股东)能够积极提高社会责任信息披露的水平④。徐尚昆(2010)对我国12个省1268家企业最高管理者的实地调研发现,国有企业对社会责任的认知程度高于其他类型企业,国有企业、大型公司和上市公司在公益慈善、顾客价值和权益维护、经济责任、环境保护方面均有较好表现⑤。陈立泰和刘倩(2011)对重庆市上市公司企业社会责任状况进行研究,发现公有制公司的企业社会责任指数显著高于非公有制企业⑥。李长青和毛翔飞

---

①　参见陈旭东、余逊达:《民营企业社会责任意识的现状与评价》,《浙江大学学报》(人文社会科学版)2007年第2期,第69—78页。

②　参见王伟:《企业社会责任行为驱动因素实证研究》,山东大学硕士学位论文,2008年。

③　参见欧阳润平、宁亚春:《西方企业社会责任战略管理相关研究述评》,《湖南大学学报》(社会科学版)2009年第2期,第48—52页。

④　参见沈洪涛、杨熠、吴奕彬:《合规性、公司治理与社会责任信息披露》,《中国会计评论》2010年第3期,第363—376页。

⑤　参见徐尚昆:《中国企业社会责任的概念维度、认知与实践》,《经济体制改革》2010年第6期,第60—65页。

⑥　参见陈立泰、刘倩:《重庆上市公司企业社会责任发展状况评价》,《特区经济》2011年第8期,第108—110页。

(2016)研究发现,不同的所有权集中度对企业社会责任的影响都显著为正,所有权集中度强化了企业的社会责任表现①。基于上述文献梳理,我们提出如下的研究假设4:

研究假设4(H4):企业的所有权类型不同,企业的社会责任表现也会显著不同。

H4a:不同所有权类型的广西企业在创造社会财富社会责任行为方面会显著不同;

H4b:不同所有权类型的广西企业在促进民族地区人与自然和谐共生社会责任行为方面会显著不同;

H4c:不同所有权类型的广西企业在做遵纪守法的企业公民社会责任行为方面会显著不同;

H4d:不同所有权类型的广西企业在内部管理人本化社会责任行为方面会显著不同;

H4e:不同所有权类型的广西企业在推进民族地区社会和谐发展社会责任行为方面会显著不同。

(五)企业成立时间

在对影响企业社会责任行为因素的研究中,企业成立时间受到学术界的长期关注。《上海企业诚信与社会责任研究》课题组(2005)研究了企业成立时间对上海企业社会责任行为的影响,发现企业成立时间会显著影响企业的社会责任行为。唐志和李文川(2008)发现企业成立年数,也即企业所处的生命周期阶段对浙江民营企业承担社会责任有显著影响②。在创业期,由于生存压力,社会责任意识普遍淡薄,到成长期,企业会重视员工的权利和保障等

---

① 参见李长青、毛翔飞:《所有权集中度、企业融资约束与企业社会责任》,《金融与经济》2016年第6期,第11—16页。

② 参见唐志、李文川:《浙江民营企业社会责任影响因素的实证研究》,《浙江工商大学学报》2008年第3期,第75—79页。

内容,进入成熟期的企业已经意识到企业的发展必须和社会发展的总体目标相一致,所以在承担社会责任方面显得较为积极、主动。杨春方(2009)的研究发现,企业经营年限与企业社会责任行为不存在相关性①。马丽波等(2009)认为企业社会责任与企业的生命周期阶段密切相关②。梁超和陈立泰(2011)发现,在汽车行业,企业社会责任与企业年限之间没有明显的相关性③。张胜荣(2014)对农业企业的研究发现,农业企业的社会责任表现与企业成立的年限也没有显著的相关性④。冯骢(2015)研究发现,企业社会责任行为与其所处的生命周期阶段存在一定的相关性⑤。企业对一部分利益相关者的社会责任与企业所处的生命周期阶段密切相关,而对另一部分利益相关者的社会责任却与企业所处的生命周期阶段不相关,并不随企业发展阶段变化而变化。舒岳(2015)以 2008—2010 年披露了社会责任报告的沪深两市 A 股上市公司为样本,采用润灵环球(RKS)对上市公司社会责任报告的评分结果作为样本公司社会责任履行的度量指标,比较分析了处于不同生命周期阶段企业的社会责任情况,研究结果显示,成长期与成熟期企业的社会责任情况没有差异,而成长期、成熟期的企业的社会责任表现较衰退期的表现要好⑥。

从上述文献梳理的结果来看,关于企业成立时间与企业社会责任行为之间并没有确定一致的结论,不同的学者得出的结论不尽相同。为验证广西文

---

① 参见杨春方:《我国企业社会责任驱动机制研究》,华中科技大学博士学位论文,2009 年。

② 参见马丽波、张健敏、吕云杰:《社会责任与家族企业生命周期》,《财经问题研究》2009年第 3 期,第 56—63 页。

③ 参见梁超、陈立泰:《汽车业企业社会责任与竞争力的实证研究》,《汽车工业研究》2011年第 12 期,第 2—7、13 页。

④ 参见张胜荣:《农业企业社会责任影响因素的实证研究》,《科技管理研究》2014 年第 21期,第 180—186 页。

⑤ 参见冯骢:《基于企业生命周期的企业社会责任与企业绩效关系研究》,西南交通大学博士学位论文,2015 年。

⑥ 参见舒岳:《企业生命周期视角下的社会责任差异性比较分析——来自中国 A 股上市公司的经验研究》,《财会通讯》2015 年第 30 期,第 96—97、112 页。

化背景下,企业成立时间是否会对企业责任行为产生显著正向影响,本研究提出如下的研究假设5:

研究假设5(H5):企业成立的时间不同,企业的社会责任表现也会显著不同。

H5a:企业成立时间会对广西企业在创造社会财富社会责任行为产生显著正向影响;

H5b:企业成立时间会对广西企业在促进民族地区人与自然和谐共生社会责任行为产生显著正向影响;

H5c:企业成立时间会对广西企业在做遵纪守法的企业公民社会责任行为产生显著正向影响;

H5d:企业成立时间会对广西企业在内部管理人本化社会责任行为产生显著正向影响;

H5e:企业成立时间会对广西企业在推进民族地区社会和谐发展社会责任行为产生显著正向影响。

(六)高管的性别

企业最高管理者所处的组织结构地位,决定了他们对于企业行为实施具有重要作用,如此也使得高层管理者性别与企业社会责任导向或行为之间的关系受到国内外学者广泛关注。越来越多的研究表明,女性参与管理能够提升企业的社会责任绩效。女性比男性更偏爱思考伦理问题,对公司社会绩效更为敏感,女性加入董事会能够提高企业社会责任绩效[1][2][3]。Ibrahim & An-

---

① See Luthar B., "Exploring moral Fundamentalism in Tabloid Journalism.In:Javnost The Public", *Journal of the European Institute for Communication and Culture*, 1997(1), pp.49–64.

② See Burgess Z., Tharenou P., "Women board directors:characteristics of the few", *Journal of Business Ethics*, 2002, 37(1), pp.39–49.

③ See Bear S, Rahman N, Post C., "The Impact of Board Diversity and Gender Composition on Corporate Social Responsibility and Firm Reputation", *Journal of Business Ethics*, 2010, 97(2), pp.207–221.

gelidis(1991)发现,男性董事比女性董事更关注公司经济绩效,女性董事比男性董事更关注慈善等方面的社会绩效[1]。Williams(2003)也发现了董事会中女性成员与公司慈善行为正相关[2]。Ford & Richardson(1994)研究发现女性比男性更倾向于符合伦理的行为方式[3]。Kraft & Singhapakdi(1995)认为,在决定组织绩效时,女性更认同社会责任起着十分重要的作用[4]。Burton & Hegaerty(2000)认为女性更加重视经济责任,而相对忽略非经济责任[5]。Post et al.(2011)研究发现,女性董事比例较高的公司,更关注承担环境保护责任[6]。尹珏林和张玉利(2010)发现,南溪河女性企业家在企业社会责任认知方面存在显著差异,这导致了他们的企业社会责任行为上的显著不同[7]。颜蓉和陈汉辉(2012)发现,总体而言,男性管理者与女性管理者的企业社会责任取向上没有显著差异[8]。尽管如此,在企业社会责任的具体维度上,男性比女性更看重经济责任和慈善责任,而女性比男性更看重法律和伦理责任。郭如平和孔冬(2016)在进行第二代浙商企业社会责任认知研究时发现,第二代浙商对

---

① See Ibrahim A.N., Angelidis J.P., "Effect of Board Members Gender on Corporate Social Responsiveness Orientation", *Journal of Applied Business Research*, 1991, 10(01), pp.35-40.

② See Williams, R.J., "Women on Corporate Boards of Directors and Their Influence on Corporate Philanthropy", *Journal of Business Ethics*, 2003, 42(01), pp.1-10.

③ See Ford, R.C., Richardson W.D., "Ethical Decision Making: A Review of the Empirical Literature", *Journal of Business Ethics*, 1994, 13(3), pp.205-221.

④ See Kraft, K.L., A.Singhapakdi., "The Relative Importance of Social Responsibility in Determining Organizational Effectiveness: Student Responses Ⅱ", *Journal of Business Ethics*, 1995, 14(4), pp.315-326.

⑤ See Burton, B.K., Jiing-LinFarh, Harvey W.H., "Across-Cultural Comparison of Corporate Social Resonsibility Orientation: Hong Kong VS.United States Students", *Teaching Business Ethies*, 2000 (4), pp.151-167.

⑥ See Post, C., Rahman N.and Rubow E., "Green governance: Boards of directors' composition and environmental corporate social responsibility", *Business & Society*, 2011, 50(1), pp.189-223.

⑦ 参见尹珏林、张玉利:《中国企业的 CSR 认知、行动和管理——基于问卷的实证分析》,《经济理论与经济管理》2010 年第 9 期,第 63—70 页。

⑧ 参见颜蓉、陈汉辉:《企业最高管理者社会责任取向影响因素分析》,《西南交通大学学报》(社会科学版)2012 年第 6 期,第 63—70 页。

于企业社会责任的认知在性别方面没有显著的差异①。

基于上述文献梳理,我们提出如下研究假设6:

研究假设6(H6):企业最高管理者的性别差异会显著影响广西企业的社会责任表现。

H6a:企业最高管理者的性别差异会对广西企业在创造社会财富社会责任行为产生显著正向影响;

H6b:企业最高管理者的性别差异会对广西企业在促进民族地区人与自然和谐共生社会责任行为产生显著正向影响;

H6c:企业最高管理者的性别差异会对广西企业在做遵纪守法的企业公民社会责任行为产生显著正向影响;

H6d:企业最高管理者的性别差异会对广西企业在内部管理人本化社会责任行为产生显著正向影响;

H6e:企业最高管理者的性别差异会对广西企业在推进民族地区社会和谐发展社会责任行为产生显著正向影响。

(七)高管的文化程度

教育能够影响管理者的行为和价值观。从学历的角度来看,高学历的企业管理者在长期的在校学习过程中不断接受"践行道德""遵守伦理"等价值观念的熏陶,他们更容易树立起"道德""慈善"和"环保"的理念。因此,高学历的管理者比低学历的管理者对待社会责任的态度更加积极②。尽管如此,Merritt(1991)研究发现,道德行为不受教育水平和教育背景的影响③。颜蓉和陈汉辉(2012)的研究也表明,高层管理者受教育水平对其企业社会责任取

---

① 参见郭如平、孔冬:《第二代浙商企业社会责任认知实证研究》,《社会科学战线》2016年第4期,第56—61页。

② 参见吴德军、郑凌虹:《管理者特征对企业社会责任绩效的影响研究》,《会计之友》2014年第9期,第38—40页。

③ See Merritt,Sharyne,"Marketing Ethies and Education:Some Empirical Findings",*Journal of Business Ethies*,1991(10),pp.625-632.

向没有显著的影响①,郭如平和孔冬(2016)的研究也发现文化程度的差异并不会显著影响浙商第二代的社会责任认知②。

基于上述文献,我们提出如下研究假设7:

研究假设7(H7):企业最高管理者的文化程度差异会显著影响广西企业的社会责任履行水平。

H7a:企业最高管理者的文化程度会对广西企业履行创造社会财富社会责任行为产生显著正向影响;

H7b:企业最高管理者的文化程度差异会对广西企业履行促进民族地区人与自然和谐共生社会责任行为产生显著正向影响;

H7c:企业最高管理者的文化程度差异会对广西企业履行做遵纪守法的企业公民社会责任行为产生显著正向影响;

H7d:企业最高管理者的文化程度差异会对广西企业履行内部管理人本化社会责任行为产生显著正向影响;

H7e:企业最高管理者的文化程度差异会对广西企业履行推进民族地区社会和谐发展社会责任行为产生显著正向影响。

(八)高管的宗教信仰

宗教信仰情况会影响人们的行为模式的观念已被广泛认同。Ibrahim 等(1991)研究所调查的 152 家基督教公司中,92%的公司高层管理者会定期参加一些现场宗教活动(如诵读经文等),将近一半的公司强调以员工为中心的价值观与行为(如正直、善良、信任等),73%的公司对其客户和供应商强调忠诚和公平③。Arslan(2001)调查了 277 位新教、天主教和穆斯林经理,发现穆

① 参见颜蓉、陈汉辉:《企业最高管理者社会责任取向影响因素分析》,《西南交通大学学报》(社会科学版)2012 年第 6 期,第 63—70 页。

② 参见郭如平、孔冬:《第二代浙商企业社会责任认知实证研究》,《社会科学战线》2016 年第 4 期,第 56—61 页。

③ See Ibrahim A.N., Angelidis J.P., "Effect of Board Members Gender on Corporate Social Responsiveness Orientation", *Journal of Applied Business Research*, 1991, 10(01), pp.35−40.

斯林经理的工作伦理观与其他群体存在明显差异①。Angelidis 和 Ibrahim
(2004)的调查研究表明,虔敬度(宗教信仰的程度)与公司社会责任倾向存在
显著的联系:从社会责任的四个维度来看,虔敬度越高的人,表现出显著低的
经济关注、更强的伦理道德关注,而虔敬度低的人对于经济的关注更多,对于
伦理道德关注更少②。许婷婷(2014)发现,企业管理者价值观和企业社会责
任行为有密切关系,企业管理者的集体主义价值观与企业社会责任表现正相
关,企业管理者的个人主义价值观与企业社会责任表现的关系不明显③。

基于上述文献,我们提出如下研究假设 8:

研究假设 8(H8):企业最高管理者的宗教信仰差异会显著影响广西企业
的社会责任履行水平。

H8a:企业最高管理者的宗教信仰会对广西企业履行创造社会财富社会
责任行为产生显著正向影响;

H8b:企业最高管理者的宗教信仰差异会对广西企业履行促进民族地区
人与自然和谐共生社会责任行为产生显著正向影响;

H8c:企业最高管理者的宗教信仰差异会对广西企业履行做遵纪守法的
企业公民社会责任行为产生显著正向影响;

H8d:企业最高管理者的宗教信仰差异会对广西企业履行内部管理人本
化社会责任行为产生显著正向影响;

H8e:企业最高管理者的宗教信仰差异会对广西企业履行推进民族地区
社会和谐发展社会责任行为产生显著正向影响。

---

① See Arslan M., "The work ethic values of protestant british, catholic irish and muslim turkish managers", *Journal of Business Ethics*, 2001, 31(4), pp.321-339.

② See Angelidis, J., N.Ibrahim., "An Exploratory Study of the Impact of Degree of Religiousness upon an Individual's Corporate Social Responsiveness Orientation", *Journal of Business Ethics*, 2004.

③ 参见许婷婷:《管理者价值观与企业社会责任表现关系研究》,辽宁大学博士学位论文,2014 年。

(九)区域经济发展水平

李双龙(2005)认为,企业所在地的经济发展水平和发展阶段会影响企业社会责任的承担行为①。杨树旺和孟楠(2016)通过对国内上市公司的数据计量分析证实了企业所在区域经济发展水平越高,企业对社会责任信息的披露程度就越好②。但李桂艳和马煜舒(2012)对深圳和上海证券交易所的192家上市公司的计量分析得出的结果却是,企业所处的地区经济发展水平对企业社会责任信息披露水平的影响并不显著③。张荣霞和王伟生(2013)认为,导致吉林省国有企业社会责任水平偏低的原因之一是,吉林的经济发展水平偏低,从而制约了吉林国有企业承担社会责任的能力④。孙春强等(2014)通过对世界上主要矿产资源国家的企业社会责任认知水平的比较研究发现,发达国家、发展中国家和转型国家之间表现出明显的差异,不同国家所关注的重要议题也不相同⑤。董淑兰和刘浩(2017)以国资委所属249家上市公司2011—2015年的社会责任财务数据为依据,分析了区域经济发展对企业社会责任的影响。结果发现,华东地区企业的社会责任履行水平在全国范围处于最高,而西北地区企业的社会责任则处于全国最低水平,其他区域企业处于全国平均水平上下⑥。基于上述文献,本研究提出研究假设9(H9):

研究假设9(H9):企业所在地区的经济发展水平会显著影响企业社会责

---

① 参见李双龙:《试析企业社会责任的影响因素》,《经济体制改革》2005年第4期,第67—70页。
② 参见杨树旺、孟楠:《经济发展水平、公司治理与企业社会责任信息披露——来自中国上市公司的经验证据》,《湖北社会科学》2016年第1期,第80—84页。
③ 参见李桂艳、马煜舒:《上市公司社会责任信息披露影响因素的实证分析》,《产业与科技论坛》2012年第11期,第136—140页。
④ 参见张荣霞、王伟生:《吉林省国有企业社会责任存在的问题及其原因分析》,《商业经济》2013年第21期,第100—101页。
⑤ 参见孙春强、闫卫东、封宁:《矿业企业社会责任认知的国际比较及影响因素分析》,《中国矿业》2014年第8期,第27—30页。
⑥ 参见董淑兰、刘浩:《国资委所属企业履行社会责任的区域差异分析》,《商业会计》2017年第1期,第22—24页。

任的履行水平。

H9a:企业所在地区的经济发展水平会对广西企业履行创造社会财富社会责任行为产生显著正向影响;

H9b:企业所在地区的经济发展水平会对广西企业履行促进民族地区人与自然和谐共生社会责任行为产生显著正向影响;

H9c:企业所在地区的经济发展水平会对广西企业履行做遵纪守法的企业公民社会责任行为产生显著正向影响;

H9d:企业所在地区的经济发展水平会对广西企业履行内部管理人本化社会责任行为产生显著正向影响;

H9e:企业所在地区的经济发展水平会对广西企业履行推进民族地区社会和谐发展社会责任行为产生显著正向影响。

(十)感知的企业社会声誉

企业声誉是利益相关者基于对组织的过去、现在和未来活动以及活动的沟通方式的理解而持有的对组织的感知,是企业过去行为和结果的综合体现,能衡量一个企业在竞争性和制度性环境中,在内部员工以及其他外部利益相关者中的相对名望,是企业的重要无形资产和构成企业核心竞争力的重要因素之一[1][2][3]。随着人们对企业声誉重要性认识的深入,保持和提升企业声誉就成了许多企业最高管理者考虑的重要问题之一。然而,正如上文所述,企业声誉是企业过去、现在和未来行为和结果在利益相关者中感知的综合体现,因此,对企业来说,声誉提升是一个长期行为累积的结果。事实上,对任何企业来说,提升企业形象和声誉是一个艰难的过程,需要付出很多,但要毁坏企业

---

[1]　See Tucker,L.,Melewar,T.C.,"Corporate reputation and crisis management:the threat and manage ability of anti-corporatism", *Corporate Reputation Review* ,2005,7(4) ,pp.377-387.

[2]　See Formbrun,C.J.,Rindova,V.,*Who's Tops and Who Decides? The Social Construction of Corporate Reputations* ,*Working Paper* ,Leonard N.Stern School of Business,New York University,1996.

[3]　参见张建君:《外企捐款的驱动因素:一个两阶段制度模型》,《管理世界》2011 年第 7 期,第98—112 页。

声誉则是一个非常容易的过程。因此,对于已有较高企业声誉的企业来说,必然会采取各种措施来维护和进一步提升企业声誉,而对于目前声誉相对较低的企业来说,基于企业声誉对企业发展重要性的现实,也必然会采取各种措施来改善企业声誉。尽管提升企业声誉的方法有很多,但履行企业社会责任无疑是捷径之一。Carroll & Buchholtz(2008)认为企业社会责任是企业声誉的前导变量,企业的社会责任行为加快了利益相关者对企业的"识别",通过这个过程,利益相关者感受到其个人价值观与公司价值观的融合,从而促进企业与利益相关者之间良好关系的建立,直接或间接提升企业声誉①。美国第 12 大研究组织沃克资讯进行过一项旨在评估企业社会责任影响的研究,研究发现按伦理规范行事和遵守法律的企业能够从对社会负责的活动中得到回报,从而提高企业声誉。企业社会责任对企业声誉有直接或间接的作用。直接作用表现在企业良好的社会责任行为记录会提高企业声誉,间接作用表现在企业社会责任通过对企业财务绩效产生积极影响,进而影响其声誉。企业通过承担社会责任来提升其声誉面临着强大的推动力,已经成为社会发展的必然趋势②。依据上述文献的逻辑脉络,我们可以顺理成章地得到如下推论,企业为改善、维护和提升企业声誉将采取积极的企业责任行为以改善利益相关者对企业的评价。为此,本研究提出如下研究假设 10:

研究假设 10(H10):企业感知的声誉会正向显著影响广西企业的社会责任行为水平。

H10a:企业感知的声誉会对广西企业履行创造社会财富社会责任行为产生显著积极的影响;

H10b:企业感知的声誉会对广西企业履行促进民族地区人与自然和谐共

---

① See Carroll A.B.,*Buchholtz A.K.*,*Business and Society:Ethics and Stakeholder Management*, United States:South-Western,2008.

② 参见汪凤桂、戴朝旭:《企业社会责任与企业声誉关系研究综述》,《科技管理研究》2012 年第 21 期,第 237—241 页。

生社会责任行为产生显著积极影响；

H10c：企业感知的声誉会对广西企业履行做遵纪守法的企业公民社会责任行为产生显著积极影响；

H10d：企业感知的声誉会对广西企业履行内部管理人本化社会责任行为产生显著积极影响；

H10e：企业感知的声誉会对广西企业履行推进民族地区社会和谐发展社会责任行为产生显著积极影响。

（十一）感知的企业财务状况

从长期来看，企业履行社会责任终将为企业带来收益和利润几乎成了学术界的一种共识，尽管这种收益和利润具有不确定性。虽然如此，但企业无论履行哪种社会责任都会增加成本支出，占用企业额外的资源，从而减少企业的短期收益或利润[1]。McWilliams & Siegel(2001)认为，企业履行社会责任将破坏资本主义的自由竞争原则，排挤企业在其他方面的投资，从而增加企业经营成本，使企业失去竞争力甚至陷入困境[2]。现实中，大多数企业更关注短期利润或收益，相对忽视可能带来长期收益的获得或行为，尤其是在其长期收益具有不确定的情况下更是如此。这样，在利润最大化的动力驱使下，导致许多企业的选择性社会责任行为。当企业财务状况比较理想，有较多盈余资金且对当期盈利没有太大影响时，企业更多地会作出自觉履行社会责任的决策。当企业财务状况不太理想，没有盈余资金且对当期盈利影响较大时，企业更多地会作出拒绝或选择性履行部分社会责任的决策。唐小兰(2006)认为，前期经营绩效较好的企业，企业社会责任履行状况较好[3]。为此，我们认为，企业感

---

[1]　参见刘红霞：《中国企业社会责任成本支出研究》，《中央财经大学学报》2008年第6期，第80—87页。

[2]　See Mcwilliams, A., Siegel, D., "Corporate Social Responsibility: A Theory of the Firm Perspective", *Academy of Management Review*, 2001(26), pp.117-127.

[3]　参见唐小兰：《企业社会责任与经营绩效的相关性研究》，湖南大学硕士学位论文，2006年。

知的财务状况是影响企业社会责任行为的重要因素。同时,为验证这一观点,我们提出如下研究假设 11:

研究假设 11(H11):企业感知的财务状况会显著影响广西企业的社会责任行为。

H11a:企业感知的财务状况会对广西企业创造社会财富社会责任行为产生显著正向影响;

H11b:企业感知的财务状况会对广西企业履行促进民族地区人与自然和谐共生社会责任行为产生显著正向影响;

H11c:企业感知的财务状况会对广西企业履行做遵纪守法的企业公民社会责任行为产生显著正向影响;

H11d:企业感知的财务状况会对广西企业履行内部管理人本化社会责任行为产生显著正向影响;

H11e:企业感知的财务状况会对广西企业履行推进民族地区社会和谐发展社会责任行为产生显著影响。

(十二)企业社会责任效应

《现代汉语词典》(修订本)对"效应"一词的解释有两种,一是物理的或化学的作用所产生的效果,如光电效应、热效应、化学效应等;二是泛指某个人物的言行或某种事物的发生、发展在社会上所引起的反映和效果,如明星效应。而企业社会责任效应是指企业履行社会责任所引起的反应和带来的效果。田虹(2011)认为,对企业社会责任效应可以从两方面理解:一是企业履行社会责任所引起的利益相关者的认知变化,如消费者对企业及其产品的态度、投资者的倾向、供应商的信任态度等;二是指企业履行社会责任而给社会和企业自身带来的效益,如减少环境污染、资源得以保护、改善人民生活水平、企业经济利润的增加、竞争力的提升等[①]。

[①]　参见田虹:《企业社会责任效应》,经济科学出版社 2011 年版。

本研究认为,企业社会责任效应是指企业履行社会责任在企业内部或外部所产生的积极和消极影响,即因企业履行社会责任而给企业带来的内部或外部成效,当然,这种成效可能是积极的,也可能是消极的。对企业内部来说,企业履行社会责任产生的成效是多方面的,如可能提升企业员工的满意度和凝聚力,提升产品质量和生产效率,降低产品成本并最终改善企业的财务状况。对企业外部来说,企业履行社会责任可能使消费者、政府、社区等外部利益相关者更满意进而提升企业声誉。本研究中,对企业内部效应,我们主要用员工满意度和企业感知的财务状况来衡量,而对外部效应,我们主要用企业社会声誉来综合反映。

1. 企业社会责任的外部效应

企业社会责任与企业声誉之间的关系一直是学术界关注的热点。现有文献表明,大部分学者认为,企业履行社会责任对企业声誉有重要影响,将促进企业与利益相关者之间的良好关系的形成,进而提升企业的社会声誉①②。Williams & Barrett(2000)证实企业参与慈善活动对企业声誉有提高作用,积极参与慈善活动的企业得到了更高的企业声誉评价③。不过,有学者认为,对不同行业而言,企业社会责任对企业声誉的影响不一定完全相同。Clemens(2001)的研究表明,对环境影响较大的行业中的企业通常会面临社会和政府的详细审查以及环保组织关于减少对环境的压力的要求,这些行业企业加强环保方面的社会责任会对其声誉产生积极影响④。Brammer & Pavelin(2004)的研究发现,总体而言,企业社会责任与企业声誉有明显的正相关关系,而从

---

① 参见龚博:《基于员工视角的企业社会责任和企业声誉关系的实证研究》,吉林大学硕士学位论文,2009年。

② See Brammer,S.,Pavelin,S.,"Building a Good Reputation",*European Management Journal*,2004(12),pp.704-713.

③ See Williams,R.J.,Barrett,J.D.,"Corporate Philanthropy,Criminal,Activity,and Firm Reputation:Is There a Link?",*Journal of Business Ethics*,2000(26),pp.341-350.

④ See Clemens,B.,"Changing environmental strategies over time:an empirical study of the steel industry in the United States",*Journal of Environmental Management*,2001,61(5),pp.1-11.

具体行业分析,金融、化学、资源以及消费品这四个行业的企业声誉与企业社会责任的平均表现明显相关,在其他行业中,如零售、公共设施以及商业服务这三个行业关于社区的社会责任对该行业企业声誉显著相关①。此外,一些学者也分析了企业履行各项具体社会责任对企业声誉的影响。龚博(2009)采用回归分析法,基于193份问卷实证研究了企业社会责任对企业声誉的影响,结果发现:企业对员工、消费者及环境的责任与企业声誉的情感反应、认知反应两个维度及企业声誉整体都呈显著正相关关系②。李新娥和彭华岗(2010)以2008年中国百强企业为样本,实证研究企业社会责任信息披露与企业声誉间关系的结果显示,企业社会责任信息披露对企业声誉有显著影响③。蔡月祥等(2015)实证研究结果发现企业社会责任的五个维度对公司声誉的知名度有正向影响,经济责任和慈善责任对公司声誉的美誉度有正向影响④。霍彬和周燕华(2014)以194个企业为样本并采用探索性因子分析和层次分析等方法研究了企业社会责任的经济、法律、慈善和员工责任对企业声誉和企业绩效的影响,结果发现,企业社会责任的这四个维度对企业声誉和绩效都有显著影响,而且公司声誉在经济责任和法律责任对企业绩效的影响中具有完全中介作用;在慈善责任和员工责任对企业绩效影响中具有部分中介作用⑤。王檀林等(2015)检验了企业社会责任8个主题对企业声誉两个维度(情感和认知声誉)的影响程度。研究表明,企业社会责任对企业声誉具有显

---

① See Brammer,S.,Pavelin,S.,"Building a Good Reputation",*European Management Journal*,2004(12),pp.704-713.

② 参见龚博:《基于员工视角的企业社会责任和企业声誉关系的实证研究》,吉林大学硕士学位论文,2009年。

③ 参见李新娥、彭华岗:《企业社会责任信息披露与企业声誉关系的实证研究》,《经济体制改革》2010年第3期,第74—76页。

④ 参见蔡月祥、卞继红、孙振华:《企业社会责任、公司声誉与企业绩效研究》,《华东经济管理》2015年第29期,第175—180页。

⑤ 参见霍彬、周燕华:《企业社会责任、公司声誉与企业绩效关系研究》,《工业技术经济》2014年第1期,第59—65页。

著的正向影响关系①。

与上述学者的结论不同，一些学者也发现企业社会责任与企业声誉不存在显著的正相关关系。Donaldson & Preston(1995)认为，企业声誉的高低取决于企业满足利益相关者诉求的程度，声誉在一定程度上代表了公众对企业未来发展的期望②。Luo & Bhattacharya(2006)研究发现，企业社会责任与声誉二者呈显著负相关。国内学者刘靓(2006)的研究结论从侧面支持了 Luo & Bhattacharya(2006)的观点，认为企业社会责任与企业声誉并非完全等价③。

基于上述文献梳理，本研究提出如下研究假设 12：

研究假设 12(H12)：企业履行社会责任会显著提升企业的社会声誉。

H12a：企业履行创造社会财富这一社会责任有助于提升企业的社会声誉；

H12b：企业履行促进民族地区人与自然和谐共生这一社会责任有助于提升企业的社会声誉；

H12c：企业履行遵纪守法的企业公民这一社会责任有助于提升企业的社会声誉；

H12d：企业履行内部管理人本化这一社会责任有助于提升企业的社会声誉；

H12e：企业履行推进民族地区社会和谐发展这一社会责任有助于提升企业的社会声誉。

2. 企业社会责任的内部效应

在第二章的文献回顾中，我们已经系统梳理了企业社会责任与企业绩效

---

① 参见王檀林、汪克夷、齐丽云、伊其俊：《企业社会责任对企业声誉的影响研究——一个基于企业内部员工的实证》，《管理现代化》2015 年第 6 期，第 64—66 页。

② See Donaldson.T.，Preston.L.，"The Stakeholder Theory of the Modern Corporation：Concepts，Evidence，Implications"，*Academy of management review*，1995(20)，pp.65-91.

③ See Luo，X.，Bhattacharya，C.B.，"Corporate Social Responsibility，Customer Satisfaction，and Market Value"，*Journal of Marketing*，2006，70(4)，pp.1-18.

之间的关系,文献梳理表明,企业社会责任与企业绩效之间并没有确定一致的关系,可能是积极的,也可能是消极的,但大部分研究均支持两者之间的积极关系。那么,对于广西企业来说,企业社会责任与企业财务状况之间是一种什么样的关系? 为此,我们提出如下研究假设13:

研究假设13(H13):企业履行社会责任将能改善企业的财务状况。

H13a:企业履行创造社会财富这一社会责任有助于改善企业的财务状况;

H13b:企业履行促进民族地区人与自然和谐共生这一社会责任有助于改善企业的财务状况;

H13c:企业履行遵纪守法的企业公民这一社会责任有助于改善企业的财务状况;

H13d:企业履行内部管理人本化这一社会责任有助于改善企业的财务状况;

H13e:企业履行推进民族地区社会和谐发展这一社会责任有助于改善企业的财务状况。

员工是企业生存和发展的基础,因此,对员工尽责,为企业员工提供安全健康的工作环境、合理公平的报酬、培训及晋升机会、多样化和挑战性的工作、弹性工时等,是企业最基本的社会责任。而员工满意度是员工对企业的工作和生活环境、劳动报酬及发展机会等不同方面的整体看法和态度①。因此,我们可以从理论上得出符合逻辑的结论:企业履行社会责任会提升员工对企业的满意度。事实上,相当部分文献均支持企业社会责任能提升员工对企业满意度的观点。如哈德森(Hudson)研究所在2004年对美国企业的员工所做的一项调查显示:认为"本公司是一家负责任企业"的员工忠诚度比认为"本企业没有承担社会责任"的员工忠诚度高5倍。姜启军(2007)认为,提升企业

---

① See Kalleberg A L., "Work values and job rewards: A theory of job satisfaction", *American Sociological Review*, 1977(42), pp.124-143.

员工的满意度是企业履行社会责任的一个动因①。郭宁(2008)研究发现,企业对社区和政府承担社会责任,会对员工产生激励作用②。吕英和王正斌(2009)以IT和零售企业员工为样本,采用多元回归分析和方差分析研究发现:企业对员工、顾客和环境的责任与员工对企业整体的满意度呈显著正相关,行业不同的企业对社会的责任与员工满意度存在显著性差异③。林巧燕和吴静静(2009)通过对115份问卷的研究发现,企业社会责任的道德维度对员工向心度、员工忠诚度以及员工满意度均具有显著的正向影响,而企业社会责任的慈善维度仅对员工向心度的影响达到了统计显著性,对员工忠诚度以及满意度的影响并不显著④。李泉洲等(2012)的研究发现,企业社会责任不会直接对员工满意度产生影响,而是通过企业声誉这一中介对员工满意度产生作用⑤。刘利萍等(2013)通过对中小企业问卷调查数据的分析发现,企业在履行社会责任方面的表现与员工满意度存在显著正相关关系。其中,企业员工责任和环境责任与员工对企业整体满意度呈显著正相关;企业员工责任、消费者责任和环境责任与员工对自身工作满意度呈显著正相关⑥。晁罡等(2014)的研究发现,企业社会责任表现与员工离职倾向呈负相关性,与员工满意度有正相关性;企业经济责任对员工满意度不存在显著影响⑦。王金晶

---

① 参见姜启军:《企业履行社会责任的动因分析》,《改革与战略》2007年第9期,第141—144页。

② 参见郭宁:《中国上市公司社会责任和绩效关系研究》,河北大学硕士学位论文,2008年。

③ 参见吕英、王正斌:《员工感知的企业社会责任与员工满意度关系的实证研究——以西安地区IT和零售企业为例》,《大连理工大学学报》(社会科学版)2009年第3期,第50—55页。

④ 参见林巧燕、吴静静:《企业社会责任承担对员工行为的影响》,《统计与决策》2009年第14期,第170—172页。

⑤ 参见李泉洲、王艳平、栗建华:《企业社会责任、企业声誉对员工满意度影响的实证研究》,《价值工程》2012年第33期,第7—10页。

⑥ 参见刘利萍、贺东洋、章喜为:《从员工视角分析企业履行社会责任对员工满意度的影响》,《经营与管理》2013年第10期,第85—88页。

⑦ 参见晁罡、刘文松、廖颖端、姜胜林:《员工感知的企业社会责任表现对员工离职的影响》,《华南理工大学学报》(社会科学版)2014年第4期,第9—15页。

(2015)从员工的视角实证研究了民营企业的员工社会责任与员工满意度之间的关系,结果发现:企业履行员工社会责任对员工满意度和组织认同有正向影响①。基于上述文献梳理,我们提出如下研究假设14:

研究假设14(H14):企业履行社会责任对员工满意度有积极影响。

H14a:企业履行创造社会财富这一社会责任有助于提升员工对企业的满意度;

H14b:企业履行促进民族地区人与自然和谐共生这一社会责任有助于提升员工对企业的满意度;

H14c:企业履行遵纪守法的企业公民这一社会责任有助于提升员工对企业的满意度;

H14d:企业履行内部管理人本化这一社会责任有助于提升员工的满意度;

H14e:企业履行推进民族地区社会和谐发展这一社会责任有助于提升员工对企业的满意度。

第三节 研究工具:量表开发

本研究主要通过调查的形式获得企业社会责任及其影响因素的第一手数据资料,然后对获得的数据应用适当的统计软件进行分析。而要获得相应的第一手数据资料,借助结构化的问卷无疑是明智的选择。因此,问卷的开发就成了调查研究的关键环节②。

---

① 参见王金晶:《民营企业的员工社会责任与员工满意度的关系研究》,南京财经大学硕士学位论文,2015年。

② 参见闵庆飞:《中国企业ERP系统实施关键成功因素的实证研究》,大连理工大学博士学位论文,2005年。

一、问卷开发的原则

如果问卷编制或选用得宜,研究结论就更可靠,也更有价值。Salant & Dillman(1994)提出了指导调查问卷工具开发的十大原则,认为遵守这些原则将有助于减少问卷偏差①。

Salant & Dillman(1994)的量表开发十大原则:

一是量表的长度应控制在6—8页之间;

二是应简要介绍研究的主要目的;

三是提供简要的问卷填答指导;

四是使用通俗的语言,避免使用复杂术语或未经定义的速写或行话;

五是量表设计要简单、让被调查者有兴趣回答,问题要具有相关性;

六是问卷开发的方式要让被调查者愿意谨慎、正确地回答问题;

七是同一部分的一组问题要有同质性和相关性;

八是要确保问题能被大多数被调查者理解和回答;

九是选项应完备并具有排他性;

十是要尽量使用封闭而不是开放的问题。

在量表开发过程中,我们尽可能遵循这些指导原则。

二、问卷开发程序

对于问卷开发的程序,Churchill(1979)以工作满意度为例,详细介绍了一种以概念界定为基础的问卷开发程序,这一程序得到了学术界的高度认可,被尊称为量表开发的标准(详见图3-3)。

Churchill(1979)指出,要开发高质量的问卷,清晰的概念界定是基础,重

---

① See Salant.P, Dillman, *How to conduct your own survey*, New York, NY: John Wiley & Sons, 1994, pp.312-324.

点是要保证问卷的可靠性(信度)和有效性(效度)①。Selltiz et al.(1976)认为,实际操作中,问卷开发者应特别注意可能导致问卷误差的 7 个方面:一是影响分值的相对稳定特性(如真实情感的表达意愿);二是瞬间个人因素(如心情、状态和疲劳度);三是环境因素(如采访地点的变动);四是管理变量的多样性(如采访者采用不同的调查方式);五是抽样项目(如问卷上的特殊项目、项目中的用词等);六是表达不够清晰(如导致作答者模糊或歧义理解的问项);七是客观因素(如编码错误或错误标记)②。

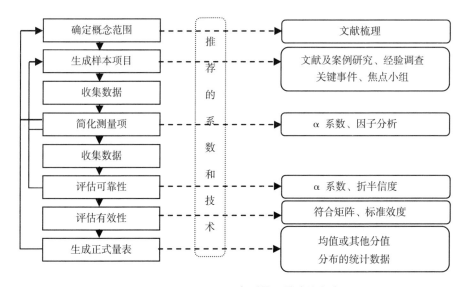

图 3-3　Churchill 开发测量工具建议程序

三、问卷开发过程

　　为开发合适的问卷,本研究遵循问卷开发的原则和 Churchill(1971)建议的程序并结合实际进行开发,具体开发流程如图 3-4 所示。

---

①　See Churchill Jr.,"A Paradigm for developing better measures of marketing constructs",*Journal of Marketing Research*,1979,16(1),pp.64-73.

②　See Selltiz C.,Jahoda M.,Deutsch M.,*Research methods in social relations*,Holt,1971.

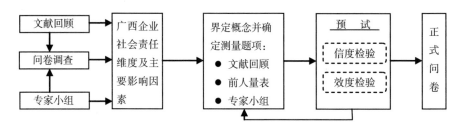

图3-4　广西企业社会责任及其影响因素问卷开发过程

问卷的具体开发过程如下:

第一步,在对企业社会责任及其影响因素进行广泛文献回顾的基础上,结合专家小组意见和利益相关者理论,我们初步归纳概括出创造社会财富、促进民族地区人与自然和谐共生、遵纪守法的企业公民、内部管理人本化和推进民族地区社会和谐发展五个广西企业社会责任的维度和企业声誉、区域经济发展水平、感知的企业财务状况三个主要影响因素。然后,我们将这五个维度以问卷的形式征求业界人士的意见,得到了业界的高度认可。

第二步,确定企业社会责任五个维度及其影响因素的测量题项。我们依据利益相关者理论,结合文献的论述,采用课题组成员头脑风暴和讨论相结合提炼出初步的测量题项。

第三步,对问卷进行"专家效度"检验。以确保问卷内容或题目表述的适宜性。"专家效度"检查是指将编制好的问卷请相关的学者和专家加以审查。审查的内容包括:量表题目内容是否能真正测量出构想量表的心理特质或所包含的内涵,题目的表述是否恰当,并根据学者和专家的意见进行修改。经过两轮的讨论和修改形成了用于预试的问卷。在影响因素中,对于感知的企业财务状况,我们没有使用体现企业偿债能力、运营能力、盈利能力和发展能力的具体财务指标,而是采用感知的一些指标,如较为直观的企业产品利润率、企业的资产使用效率、工资发放是否准时、流动资金的多少等来体现。我们之所以采用这些感知的财务指标,主要是考虑到绝大部分答题者没有时间为答题去了解和计算这些具体财务数据,而且多数情况下也没有能力获得真实的财务数据,因为一些中小企业的财务数据一般不对员工公开。

用于预试的问卷共由五部分构成,第一部分为说明;第二部分为填答者基本信息;第三部分为企业基本情况;第四部分为企业社会责任五个维度的 20 个题项;第五部分为企业社会责任的两个主要影响因素及效应的 13 个测量题项。用于预试的问卷构成见表 3-3。

表 3-3　广西企业社会责任维度、影响因素及效应问卷构成

	测量变量	题目
企业社会责任维度	创造社会财富(CRSW)	Q1-Q3
	促进民族地区人与自然和谐共生(HNCD)	Q4-Q6
	做遵纪守法的企业公民(BGCC)	Q7-Q13
	内部管理人本化(HMIC)	Q14-Q16
	推进民族地区社会和谐发展(NSCD)	Q17-Q20
影响因素及成效	感知的企业财务状况(PCFC)	Q21-Q24
	企业声誉(IMAG)	Q25-Q29
	企业员工满意度(PSAT)	Q30-Q33
	区域经济发展水平(REDL)	PGDP,PINC,TGDP

第四步,预试检验。在初始问卷完成后,我们对初始问卷进行了预试。

第五步,问卷定稿,形成正式问卷。

四、问卷预试分析

为确保问卷的信度和效度,我们对用于预试的问卷在南宁市范围内进行了预测试。我们依托一些咨询机构和非营利组织,如广西人力资源行业服务协会、广西中小企业联合会、广西社会道德文化研究会等机构在南宁市范围内发放问卷 85 份,历经半个月,最终收回问卷 72 份,问卷回收率 84.71%,回收的问卷中有 7 份的信息填写不完整、11 份填写不规范,实际有效问卷 54 份,有效问卷率 75%。

（一）问卷预试分析的内容

预试分析的内容可以涵盖正式研究的所有内容,但本次预试分析我们着重分析问卷的 Cronbach'α 系数、校正题项总相关系数(corrected item total correlation,CITC)和因子分析。

一般来说,为了解问卷的可靠性和有效性,须对问卷进行信度检验①。信度是指采用同样的方法对同一对象重复测量时所得结果的一致性程度。信度指标多以相关系数表示,大致可分为三类,即用以衡量跨时间一致性的稳定系数、跨形式一致性的等值系数和跨项目一致性内的一致性系数。实践中,常用的问卷信度分析方法主要有重测信度法、复本信度法、折半信度法和 Cronbach'α 信度系数法四种。Crocker & Algina(1986)指出,α 信度系数是估计信度的最低限度(lower bound),是所有可能的折半系数的平均数②。在估计内部一致性方面,α 信度系数优于折半系数。此外,α 信度系数还是内部一致性的函数,也是题项间的相互关联度的函数,故 α 信度系数在编制问卷时常被看成测量分数信度之一的数据③。对于内部一致性要多大才表示测验分数可靠这一问题,Henson(2001)的观点认为,这与研究的目的有关。如果研究者的目的在于编制预试问卷或测量某构思的先导性研究,信度系数在 0.5—0.6 之间就足够了,如果是以开发测量工具为目的,信度系数在 0.7 以上就可以满足了,当以基础研究为目的时,信度系数最好在 0.8 以上,若信度系数在 0.9 以上,则意味着问卷的信度系数非常好④。而 Nunnally(1978)认

① 参见吴明隆:《SPSS 统计应用实务:问卷分析与应用统计》,科学出版社 2003 年版。

② See Crocker L., Algina J., *Introduction to classical and modern test theory*, New York: Holt, Rinehart & Winston, 1986.

③ 参见吴明隆:《SPSS 统计应用实务:问卷分析与应用统计》,科学出版社 2003 年版。

④ See Henson R K., "Understanding Internal Consistency Reliability Estimates: A Conceptual Primer on Coefficient Alpha", *Measurement arid Evaluation in Counseling and Development*, 2001(34), pp.177-189.

为,α 信度系数可接受的最低值要求为 0.6①。

校正题目总相关系数(corrected-item total correlation,CITC)是用来检查题目与所系构面的相关程度,清除测量构面中的"垃圾条款"(garbage items)以对其进行"净化"处理的一个指标。它是指每个题目与同一维度中其他题目总和的相关性结果。一种普遍接受的观点是,源于相同构面的测量题目会有相同数量的共同因素。如果测量维度的所有题目都源于单一概念,那么,这些题目所获得的回答应该具有高度的相关性,否则,就不是源于单一的概念。Churchill(1979)提出了对构面题目进行"净化"处理的一般原则,而 Saxe & Weitz(1982)认为,如果一个测量题项的 CITC 值小于 0.35 时,该题目就应该删除,然后再计算其他题目的 CICT 值,直到所有题项的 CICT 值都大于 0.35②。

因子分析是从众多观测"变量"中,概况和推论出少数不可观测的"潜变量"(又称因子),并建立起最简洁、基本的概念系统,以揭示事物之间的本质联系的一种统计分析方法。在因子分析法中,每个变量既有特殊性又有公共性。变量的公共性是指变量都受一些共同的因子的作用,因此,变量之间具有相关性。变量的特殊性是指某个变量除受一些共同的因子作用外,还存在一些本身特有的、其他变量难以反映的信息。事实上,因子分析就是根据样本资料将一组变量分解为一组潜在起支配作用的公共因子与特殊因子的线性组合。因子分析可分为探索性因子分析(Exploratory Factor Analysis,EFA)和验证性因子分析(Confirmatory Factor Analysis,CFA)。探索性因子分析法是一项用来找出多元观测变量的本质结构、并进行降维处理的技术,而验证性因子分析是用来检验已知的特定结构是否按照预期的方式产生作用。一般来

---

① See Nunnally J,"Psychometric Theory",Second Edition,McGRAW-HILL,New York,NY,1978.

② See Saxe R.,Weitz,B.A.,"The SOCO Scale:A Measure of the Customer Orientation of the Salespeople",*Journal of Marketing Research*,1982,19(3),pp.343-351.

说,探索性因子分析没有先验信息,而验证性因子分析有先验信息。在进行探索性因子分析时,由于没有先验理论,只能通过因子载荷凭知觉推断数据的因子结构,因此,探索性因子分析更适合于在没有理论支持的情况下对数据的试探性分析。而验证性因子分析则是基于预先建立的理论,要求事先假设因子结构,其先验假设是每个因子都与一个具体的指示变量子集对应,以检验这种结构是否与观测数据一致。实践中,对于探索性因子分析大多采用 SPSS 软件的主成分分析法和主轴因子法来提取因子,而验证性因子分析多借助于 LISREL、MPLUS、AMOS、EQS、R 语言等建立结构方程模型来验证。

在本研究中,广西企业社会责任、影响因素及社会责任绩效问卷均是基于文献而设计的。因此,从理论上来说,宜采用验证性因子分析,但采用结构方程模型进行验证性因子分析要求的最少样本量较大,如侯杰泰建议,结构方程模型的样本容量最少不低于 100,能达到 200 更好,Hair et al.(2006)认为最少样本数需为 200—250①。由于在预试阶段仅有 54 份有效问卷,因此,我们用探索性因子分析代替验证性因子分析对量表进行验证。

(二)预试分析结果

我们对回收的 54 份有效问卷编号后录入 SPSS19.0 Windows 统计软件进行统计分析。

1. 测量维度的 CITC 和 α 信度系数分析

对各测量构面的 CITC 和 Cronbach'α 信度系数分析结果见表 3-4 所示。

从表 3-4 的 CITC 值来看,所有测量构面题项的值均大于 0.5,超过 Saxe & Weitz(1982)所推荐的 0.35 这一门槛值,由此我们可以认为,初始量表没有垃圾题项。再看各构面的 Cronbach'α 值,最小值为 0.770、次小值为 0.783,其余均大于 0.70,完全满足了 Henson(2001)提出的开发问卷工具的 0.7 门槛

---

① See Hair JF, Black WC, Babin BJ, Anderson RE, Tatham RL: *Multivariate data analysis 6th Edition*, New Jersey: Pearson Prentice Hall, 2006.

值,由此可以认为问卷的信度较佳。最后再比较各构面题项的"Cronbach's α If the item deleted",我们发现,Q8、Q15、Q33 三题的"Cronbach's α If the item deleted"值超过了其所属构面的 Cronbach'α 值,似乎应该删除这三题以改善问卷信度,但其的"Cronbach's α If the item deleted"值超出其所属构面的 Cronbach'α 值都很小,其"Cronbach's α If the item deleted"值分别超出其所属构面的 Cronbach'α 值 0.01、0.01 和 0.02,删除这些题项后,其所属构面的 Cronbach'α 值没有得到明显改善,因此,我们没有删除这些题项。

表 3-4 测量构面的 CITC 值和 Cronbach's α 信度系数分析结果

问卷构面	Item	CITC	Cronbach's α If the item deleted	α系数	问卷构面	Item	CITC	Cronbach's α If the item deleted	α系数
创造社会财富（CRSW）	Q1	0.682	0.599	0.770	推进民族地区社会和谐发展（NSCD）	Q17	0.598	0.815	0.832
	Q2	0.578	0.720			Q18	0.748	0.746	
	Q3	0.666	0.621			Q19	0.659	0.788	
促进人与自然和谐共生（HNCD）	Q4	0.665	0.730	0.783		Q20	0.647	0.759	
	Q5	0.579	0.755		感知的企业财务状况（PCFC）	Q21	0.774	0.833	0.880
	Q6	0.736	0.589			Q22	0.710	0.865	
遵纪守法的企业公民（BGCC）	Q7	0.542	0.870	0.875		Q23	0.789	0.828	
	Q8	0.505	0.876			Q24	0.709	0.859	
	Q9	0.713	0.850		企业声誉（IMAG）	Q25	0.807	0.896	0.917
	Q10	0.679	0.855			Q26	0.817	0.897	
	Q11	0.621	0.864			Q27	0.796	0.887	
	Q12	0.760	0.842			Q28	0.749	0.907	
	Q13	0.818	0.835			Q29	0.808	0.896	
内部管理人本化（HMIC）	Q14	0.741	0.676	0.815	企业员工满意度（PSAT）	Q30	0.705	0.710	0.833
	Q15	0.598	0.816			Q31	0.728	0.770	
	Q16	0.610	0.744			Q32	0.706	0.710	
						Q33	0.544	0.835	

2. 因子分析

不是所有的多变量数据都可以进行因子分析,只有当各变量彼此相关且绝对值较大并显著时,才能进行因子分析[①]。也就是说,使用因子分析的前提条件是各变量原始数据之间应具有较强的线性相关关系[②]。尽管 SPSS 提供了反映像相关矩阵检验(Anti-image correlation matrix)、巴特利特球体检验(Bartlett test of sphericity)和 KMO(Kaiser-Meyer-Olkin Measure of Sampling Adequacy)检验等三个统计量帮助判断数据是否合适作因子分析,但在实际应用中,人们更偏好后两种检验。

巴特利特球形检验是从整个相关矩阵出发进行的检验。检验的原假设是相关矩阵为单位矩阵,如果检验不能拒绝原假设,说明原始变量之间相互独立,不适合进行因子分析。进行检验时,也可以根据检验统计量公式计算所得的概率 P 值大小来判断,一般来说,当概率 P 值小于 0.05 时则拒绝原假设,认为原始数据适合进行因子分析,相反,当概率 P 值大于 0.05 时,则表明原始数据不适合进行因子分析。KMO 检验是从通过比较原始变量之间的简单相关系数和偏相关系数的相对大小来进行检验的。Kaiser(1974)给出了一个 KMO 的度量标准,详见表 3-5[③]。

表 3-5 KMO 度量标准表

KMO 值	因子分析的适宜性	KMO 值	因子分析的适宜性
0.90<KMO≤1.00	非常好	0.60<KMO≤0.70	差
0.80<KMO≤0.90	好	0.50<KMO≤0.60	很差
0.70<KMO≤0.80	一般	0.00<KMO≤0.50	不宜进行因子分析

---

① 参见求实科技、章文博、陈红艳:《使用数据统计分析及 SPSS12.0 应用》,人民邮电出版社 2006 年版。

② 参见傅德印:《因子分析统计检验体系的探讨》,《统计研究》2007 年第 6 期,第 86—90 页。

③ See Kaiser,H.F.,Rice,J.,"Little Jiffy,Mark IV",*Educational and Psychological Measurement*,1974,34(1),pp.111-117.

（1）巴特利特球体检验和 KMO 检验

表 3-6 列示了问卷各构面题项及企业社会责任五个维度和二个因素的巴特利特球体检验和 KMO 值。

表 3-6　问卷各构面的巴特利特球体检验和 KMO 值

| 问卷构面 | 巴特利特球体检验统计量 | | KMO 值 | 因子分析的适宜性 |
	近似卡方值	Sig.		
CRSW	77.136	0.000	0.847	好
HNCD	72.12	0.000	0.811	好
BGCC	186.658	0.000	0.810	好
HMIC	67.290	0.000	0.788	一般
NSCD	89.102	0.000	0.821	好
PCFC	110.878	0.000	0.800	好
IMAG	182.8100	0.000	0.871	好
PSAT	84.445	0.000	0.802	好
企业社会责任五维度	839.204	0.000	0.877	好
感知的企业财务状况与声誉	338.889	0.000	0.882	好

表 3-6 中问卷各构面、企业社会责任及两个影响因素的巴特利特球体检验统计量及 KMO 值结果表明这些构面均适合使用样本数据进行因子分析。

（2）各构面的因子分析结果

应用 SPSS19.0 软件,我们对各构面采用主成分分析法进行因子分析,结果见表 3-7、表 3-8 和表 3-9。

表3-7　企业社会责任五个维度分量表的因子分析结果

测量变量	Item	因子数	解释的总方差(%)	因子载荷	测量变量	Item	因子数	解释的总方差(%)	因子载荷
CRSW	Q1	1	68.682	0.854	NSCD	Q17	1	66.592	0.661
	Q2			0.628		Q18			0.864
	Q3			0.814		Q19			0.735
HNCD	Q4	1	70.949	0.768		Q20			0.719
	Q5			0.598	PCPF	Q21	1	73.714	0.846
	Q6			0.907		Q22			0.717
BGCC	Q7	1	58.323	0.60		Q23			0.865
	Q8			0.573		Q24			0.765
	Q9			0.761	IMAG	Q25	1	76.012	0.85
	Q10			0.725		Q26			0.859
	Q11			0.670		Q27			0.835
	Q12			0.816		Q28			0.785
	Q13			0.878		Q29			0.845
HMIC	Q14	1	73.393	0.897	PSAT	Q30	1	67.835	0.851
	Q15			0.663		Q31			0.862
	Q16			0.772		Q32			0.854
						Q33			0.720

注:采用主成分分析法提取因子。

表3-8　企业社会责任量表的整体因子分析结果

Item	≥1 的特征根	解释的总方差(%)	累积解释总分差(%)	因子载荷				
				因子1	因子2	因子3	因子4	因子5
Q1	9.641	48.203	48.203	0.737				
Q2	1.924	9.621	57.824	0.550				
Q3	1.636	8.181	66.005	0.664				
Q4	1.047	5.235	71.240		0.713			
Q5	1.015	5.075	76.315		0.701			

续表

Item	≥1的特征根	解释的总方差(%)	累积解释总分差(%)	因子载荷				
				因子1	因子2	因子3	因子4	因子5
Q6					0.755			
Q7						0.603		
Q8						0.540		
Q9						0.763		
Q10						0.711		
Q11						0.722		
Q12						0.729		
Q13						0.827		
Q14							0.777	
Q15							0.726	
Q16							0.785	
Q17								0.713
Q18								0.730
Q19								0.523
Q20								0.641

注:采用主成分分析法提取因子。

表3-9　企业社会责任绩效的整体因子分析结果

Item	≥1的特征根	解释的总方差(%)	累积解释总分差(%)	因子载荷		
				因子1	因子2	因子3
Q21	7.061	54.315	54.315	0.798		
Q22	1.517	11.668	65.982	0.720		
Q23	1.059	8.145	74.127	0.687		
Q24				0.728		
Q25					0.842	
Q26					0.832	
Q27					0.813	
Q28					0.710	
Q29					0.830	
Q30						0.659

续表

Item	≥1 的特征根	解释的总方差(%)	累积解释总分差(%)	因子载荷		
				因子 1	因子 2	因子 3
Q31						0.746
Q32						0.654
Q33						0.566

注:采用主成分分析法提取因子。

上文的预试分析结果表明,我们开发的问卷的信度和效度均较高,可以用于后续的调研。

五、区域经济发展水平

对于区域经济发展水平,我们拟用体现经济运行状况的人均 GDP（PGDP,万元）、体现经济运行质量的居民人均可支配收入（PINC）和体现经济运行高级化水平的第三产业占 GDP 比重（TGDP）三个指标来反映。为客观反映各地市的经济发展水平,我们没有采取问卷调查的形式,而是利用 2016 年 14 个地市的统计公报国民经济和社会发展统计公报（http://www.gxtj.gov.cn/tjsj/tjgb/）的数据。为确保这三个经济指标反映区域经济发展水平的一致性,我们须对其进行因子分析。在判定其是否适合进行因子分析前,我们先对其进行 CITC 和 α 信度系数分析,结果如表 3-10 所示。

表 3-10　区域经济发展水平构面的巴特利特球体检验和 KMO 值

问卷构面	Item	CITC	Cronbach's α If the item deleted	α 系数	KMO 值
区域经济发展水平（REDL）	PGDP	0.670	0.453	0.655	0.652
	PINP	0.745	0.470		
	TGDP	0.359	0.433		

从表 3-10 的数据来看,Cronbach's α 系数为 0.655,虽然没有达到 Henson

（2001）提出的 0.7 这一门槛值，但超过了 Nunnally（1978）提出的 0.6 这一最低值要求。另外，从其 KMO 值来看，尽管也只有 0.652，没有达到 0.7 这个"一般"的因子分析适用性标准，但因其非常接近 0.7 这"一般"与"差"的临界值，因此，我们认为仍可以对其进行因子分析，其结果如表 3-11 所示。

表 3-11　区域经济发展水平构面的因子分析结果

测量变量	Item	因子数	解释的总方差（%）	因子载荷
REDL	PGDP	1	69.474	0.684
	PINP			0.758
	TGDP			0.650

上述的信度和效度分析结果表明，人均 GDP、居民人均可支配收入和第三产业占 GDP 比重三个指标能反映区域经济发展水平。

第四节　数据收集

一、问卷的发放和回收

（一）问卷的发放

我们将经过预试检验的问卷通过问卷星、E-mail、现场三种途径发放。

首先，我们将问卷发布到问卷星上，然后将问卷链接发布到 QQ、微信等平台并请求广西区内企业界的朋友帮忙支持，为调动大家填写问卷的积极性，我们在每个平台上发放了适当的随机红包。

其次，我们通过 E-mail 给曾有联系的企业管理者发送了 125 封问卷邮件。

最后，我们通过广西中小企业联合会、广西社会道德文化研究会等机构再次发放纸质正式问卷 143 份。

（二）问卷的回收

问卷发放两个月后,我们共收到填写问卷 327 份,其中:问卷星问卷 195 份、E-mail 问卷 48 份,纸质问卷 84 份。E-mail 问卷回收率 38.40%,纸质问卷回收率 58.74%。在回收问卷的 195 份问卷星问卷中,有 49 份问卷答题企业不在广西,不是我们的研究对象,26 份填写不规范均予以剔除,问卷星回收的有效问卷率为 61.54%,回收的 48 份 E-mail 问卷中,有 23 份填答不完整或不规范,E-mail 回收的有效问卷率为 52.08%,回收的 84 份纸质问卷中,有 37 份填答不完整或不规范,其有效问卷率为 55.95%。回收的 327 份问卷,有效问卷为 192 份。

二、样本描述

回收的 192 份有效问卷的答题者基本情况如表 3-12 所示。

表 3-12　问卷填答者的性别、学历和职位

特征	性别		学历			
	男性	女性	研究生	本科	大专	中专或高中
数量	133	59	26	93	61	12
百分比(%)	69.27	30.73	13.54	48.44	31.77	6.25
答题者职位						
特征	高层人员		中层人员		基层人员	其他
数量	66		79		35	12
百分比(%)	34.38		41.14		18.23	6.25

表 3-12 的统计数据表明,192 位答题者中,从性别来看,69.27%为男性,30.73%为女性;从文化程度来看,答题者的主体为大学本科和大专,分别占 48.44%和 31.77%,大专以上文化程度的答题者占 93.75%,这说明答题者的文化水平普遍较高,能较好地理解和完成所要填写的问卷;从答题者在企业的职位来看,75.52%答题者处于中层以上,说明绝大部分答题者对企业的情况有较为全面的了解,也从一个侧面说明这次问卷调查较为真实可靠。

(一)被调查企业基本情况

从被调查企业的地域分布情况来看,参与本次调查的企业来自广西区内的13个地市,几乎覆盖了区内所有地市,只有北海市没有企业参与到本次调查,其中参与最多的是南宁,其次是百色,接下来是贺州、梧州、来宾等,具体见表3-13。

表3-13 被调查企业的地域分布

地区	南宁	柳州	桂林	玉林	梧州	百色	钦州
企业数	48	12	10	9	14	19	12
百分比(%)	25.0	6.3	5.2	4.7	7.3	9.9	6.3
地区	贵港	崇左	防城港	河池	来宾	贺州	合计
企业数	12	12	12	4	13	15	192
百分比(%)	6.3	6.3	6.3	2.1	6.8	7.8	100

表3-13的数据表明,本次研究调查涵盖范围广,通过调查这些企业的社会责任状况基本能反映出广西企业社会责任的总体状况。

(二)被调查企业的基本特征

本研究主要从企业规模、所属行业、企业所处地理位置、企业所有制类型和企业开办年限等几个方面反映被调查企业的基本特征,详见表3-14。

表3-14 被调查企业的基本特征

	企业规模			所在产业			地理位置		
	小型	中型	大型	第三产业	第二产业	第一产业	市区	县城	乡镇
数量	131	48	13	35	138	19	164	13	15
百分比(%)	68.2	25.0	6.8	18.2	71.9	9.9	85.4	6.8	7.8
	所有制类型			
	国有	集体	股份制	私营
数量	9	3	28	152
百分比(%)	4.7	1.6	14.6	79.2

续表

	企业成立时间			
	成立时间<5 年	5 年≤成立 时间<10 年	10 年≤成立 时间<15 年	成立时间≥ 15 年
数量	82	54	30	26
百分比 （%）	42.71	28.12	15.63	13.54

从表 3-14 中企业规模的情况来看,被调查的企业主要是中小型企业,占被调查企业总数的 93.2%,这与我国企业规模的分布大致相符;从所属企业行业来看,来自第二产业的企业占 71.9%,其次是第三产业,占 18.2%;从企业所处的地理位置来看,绝大部分在市区和县城,在乡镇的只有 7.8%;从企业的所有制类型来看,私营企业占绝大多数,达总数的 79.2%,其次为股份制企业,占 14.6%;从企业开办的年限来看,42.71% 的企业在 5 年以内,28.12%的企业在 5—10 年之间,15.63%的企业在 10—15 年之间,13.54%的企业在15 年以上。

（三）被调查企业最高管理者的基本特征

对于被调查企业最高管理者的基本特征,我们主要从三个方面进行了考察,一是性别;二是学历;三是宗教信仰,详见表 3-15。

表 3-15　被调查企业最高管理者的基本特征

特征	性别		文化程度				宗教信仰	
	男性	女性	研究生	本科	大专	中专或高中	有	没有
数量	156	36	22	73	45	52	52	140
百分比 （%）	81.25	18.75	11.46	38.02	23.44	27.08	27.08	72.92

从表 3-15 所示的企业最高管理者的性别来看,男性是主体,占调查企业总数的 81.25%;从他们的文化程度来看,接受过高等教育的占 72.92%;从他们的宗教信仰来看,绝大部分是无宗教信仰者,但也有 27.02%有宗教信仰。

总之,在文献梳理和专家访谈的基础上,基于利益相关者理论提出了广西企业社会责任由创造社会财富、促进民族地区与自然和谐共生、遵纪守法的企业公民、内部管理人本化及推进民族地区社会和谐发展五个维度构成,然后构建了研究模型并提出了 14 个研究假设及其子假设。

假设序号	研究假设
H1	企业规模会显著地影响广西企业社会责任实践行为
H2	企业所属的行业不同,企业的社会责任表现将会显著不同
H3	企业的区位不同,企业的社会责任表现也会显著不同
H4	企业的所有权类型不同,企业的社会责任表现也会显著不同
H5	企业成立的时间不同,企业的社会责任表现也会显著不同
H6	企业最高管理者的性别差异会显著影响广西企业的社会责任表现
H7	企业最高管理者的文化程度差异会显著影响广西企业的社会责任表现
H8	企业最高管理者的宗教信仰差异会显著影响广西企业的社会责任表现
H9	企业所在地区的经济发展水平会显著影响企业社会责任的履行水平
H10	企业感知的声誉会显著影响广西企业的社会责任行为
H11	企业感知的财务状况会显著影响广西企业的社会责任行为
H12	企业履行社会责任会显著提升企业的社会声誉
H13	企业履行社会责任将能改善企业的财务状况
H14	企业履行社会责任对员工满意度有积极影响

为评价广西企业社会责任水平并验证所提出的研究假设,我们按照问卷开发的原则和程序,开发了问卷并在南宁市进行了预试,预试结果表明问卷具有较高的信度和效度。

最后,我们将具有信度和效度的问卷通过问卷星、E-mail 和现场发放等多种形式收回有效问卷 192 份并用 SPSS19.0 软件对这些问卷进行了描述统计。

第四章　基于结构方程模型的
企业社会责任分析

本章将借助结构方程模型（Structural Equation Modeling，SEM）对收集到的 192 份有效问卷进行统计分析，分析内容包括两个方面，一是对问卷质量进行验证性分析，二是对上文提出的部分研究假设进行验证。

第一节　结构方程模型

一、结构方程模型的基本概念

结构方程模型是一种呈现客观状态的语言，是当代社会及行为科学研究量化典范最重要的新兴研究方法与统计技术之一[①]。它整合了因素分析、回归分析和路径分析等当代统计技术，是用来检验有关观测变量（Observed variables）与潜在变量（latent variables）之间假设关系的一种全包式统计方法[②]。结构方程模型是通过再生一个观测变量的引申方差协方差矩阵 Σ，使之与样

---

① 参见黄芳铭：《结构方程模型：理论与应用》，中国税务出版社 2005 年版。
② See Hoyle R H., *Structural equation modeling: Concepts, issues, and applications*, Sage Publications, 1995.

本方差协方差矩阵 S 尽可能地接近,同时评价模型对数据的拟合程度。如果引申的方差协方差矩阵 Σ 与样本方差协方差矩阵 S 之间的差别非常小,也就是残差矩阵各个元素接近于 0,就可以认为模型拟合了数据。

一般来说,结构方程模型由测量模型和结构模型两部分构成。

(一)测量模型

测量模型使用观测项来反映和体现潜在变量,其在 SEM 中被称为验证式因素分析(confirmatory factor analysis,CFA),可分为独立(independent)观测变量和依赖(dependent)观测变量两类测量模型。测量模型的矩阵表达形式如下:

$$x = \Lambda_x \xi + \sigma \text{(外源变量测量模型)} \tag{4-1-1}$$

$$y = \Lambda_y \eta + \varepsilon \text{(内生变量测量模型)} \tag{4-1-2}$$

式中:ξ 表示外源潜在变量,η 表示内生潜在变量,Λ_x 表示联结 x 至 ξ 的系数,Λ_y 表示联结 y 至 η 的系数,σ 表示 x 的测量误差,ε 表示 y 的测量误差。

(二)结构模型

结构模型又称为潜在变量模型或线性结构关系。结构模型主要是建立潜在变量与潜在变量之间的关系,其矩阵表达式如下:

$$\eta = B\eta + \Gamma\xi + \zeta \tag{4-2}$$

式中:B 表示内生潜变量间的系数矩阵,Γ 表示外源潜变量与内生潜变量间的系数矩阵,ζ 表示干扰(潜在误差)。

模型假设:

1. 测量方程误差 σ、ε 和结构方程的误差 ζ 的均值均为零。

2. 误差项 σ、ε 与因子 ξ、η 之间不相关,且 σ 与 ε 不相关。

3. 残差项 ζ 与 ξ、σ、ε 之间不相关。

(三)结构方程模型路径图的符号表示

在使用结构方程模式研究变量之间的关系时,研究人员可以借助路径图直接明了地将变量之间的关系以图形的方式表现出来,这种图形就是路径图。

表 4-1 是 SEM 常用路径图符号。

表 4-1　结构方程模型中常用的路径图符号

类别	符号	定义
变量 观察变量：▢ 潜在变量：◯	或：▭ 或：⬭	被观测者测量的变量，又可称为显变量或指标 一个无法观测的或是假设的建构，通常又可称为因素
变量间的关系 直接关系：→ 互惠关系 ⇄ 相关或共变 ↔	或：⌒ 或：〰	单一方向的路径 双方向的路径，又可称为回馈环（feedback loop） 假设变量间的关系是共变的，且变量间不存在特定假设关系，也称为未分析的联结
残差变异 干扰：◯ 测量误差：▢←	或：⬭← 或：▭←	内因潜变量中无法被模型中有影响变量所能解释的变异 观测变项中无法被其所反映的潜变量所能解释的变异

资料来源：黄芳铭：《结构方程模型：理论与应用》，中国税务出版社 2005 年版，第 20 页。

二、结构方程模型的特点

同因子分析、回归分析相比，结构方程模型具有许多优点，如同时处理多个因变量、容许自变量和因变量包含测量误差等。结构方程模型的主要优点有如下方面。

第一，可以同时处理多个因变量。

在回归分析或路径分析中，一般一次只能分析一个因变量，虽然我们也能展示多个因变量，但事实上这些回归系数或路径系数是多次回归的结果且在计算某一个因变量的影响或关系时，忽略了其他因变量的存在及其影响，而结构方程模型分析克服了回归和路径分析的这些不足，可以在不需假定其他变量不变的情况下同时考虑并处理多个因变量。

第二,允许自变量和因变量含测量误差。

在社会科学研究中,诸如态度、行为等变量,往往含有误差,且不能简单地用单一指标测量,这使得我们在使用传统回归分析等方法进行数据分析时难以有效处理,而结构方程分析允许自变量和因变量均含测量误差,大大提升了数据处理的效率。

第三,可以同时估计因子结构和因子关系。

假定我们要了解包含多个指标或测量题项的潜变量之间的相关性,一般分两步进行,即先对每个潜变量用因子分析计算潜变量(即因子)与题目之间的关系(即因子负荷),求得因子得分并将其作为潜变量的观测值,然后再计算因子得分,作为潜变量之间的相关系数。而在结构方程中,因子与题目之间的关系和因子与因子之间的关系同时考虑,即两步可以并成一步来处理。

第四,允许更大弹性的测量模型。

传统上,我们只允许每一题目(指标)从属于单一因子,但结构方程分析允许更加复杂的模型,一个测量题项可以同时隶属于不同的因子。例如,我们用英语书写的物理试题,去测量学生的物理能力,则测验得分(指标)既从属于物理因子,也从属于英语因子(因为得分也反映英语能力)。传统因子分析难以处理一个指标从属多个因子或者考虑高阶因子等有比较复杂的从属关系的模型。

第五,可以估计整个模型的拟合程度。

在传统路径分析中,我们只估计每一路径(变量间关系)的强弱。在结构方程分析中,除了上述参数的估计外,还可以计算不同模型对同一个样本数据的整体拟合程度,从而判断哪一个模型更接近数据所呈现的关系。

三、结构方程模型的拟合指数

模型拟合指数反映的是假设模型与观察数据之间的近似程度。好的拟合指数往往是我们接受或拒绝假设模型的重要依据。侯杰泰等学者(2004)认为,一个理想的拟合指数应具有三个特征:一是要与样本容量 N 无关,即拟合指数不受样本容量的系统影响;二是惩罚复杂模型,即拟合指数要根据模型参数多寡而做调整,惩罚参数多的模型;三是对误设模型敏感,即如果所拟合的模型不真,拟合指数能反映拟合不好[①]。在结构方程中用于评价和选择模型的拟合指数有很多,大部分是以拟合函数为基础并加以修正而成。现实中,众多的指数往往让人眼花缭乱,因此,将其按功能进行分类将会有助于人们对拟合指数的理解和合理使用。有学者将拟合指数分为三大类,即绝对拟合指数、相对拟合指数[也称增值指数(incremental index)或比较指数(comparative)]和简约拟合指数(也称省俭指数,parsimony index)。常见拟合指数及其标准见表4-2。

表4-2　结构方程模型常用拟合指数及其标准

指标类型	序号	指标	指标范围	较理想标准	理想标准
绝对拟合指数	1	卡方与自由度之比(X^2/df)	不小于0	小于或等于5	小于或等于3
	2	标准化残差均方根(SRMR)	若分析矩阵是相关矩阵,则介于0—1之间;若分析矩阵是协方差矩阵,则数值在0以上,越接近0越好	≤0.08	≤0.05
	3	近似误差均方根(RMSEA)	不大于0.1	≤0.08	≤0.05
	4	拟合优度指数(GFI)	0—1之间	>0.8	>0.9
	5	调整拟合优度指数(AGFI)	0—1之间	>0.8	>0.9
	6	信息指数(ECVI)	应小于饱和独立模型的ECVI	越小越好	

---

① 参见侯杰泰、温忠麟、成子娟:《结构方程模型及其应用》,教育科学出版社2004年版。

续表

指标类型	序号	指标	指标范围	较理想标准	理想标准
相对拟合指数	1	规范拟合指数（NFI）	0—1 之间	>0.9	>0.9
	2	非规范拟合指数（NNFI）	0—1 之间	>0.9	>0.9
	3	比较拟合指数（CFI）	0—1 之间	>0.9	>0.9
简约指数	1	简约规范拟合指数（PNFI）	不小于 0	大于 0.5	
	2	简约拟合优度指数（PGFI）	不小于 0	大于 0.5	
	3	信息标准指数（AIC）	应小于独立和简约模型的 AIC		
	4	CN	Hoelter（1983）提出应大于 200		

资料来源：陈永清：《中国制造企业六西格玛实施关键成功因素的实证研究》，中国经济出版社 2010年版。

　　一些学者鼓励研究者在对模型进行评判时，应同时考虑这三类指标，这样做的好处是在对模型的可接受性方面容易产生共识的结果。但 Hair et al. (1998)同时认为，在对模型进行综合评价时如果几个关键指标达标即可认为模型是可以接受的，并不需要所有的指标都达到标准①。

第二节　广西企业社会责任的结构方程模型

　　为验证上文提出的部分假设，我们将借助结构方程进行验证。在采用结构方程研究的过程中，我们依据前文提出的模型设计了两个结构方程模型，然后应用 LISREL8.7 软件先对测量模型进行了验证性因子分析，再对提出的两个全模型进行分析并验证所提出的研究假设。

---

　　① See Hair J.F., Anderson R.E., Tatham R.L., Black W.C., *Multivariiate data analysis*(5*th* *ed*), UK:Prentice Hall International,1998.

一、两个结构方程模型

依据上文提出的研究模型和假设,我们设计了验证假设9至假设14的6个假设及其30个子假设的结构方程模型。模型一主要是用来验证假设9至假设14的6个假设,而模型二则是用来验证假设9到假设14的30个子假设。

(一)结构方程模型一

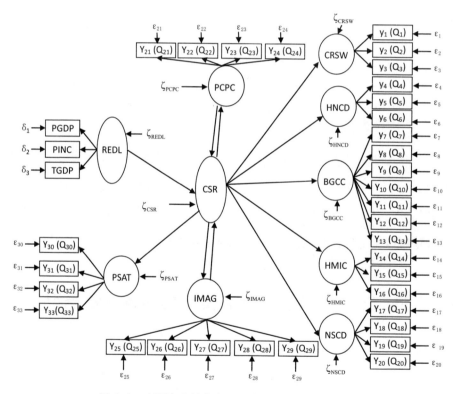

图4-1 广西企业社会责任影响因素及效应模型一

(二)结构方程模型二

模型二详见4-2。

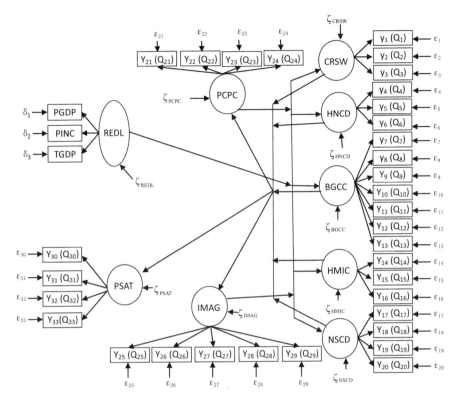

图 4-2 广西企业社会责任影响因素及效应模型二

二、测量模型的验证性因子分析

接下来我们将对模型中的 9 个潜变量的测量模型进行验证性因子分析，以验证所开发量表的有效性。

（一）问卷数据的特性分析

黄芳铭（2005）认为，为确保 LISREL 软件对结构方程模型参数估计的有效性，在使用 LISREL 软件之前须对数据的特征进行检查。结构方程模型对数据特性的检查主要包括数据的正态分布性检查和样本数据检查两个方面。一般来说，对数据的正态分布检查主要通过计算数据的峰度（Kurtosis）和偏度（Skewness）来完成。如果所获得的数据能通过峰度和偏度检验，便可认为它们呈正态分布,否则,便是非正态分布。不过,对于非正态分布数据,Boomsma and Hoogland(2001)及黄芳铭(2005)认为,如果数据的峰度值小于25、偏度少于5,当结构方程模型采用 LM 估计时仍然不会对参数估计产生太大的影响①②。如果峰度或偏度太大则要对数据进行正态化处理。对于 SEM 所要求的样本数量,学者们的说法相当不一,如 Anderson(1983)认为 100—150 是满足样本大小的最低值③,Boomsma(1982)认为 400 是最恰当的数目④,而 Hu et al.(1992)则表示,对某些研究的例子而言,5000 个样本仍显不足⑤。黄芳铭(2005)建议在处理 SEM 时,最好检查 Hoelter(1983)提出的临界 CN 值⑥。通过 CN 值的模式意味着样本数足够用以检验模式。Hoelter(1983)建议将 CN ≥200 作为决定模式是否能接受的门槛⑦。表4-3 列示了本研究 9 个潜变量的观察变量的数据特性值。

从表4-3 可以看出,36 个观测变量中有 33 个变量通过了偏度和峰度显著性检验,只有 Q3、Q26 和 TGDP 在 0.1 水平上没有通过检验,但因其峰度和偏度都很小,对 ML 估计不会产生太大的影响。再看 9 个潜变量的 CN 值,除 4 个观测变量的潜变量因是饱和模型 LISREL 没有给出 CN 值外,其余 5 个潜变量的 CN 值都超过 Hoelter(1983)建议的 200,这表明对所有的测量模型来

① See Boomsma A., Hoogland, J. J., " The robustness of LISERAL modeling revisited ", In Cudeck R., Toit Stephen du, & Sorbom, D., (Eds), *Structurl equation modeling：Persent and future*, *A festschrift in honor of Karl Joreskog*, IL：SSI, 2001, pp.139-164.

② 参见黄芳铭:《结构方程模型:理论与应用》,中国税务出版社 2005 年版。

③ See Anderson J.C., Gerbing D.W., "Structural equation modeling in practice：A review and recommend two-step approach", *Psychological Bulletin*, 1983(103), pp.411-423.

④ See Boomsma A.,"The robustness of LISERAL against small sample sizes in factor analysis models", Wold H.& Joreskog K.(Eds). *Systems under indirect observation*, New York：Elsevier North-Holland, 1982.

⑤ See Hu, L., Bentler, P.M., Kano, Y., "Can test statistics in covariance structure analysis be trusted?", *Psychological Bulletin*, 1992(112), pp.351-362.

⑥ 参见黄芳铭:《结构方程模型:理论与应用》,中国税务出版社 2005 年版。

⑦ See Hoelter J. W., " The analysis of covariance structures：Goodness-of-fit indices ", *Sociological Methods and Research*, 1983(11), pp.325-344.

说,样本量已满足足够大的要求。

表 4-3　36 个观察变量的数据特性

潜变量	观察变量	Means	St-Dev	T-value	偏度	峰度	偏度和峰度		CN 值
							X^2	P	
CRSW	Q_1	5.615	0.867	89.762	−0.106	−0.28	1.071	0.585	No
	Q_2	5.682	0.867	90.800	−0.129	−0.333	1.589	0.452	
	Q_3	5.667	0.929	84.565	−0.089	−0.1003	8.737	0.013	
HNCD	Q_4	5.354	1.153	64.345	−0.117	−0.512	3.859	0.145	No
	Q_5	5.536	1.143	67.089	−0.217	−0.396	3.208	0.201	
	Q_6	5.474	1.078	70.375	−0.149	−0.439	2.938	0.230	
BGCC	Q_7	5.557	1.037	74.261	−0.183	−0.236	1.517	0.468	247.59
	Q_8	5.901	0.935	87.414	−0.256	−0.215	2.465	0.292	
	Q_9	5.630	0.962	81.100	−0.186	−0.203	1.414	0.493	
	Q_{10}	5.656	0.910	80.889	−0.184	−0.345	2.257	0.324	
	Q_{11}	5.333	1.204	61.403	−0.171	−0.206	1.246	0.536	
	Q_{12}	5.635	1.172	66.611	−0.263	−0.370	3.638	0.162	
	Q_{13}	5.661	0.995	78.863	−0.202	−0.203	1.612	0.447	
HMIC	Q_{14}	5.474	1.073	70.1005	−0.173	−0.312	1.853	0.396	NO
	Q_{15}	5.422	1.114	67.468	−0.148	−0.310	1.579	0.454	
	Q_{16}	5.255	1.117	65.165	−0.170	−0.088	0.984	0.611	
NSCD	Q_{17}	5.141	1.147	62.111	−0.148	−0.143	0.824	0.662	325.66
	Q_{18}	5.240	1.071	67.805	−0.063	−0.351	1.318	0.517	
	Q_{19}	5.318	1.197	61.563	−0.164	−0.289	1.598	0.450	
	Q_{20}	4.818	1.328	50.285	−0.066	−0.324	1.104	0.576	
PCFC	Q_{21}	5.437	0.985	76.505	−0.109	−0.333	1.424	0.491	1043.24
	Q_{22}	4.875	1.046	64.576	−0.016	−0.155	0.127	0.938	
	Q_{23}	4.953	1.122	61.153	−0.039	−0.263	0.595	0.743	
	Q_{24}	5.135	1.117	63.682	−0.084	−0.287	0.924	0.630	

续表

潜变量	观察变量	Means	St-Dev	T-value	偏度	峰度	偏度和峰度		CN 值
							X^2	P	
IMAG	Q_{25}	0.328	1.122	53.464	0.000	−0.088	0.014	0.993	861.17
	Q_{26}	5.349	1.265	58.593	−0.213	−0.551	5.708	0.058	
	Q_{27}	5.094	1.064	66.323	−0.023	−0.392	1.625	0.444	
	Q_{28}	3.589	1.154	43.077	0.068	−0.118	0.203	0.904	
	Q_{29}	5.349	0.948	78.190	−0.064	−0.268	0.706	0.702	
PSAT	Q_{30}	5.339	1.123	65.855	−0.125	−0.575	5.293	0.071	508.55
	Q_{31}	5.234	0.999	72.634	−0.051	−0.306	0.906	0.636	
	Q_{32}	5.224	1.001	72.315	−0.044	−0.310	0.911	0.634	
	Q_{33}	5.260	0.963	75.723	−0.037	−0.294	0.775	0.679	
REDL	PGDP	4.095	1.470	38.602	−0.061	−0.263	0.667	0.716	NO
	PINP	1.939	0.292	92.136	−0.078	−0.328	1.195	0.550	
	TGDP	0.395	0.073	75.417	−0.187	−0.901	22.558	0.000	

(二)模型的违规估计检查

所谓"违规估计(offending estimates)"是指对构建模型所输出的估计系数是否超出可接受范围的评价,也即对模型出现不恰当情况的评估。许多学者提出,在对模型的适配度进行评价之前应该检查是否产生违规估计。Hair et al.(1998)认为,常出现的违规估计主要有三种:一是存在负误差变异,或在任何建构中存在无意义的变异误差;二是标准化系数超过或太接近1;三是有太大的标准误差[1]。表4-4是利用 LISREL 软件计算的9个潜变量测量模型的所有标准化估计参数值。

从表4-4"潜变量测量模型的标准化估计参数表"可以看到,观测变量的标准化系数 λ_i 的取值范围为0.5—0.9之间,这些值均小于0.9,表明其并非是过

---

① See Hair J.F.,Anderson R.E.,Tatham R.L.,Black W.C.,*Multivariiate data analysis*(5th ed),UK:Prentice Hall International,1998.

大的参数;同时,其标准误差均较小且无负误差项。另外,观察变量误差值 δi 的取值范围在 0.17—0.70 之间,没有大的标准误差且标准误差均大于零。这些结果数据表明潜变量的所有测量模型均没有出现"犯规估计"的现象。

表 4-4 潜变量测量模型的标准化估计参数表

潜变量	观测变量	估计参数	非标准化系数	标准误差	T 值	标准化系数
CRSW	Q_1	λ_1^*	1.00	—		0.78
		δ_1	0.39	0.07	5.86	0.39
	Q_2	λ_2	0.98	0.11	8.95	0.77
		δ_2	0.42	0.07	6.21	0.42
	Q_3	λ_3	0.97	0.11	8.92	0.75
		δ_3	0.43	0.07	6.45	0.43
HNCD	Q_4	λ_4^*	1.00	—	—	0.63
		δ_4	0.60	0.08	7.80	0.60
	Q_5	λ_5	1.11	0.15	7.30	0.70
		δ_5	0.51	0.08	6.54	0.51
	Q_6	λ_6	1.33	0.19	7.00	0.84
		δ_6	0.29	0.09	3.32	0.29
BGCC	Q_7	λ_7^*	1.00	—	—	0.73
		δ_7	0.46	0.06	8.18	0.46
	Q_8	λ_8	0.94	0.10	9.08	0.69
		δ_8	0.52	0.06	8.24	0.52
	Q_9	λ_9	0.99	0.10	9.53	0.73
		δ_9	0.47	0.06	8.24	0.47
	Q_{10}	λ_{10}	1.00	0.10	9.60	0.73
		δ_{10}	0.46	0.06	8.19	0.46
	Q_{11}	λ_{11}	0.93	0.10	8.95	0.68
		δ_{11}	0.53	0.06	8.58	0.53
	Q_{12}	λ_{12}	1.01	0.10	9.68	0.74
		δ_{12}	0.45	0.06	8.13	0.45
	Q_{13}	λ_{13}	0.91	0.10	8.77	0.67
		δ_{13}	0.55	0.06	8.67	0.55

潜变量	观测变量	估计参数	非标准化系数	标准误差	T 值	标准化系数
HMIC	Q_{14}	λ_{14}^{*}	1.00	—	—	0.90
		δ_{14}	0.19	0.07	2.67	0.19
	Q_{15}	λ_{15}	0.65	0.08	7.78	0.58
		δ_{15}	0.66	0.07	8.95	0.66
	Q_{16}	λ_{16}	0.93	0.10	9.72	0.83
		δ_{16}	0.31	0.07	4.56	0.31
NSCD	Q_{17}	λ_{17}^{*}	1.00	—	—	0.78
		δ_{17}	0.39	0.05	7.59	0.39
	Q_{18}	λ_{18}	1.00	0.09	10.97	0.78
		δ_{18}	0.39	0.05	7.59	0.39
	Q_{19}	λ_{19}	1.02	0.09	11.17	0.79
		δ_{19}	0.37	0.05	7.38	0.37
	Q_{20}	λ_{20}	1.08	0.09	11.87	0.85
		δ_{20}	0.29	0.05	6.26	0.29
PCFC	Q_{21}	λ_{21}^{*}	1.00	—		0.79
		δ_{21}	0.37	0.05	7.33	0.37
	Q_{22}	λ_{22}	1.07	0.09	12.15	0.85
		δ_{22}	0.27	0.05	5.95	0.27
	Q_{23}	λ_{23}	1.03	0.09	11.68	0.81
		δ_{23}	0.34	0.05	6.92	0.34
	Q_{24}	λ_{24}	0.87	0.09	9.10	0.69
		δ_{24}	0.52	0.06	8.50	0.52

潜变量	观测变量	估计参数	非标准化系数	标准误差	T 值	标准化系数
IMAG	Q_{25}	$\lambda_{25}{}^*$	1.00	—	—	0.78
		δ_{25}	0.39	0.06	7.01	0.39
	Q_{26}	λ_{26}	0.96	0.10	10.00	0.75
		δ_{26}	0.43	0.06	7.46	0.43
	Q_{27}	λ_{27}	0.90	0.10	9.31	0.70
		δ_{27}	0.51	0.06	8.08	0.51
	Q_{28}	λ_{28}	0.91	0.10	9.45	0.71
		δ_{28}	0.50	0.06	7.97	0.50
	Q_{29}	λ_{29}	0.87	0.10	9.00	0.68
		δ_{29}	0.54	0.07	8.28	0.54
PAST	Q_{30}	$\lambda_{30}{}^*$	1.00	—	—	0.83
		δ_{30}	0.31	0.04	7.74	0.31
	Q_{31}	λ_{31}	1.06	0.07	14.80	0.88
		δ_{31}	0.22	0.03	6.57	0.22
	Q_{32}	λ_{32}	0.99	0.07	13.34	0.82
		δ_{32}	0.33	0.04	7.91	0.33
	Q_{33}	λ_{33}	1.06	0.07	14.80	0.88
		δ_{33}	0.22	0.03	6.57	0.22
REDL	PGDP	$\lambda_{34}{}^*$	1.00	—	—	0.79
		δ_{34}	0.37	0.06	6.21	0.37
	PINP	λ_{35}	1.15	0.11	10.64	0.91
		δ_{35}	0.17	0.06	2.66	0.17
	TGDP	λ_{36}	0.86	0.09	9.60	0.68
		δ_{36}	0.53	0.06	8.28	0.53

（三）广西企业社会责任的二阶验证性因子分析

为进一步验证上文提出的广西企业社会责任五个维度的合理性,我们借助 LISREL 软件并构建出广西企业社会责任五个维度的二阶因子模型,模型拟合结果如图 4-3 和表 4-5 所示。

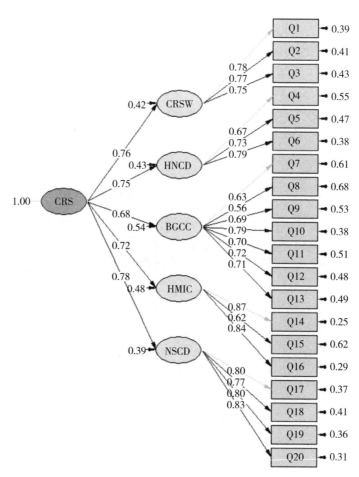

Chi-Square=350.42, df=165, p-value=0.00000, RMSEA=0.077

图 4-3 广西企业社会责任五个维度的二阶因子模型

注:图中所有估计参数的 t 值处于区间(3.7,12.5)之间,均通过了显著性检验。

表 4-5　广西企业社会责任五个维度的二阶因子模型的拟合指数及结果

指标类型	序号	指标	实际值	推荐的接受标准	比较结果
绝对拟合指数	1	卡方值(X^2)	350.42	—	—
	2	自由度(df)	165.00	—	—
	3	卡方与自由度之比(X^2/df)	2.129	≤5	符合要求
	4	标准化残差均方根(SRMR)	0.071	≤0.08	符合要求
	5	近似误差均方根(RMSEA)	0.077	≤0.08	符合要求
	6	拟合优度指数(GFI)	0.84	≥0.8	符合要求
	7	调整的拟合优度指数(AGFI)	0.80	≥0.8	符合要求
	8	模型的信息指数(ECVI)	2.31	小于饱和模型和独立模型	符合要求
		独立模型的 ECVI	26.95		
		饱和模型的 ECVI	2.57		
相对拟合指数	1	规范拟合指数(NFI)	0.91	≥0.9	符合要求
	2	非规范拟合指数(NNFI)	0.94	≥0.9	符合要求
	3	比较拟合指数(CFI)	0.94	≥0.9	符合要求
简约指数	1	简约规范拟合指数(PNFI)	0.79	≥0.5	符合要求
	2	简约拟合优度指数(PGFI)	0.66	≥0.5	符合要求
	3	模型的信息标准指数(AIC)	420.00	小于饱和模型和独立模型	符合要求
		独立模型的 AIC	5097.14		
		饱和模型的 AIC	440.42		
	4	CN	216.34	≥200	符合要求

图 4-3 和表 4-5 的数据显示,广西企业社会责任五个维度模型与数据有较好的拟合度。

(四)测量模型的信度和效度检验

信度和效度是评判测量工具的重要指标。LISREL 在测量模式中提供了评估测量变量和各潜变量的效度和效度的方法。

153

1. 结构方程模型的信度分析

在结构方程模型中,对于量表的信度分析可将验证性因子分析所计算出的各指标的 R^2 视为该指标的信度系数[1]。同时,还可以利用验证性因子分析所计算的个别指标的标准化负荷来计算潜变量的信度,这种信度指标被称为建构信度,其计算式为:

$$\rho_c = (\sum 标准化负荷系数)^2 / \{(\sum 标准化负荷系数)^2 + \sum \varepsilon_j\}$$

其中,ε_j 为第 j 项的测量误差。

建构信度属于内部一致性指标,主要用来评价潜在建构指标的一致性程度[2]。当 ρ_c 较高时,表示指标间有较高的相关性。此时,研究者能较自信地认为在此一测量中各指标间具有一致性,否则,则认为指标不太一致。那么,ρ_c 值多大时才能说明指标的内部一致性是好的? 对此,学者的观点不尽相同。有学者认为当 ρ_c 值不低于 0.5 时,说明量表具有一致性,另一些学者则强调 ρ_c 值不应低于 0.6[3]。尽管学术界对 ρ_c 的临界值尚没有明确的标准,但很多文献均采用如下粗率的判断原则:信度系数在 0.9 以上为"优秀"、0.8 以上为"良好"、0.7 以上为"适中"、0.5 以上可以接受,低于 0.5 表示它的信度不足,不应接受[4]。黄芳铭(2005)认为,对个别指标的信度可以采用 0.5 作为可接受的最低标准,而对潜变量的信度相对需要高一些,采用 0.6 作为可接受的最低标准较为恰当[5]。

2. 结构方程项目总的建构效度分析

对于建构效度,Campbell & Fiske(1959)认为可以用收敛效度(Convergent

---

① See Bollen K.A.,*Structural equation with latent variables*,New York:Wiley,1989.

② 参见黄芳铭:《结构方程模型:理论与应用》,中国税务出版社 2005 年版。

③ See Bagozzi,R.P.and Yi,Y.,"On the Evaluation of Structural Equation Models",*Academy of Marketing Science*,1988,23(4),pp.272−277.

④ See Kline R.B.,*Principles and practice of structural equation modeling*,New York:The Guilford presews,1998.

⑤ 参见黄芳铭:《结构方程模型:理论与应用》,中国税务出版社 2005 年版。

Validity)和鉴别效度(Discriminant Validity)两种方法来进行验证[1]。LISREL
软件提供了两种结构效度的具体评估模型。对于单一项目的收敛效度,在测
量模型(Measurement Model)中,测量变量的标准化负荷的 t 检验值是用来判
断观察指标的效度指标。一般来说,因素负荷量的 t 值的绝对值越大,说明观
察变量越能代表其所衡量的潜在变量[2]。当 t 值的绝对值大于 1.96 或 2.58
时,说明该观测变量在 0.05 或 0.01 水平下显著,也说明该观测变量具有收敛
效度。对于潜在变量的鉴别效度,可以以潜在变量的平均变异抽取量
(Average Variance Extracted,AVE)来衡量。AVE 是计算潜变量的各测量变量
(观察变量)对潜变量的平均变异解释能力。较高的 AVE 值,表示潜变量有
较高的鉴别和收敛效度。对于 AVE 的临界值,Fornell & Larcker(1981)提出,
AVE 值必须在 0.5 以上才说明潜在变量有良好的鉴别效度[3]。

AVE 的计算公式如下:

$\rho_v = \sum (标准化负荷系数)^2 / [\sum (标准化负荷系数)^2 + \sum 观察项的测量误差]$

3. 测量模型的信度和效度

基于上述 SEM 中用验证性因子分析确定量表效度和信度的方法,我们得
到表 4-6 所示的观测变量和潜在变量的效度和信度。

由表 4-6 可知,33 个观测变量中有 9 个观测变量的 R^2 值均小于 0.5,但
仅有一个指标的 R^2 值不到 0.4,这说明观测变量有较好的信度;同时,其 t 值
均超过 7.0,远大于 2.58,说明其在 0.01 水平下是显著的,也说明这 33 个观
测变量对其所属的潜变量具有收敛效度。再看 8 个潜变量的 ρ_c 值均大于
0.8,这说明所有潜变量的测量题项都有很好的内部一致性。最后再看它们的

---

① See Campbell, D.T., & Fiske, D.W., "Convergent and discriminant validation by the multitrait-multimethod matrix", *Psychological Bulletin*, 1959, 56, pp.81-105.

② See Bollen K.A., *Structural equation with latent variables*, New York: Wiley, 1989.

③ See Fornell, C., Larcker, D.F., "Evaluating structural equation models with unobservable variables and measurement error", *Journal of Marketing Research*, 18(1), pp.39-50.

ρ_v值均在 0.5 以上,说明观察变量对潜变量的平均变异解释能力较强,同时也表示潜变量有较高的鉴别效度。

总之,综合表 4-6 给出的信息,我们可以认为本文开发的问卷量表具有较高质量。

表 4-6 测量模型的信度和效度

潜变量	观测变量	因子载荷	观测变量的测量误差	信度		效度	
				R^2	ρ_c	t 值	ρ_v
CRSW	Q_1	0.78	0.39	0.61	0.809	—	0.587
	Q_2	0.76	0.42	0.58		8.95	
	Q_3	0.75	0.43	0.57		8.92	
HNCD	Q_4	0.63	0.60	0.40	0.771	—	0.533
	Q_5	0.70	0.51	0.49		7.30	
	Q_6	0.84	0.29	0.71		7.00	
BGCC	Q_7	0.73	0.46	0.54	0.878	—	0.509
	Q_8	0.69	0.52	0.48		9.08	
	Q_9	0.73	0.47	0.53		9.53	
	Q_{10}	0.73	0.46	0.54		9.60	
	Q_{11}	0.68	0.53	0.47		8.95	
	Q_{12}	0.74	0.45	0.55		9.68	
	Q_{13}	0.67	0.55	0.45		8.77	
HMIC	Q_{14}	0.90	0.19	0.81	0.821	—	0.613
	Q_{15}	0.58	0.66	0.34		7.78	
	Q_{16}	0.83	0.31	0.69		9.72	

潜变量	观测变量	因子载荷	观测变量的测量误差	信度		效度	
				R^2	ρ_c	t 值	ρ_v
NSCD	Q_{17}	0.78	0.39	0.61	0.877	—	0.640
	Q_{18}	0.78	0.39	0.61		10.97	
	Q_{19}	0.79	0.37	0.63		11.17	
	Q_{20}	0.85	0.29	0.71		11.87	
PCFC	Q_{21}	0.79	0.37	0.63	0.868	—	0.625
	Q_{22}	0.85	0.27	0.73		12.15	
	Q_{23}	0.81	0.34	0.66		11.68	
	Q_{24}	0.69	0.52	0.48		9.10	
IMAG	Q_{25}	0.78	0.39	0.61	0.847	—	0.526
	Q_{26}	0.75	0.43	0.57		8.24	
	Q_{27}	0.70	0.51	0.49		7.92	
	Q_{28}	0.71	0.50	0.50		7.56	
	Q_{29}	0.68	0.54	0.46		7.18	
PSAT	Q_{30}	0.83	0.31	0.69	0.915	—	0.730
	Q_{31}	0.88	0.22	0.78		14.80	
	Q_{32}	0.82	0.33	0.67		13.34	
	Q_{33}	0.88	0.22	0.78		14.80	
CSR					0.978		0.580

三、结构方程的全模型分析:假设检验

在这部分,我们将利用本章第一节提出的三个广西企业社会责任影响因素及其效应模型进行全模型分析以检验第三章提出的部分研究假设。首先,

我们对模型一进行全模型分析,以验证假设 9 到假设 14 的 6 个主假设,然后对模型二进行全模型分析,以验证假设 9 到假设 14 的 6 个主假设的 30 个分假设。

(一)模型一的全模型分析

从图 4-1 可以看出,该模型由 10 个潜变量构成,其中包括一个外源潜变量(REDL)和 9 个内生潜变量(PSAT, PCPF, IMAG, CSR, CRSW, HNCD, BGCC, HMIC, NSCD)。由于模型中企业社会责任是二阶因子变量,且二阶因子变量为中介变量,这使得模型变得比较复杂而难以求解。为此,需采用两步法对其进行求解。首先,对企业社会责任二阶因子模型中五个维度变量的测量模型的标准化因子载荷系数进行归一化,并将归一化后的各载荷系数作为各观测变量的权重,从而可以计算得出五个维度的综合得分,然后,将五个维度的综合得分视为企业社会责任的 5 个观测题项。如此,我们将含有高阶因子的模型一简化成包含 4 个内生变量(PSAT, PCPF, IMAG, CSR)和 1 个外源变量(REDL)等 5 个潜变量及 21 个观测变量的简化模型(以下称为模型 1—1)。接下来,我们利用 SPSS19.0 for windows 软件计算出 21 个观测变量的 Peason 相关矩阵,再利用 LISREL8.7 软件并采用最大似然估计法(ML),以 21 个观测变量的 peason 相关矩阵为输入矩阵,对结构模型 1—1 进行分析。

1. 模型 1—1 的全模型违规估计检验

为了检验研究假设,首先必须确保研究模型是可接受的。尽管上节在对潜变量测量模型的违规估计分析中没有发现违规估计,但这并不意味着研究的全模型也不存在违规估计。因此,在对全模型进行拟合优度检验之前有必要对其再进行违规估计检查。

图 4-4 为全模型 1—1 拟合路径图,表 4-7 和表 4-8 为全模型的参数估计和测量误差。

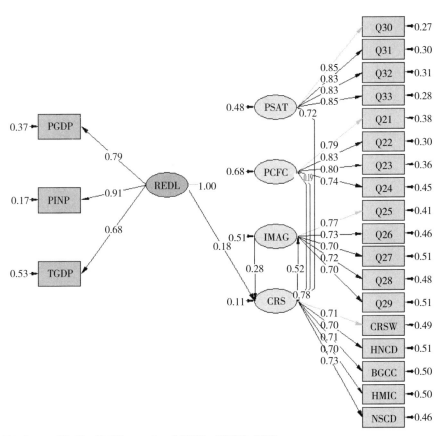

Chi-Square=561.36，df=183，p-value=0.00000，RMSEA=0.074

图4-4 广西企业社会责任全模型1—1的拟合路径图

表4-7 模型1—1的全模型参数估计值

估计参数	标准误差	t 值	标准化系数	估计参数	标准误差	t 值	标准化系数
λ_{21}^{a}	—	—	0.79	λ_{HNCD}	0.07	9.42	0.70
λ_{22}	0.07	12.60	0.83	λ_{BGCC}	0.07	9.52	0.71
λ_{23}	0.07	11.98	0.80	λ_{HMIC}	0.07	9.47	0.70
λ_{24}	0.07	10.83	0.74	λ_{NSCD}	0.07	9.83	0.73
λ_{25}^{a}	—	—	0.77	λ_{PGDP}^{a}	—	—	0.79
λ_{26}	0.07	9.86	0.73	λ_{PINP}	0.06	12.42	0.91

续表

估计参数	标准误差	t 值	标准化系数	估计参数	标准误差	t 值	标准化系数
λ_{27}	0.07	9.43	0.70	λ_{PGDP}	0.07	12.06	0.68
λ_{28}	0.07	9.10	0.72	γ_{14}	0.04	4.30	0.18
λ_{29}	0.07	9.42	0.70	β_{14}	0.08	8.65	0.72
λ_{30}^{a}	—	—	0.85	β_{24}	0.27	0.72	0.19^{*}
λ_{31}	0.06	14.24	0.83	β_{34}	0.11	4.76	0.52
λ_{32}	0.06	14.16	0.83	β_{42}	0.08	9.18	0.78
λ_{33}	0.06	14.61	0.85	β_{43}	0.06	4.45	0.28
λ_{CRSW}^{a}	—	—	0.71				

注:上标为 a 的因素负荷被固定为 1。

表4-8　模型 1—1 的全模型测量误差

估计参数	标准误差	t 值	标准化系数	估计参数	标准误差	t 值	标准化系数
ε_{21}	0.05	8.19	0.38	ε_{CRSW}	0.05	9.00	0.49
ε_{22}	0.04	7.56	0.30	ε_{HNCD}	0.06	9.06	0.51
ε_{23}	0.04	8.05	0.36	ε_{BGCC}	0.05	9.02	0.50
ε_{24}	0.05	8.63	0.45	ε_{HMIC}	0.06	9.04	0.50
ε_{25}	0.05	7.59	0.41	ε_{NSCD}	0.05	8.92	0.46
ε_{26}	0.06	7.98	0.46	δ_{PGDP}	0.06	6.44	0.37
ε_{27}	0.06	8.28	0.51	δ_{PINC}	0.06	2.84	0.17
ε_{28}	0.06	8.11	0.48	δ_{PGDP}	0.06	8.38	0.53
ε_{29}	0.06	8.29	0.51	ζ_{PSAT}	0.07	6.38	0.48
ε_{30}	0.04	7.23	0.27	ζ_{PCFC}	0.26	2.63	0.68
ε_{31}	0.04	7.62	0.30	ζ_{IMAG}	0.11	4.88	0.51
ε_{32}	0.04	7.67	0.31	ζ_{CSR}	0.03	3.72	0.11
ε_{33}	0.04	7.35	0.28				

从表4-7和表4-8提供的数据来看,全模型不存在明显的违规估计。

2. 结构模型的拟合检验

结构模型的绝对拟合指数、相对拟合指数和简约拟合指数见表4-9。

表4-9　模型1—1全模型的拟合指数

指标类型	序号	指标	数值	推荐的接受标准	比较结果
绝对拟合指数	1	卡方值（X^2）	561.36	—	—
	2	自由度（df）	183	—	—
	3	卡方与自由度之比（X^2/df）	3.068	≤5	符合要求
	4	标准化残差均方根（SRMR）	0.071	0.08	符合要求
	5	近似误差均方根（RMSEA）	0.074	0.08	符合要求
	6	拟合优度指数（GFI）	0.872	≥0.8	符合要求
	7	调整的拟合优度指数（AGFI）	0.824	≥0.8	符合要求
	8	模型的信息指数（ECVI）	3.44	小于饱和模型和独立模型	符合要求
		独立模型的 ECVI	34.92		
		饱和模型的 ECVI	5.100		
相对拟合指数	1	规范拟合指数（NFI）	0.91	≥0.9	符合要求
	2	非规范拟合指数（NNFI）	0.93	≥0.9	符合要求
	3	比较拟合指数（CFI）	0.93	≥0.9	符合要求
简约指数	1	简约规范拟合指数（PNFI）	0.89	≥0.5	符合要求
	2	简约拟合优度指数（PGFI）	0.68	≥0.5	符合要求
	3	模型的信息标准指数（AIC）	657.36	小于饱和模型和独立模型	符合要求
		独立模型的 AIC	6759.61		
		饱和模型的 AIC	1445.48		
	4	CN	245.68	≥200	符合要求

表4-9的数据显示模型和数据具有较好的拟合度。

3. 路径分析和假设检验

尽管上文中我们分析了模型一中各潜变量的测量模型和模型1—1的结

构模型并获得较为理想的结果,但这并非我们的目的,本研究的主要目的是探究模型中各要素间的联系,为此,需要借助路径分析来清晰地展现这种内在关系。模型一简化成模型1—1后,还有5个潜变量,这些变量间的相互作用构成了模型中的路径关系,这些路径对应着第三章提出的假设9至假设14等6个主假设。因此,对路径的分析和检验实际上就是对研究假设的分析和检验。通过借助LISERAL8.7软件,我们对概念模型中的直接路径进行了计算分析,并获得了相应的统计分析和检验结果。具体见表4-10。

表4-10　研究假设、路径系数及其检验结果

研究假设	路径	标准化系数	T检验值	假设被样本数据支持否?
H9	$\xi_1 \rightarrow \eta_4$	0.18**	4.30	获得样本数据支持
H10	$\eta_3 \rightarrow \eta_4$	0.41**	4.45	获得样本数据支持
H11	$\eta_2 \rightarrow \eta_4$	0.78**	9.18	获得样本数据支持
H12	$\eta_4 \rightarrow \eta_3$	0.52**	4.76	获得样本数据支持
H13	$\eta_4 \rightarrow \eta_2$	0.19	0.72	没有获得样本数据支持
H14	$\eta_4 \rightarrow \eta_1$	0.72**	8.65	获得样本数据支持

注:信度水平 * $p<0.05$, ** $p<0.01$。

从表4-10可以看出,6个研究假设中有5个研究假设路径的标准化系数在99%的置信水平下是显著的,只有一个研究假设路径的标准化系数在95%的显著性水平下依然不显著,这说明6个研究假设中,有5个研究假设得到了样本数据的支持,只有研究假设13没有得到样本数据的支持。

4.变量效应分析

软件分析的结果表明,模型中潜变量间既有直接作用,也有间接作用。对于直接效应我们可以从表4-10中各潜变量间的标准化系数直接获得结果,但对于它们之间的间接效应则需要加以结算才能得到答案。利用LISREL8.7软件计算结果,我们可以得到潜变量间的间接效应和总效应,具体见表4-11。

从表 4-11 所显示路径的直接和间接效应及其中效应来看,模型中总有 16 条可行路径,其中 12 条路径在 99%的置信水平下显著,4 条在 95%的置信水平下并不显著。

表 4-11 的结果表明,广西企业社会责任对员工满意度的总效应最大,达到 0.82,其次是对企业形象的总效应,为 0.74,而对企业感知财务状况的总效应尽管达到了 0.27,但却不显著。

表 4-11 模型 1—1 中潜变量间的效应分析

变量关系	直接效应	间接效应	总效应	变量关系	直接效应	间接效应	总效应
$\xi_1 \to \eta_1$	—	0.18**	0.18**	$\eta_3 \to \eta_1$	—	0.29**	0.29**
$\xi_1 \to \eta_2$	—	0.05	0.05	$\eta_3 \to \eta_2$	—	0.08	0.08
$\xi_1 \to \eta_3$	—	0.13**	0.13**	$\eta_3 \to \eta_3$	—	0.21**	0.21**
$\xi_1 \to \eta_4$	0.18**	0.07	0.25**	$\eta_3 \to \eta_4$	0.41**	0.12	0.53**
$\eta_2 \to \eta_1$	—	0.75**	0.75**	$\eta_4 \to \eta_1$	0.72**	0.10	0.82**
$\eta_2 \to \eta_2$	—	0.21	0.21**	$\eta_4 \to \eta_2$	0.19	0.08	0.27
$\eta_2 \to \eta_3$	—	0.57**	0.57**	$\eta_4 \to \eta_3$	0.52**	0.22	0.74**
$\eta_2 \to \eta_4$	0.78**	0.11	0.89**	$\eta_4 \to \eta_4$	—	0.29	0.29

注:信度水平 * p<0.05, ** p<0.01。

(二)模型二的全模型分析

图 4-2 所示的模型二相比简化的模型 1—1 要复杂得多。该模型共有 9 个潜变量,其中 1 个外源潜变量,即区域经济发展水平(ξ_1),8 个内生潜变量,企业员工满意度(η_1)、企业感知的财务状况(η_2)、感知的企业社会声誉(η_3)、创造社会财富(η_4)、促进人与自然和谐共生(η_5)、做遵纪守法的企业公民(η_6)、内部管理人本化(η_7)和推进民族地区社会和谐发展(η_8),9 个潜变量共有 36 个观测变量。同样,我们利用 SPSS19.0 for windows 统计软件计算出 36 个观测变量的 Peason 相关矩阵,然后利用 LISREL8.7 软件,运用最大似然估计法(ML),以 36 个观测变量的 Peason 相关矩阵为输入阵,对结构模型进行检验分析。

1. 模型二的违规估计检验

为确保模型具有可接受性,我们在对模型二进行拟合优度检验之前,同样需要对其进行违规估计检验。表4-12 和表4-13 和对模型二的全模型估计参数和测量误差。

表4-12 模型二的全模型参数估计值

估计参数	标准误差	t 值	标准化系数	估计参数	标准误差	t 值	标准化系数
λ_1^a	—	—	0.77	$\lambda_{PGDP}{}^a$	—	—	0.79
λ_2	0.09	8.04	0.73	λ_{PINC}	0.07	12.43	0.90
λ_3	0.09	7.58	0.67	λ_{PGDP}	0.07	9.37	0.70
λ_4^a	—	—	0.63	γ_{41}	0.09	4.09	0.37
λ_5	0.11	6.53	0.71	γ_{51}	0.10	3.21	0.31
λ_6	0.11	6.74	0.76	γ_{61}	0.09	2.94	0.26
λ_7^a	—	—	0.71	γ_{71}	0.09	2.71	0.24
λ_8	0.09	7.84	0.67	γ_{81}	0.09	3.14	0.27
λ_9	0.09	8.17	0.70	β_{42}	0.08	2.77	0.22
λ_{10}^a	0.09	8.25	0.71	β_{52}	0.08	2.83	0.21
λ_{11}	0.09	7.85	0.67	β_{62}	0.08	2.15	0.18
λ_{12}	0.09	8.35	0.72	β_{72}	0.08	3.02	0.23
λ_{13}	0.09	7.81	0.67	β_{82}	0.07	2.54	0.19
λ_{14}	—	—	0.85	β_{43}	0.10	5.97	0.57
λ_{15}	0.08	7.26	0.59	β_{53}	0.11	5.37	0.60
λ_{16}	0.09	9.17	0.78	β_{63}	0.10	5.93	0.58
λ_{17}^a	—	—	0.76	β_{73}	0.09	6.32	0.57
λ_{18}	0.08	9.30	0.75	β_{83}	0.10	6.43	0.61
λ_{19}	0.08	9.54	0.77	β_{14}	0.08	3.29	0.28
λ_{20}	0.08	9.88	0.80	β_{15}	0.08	1.82	0.15
λ_{21}^a	—	—	0.79	β_{16}	0.08	1.98	0.15
λ_{22}	0.08	10.28	0.84	β_{17}	0.08	3.10	0.30

续表

估计参数	标准误差	t 值	标准化系数	估计参数	标准误差	t 值	标准化系数
λ_{23}	0.08	10.07	0.82	β_{18}	0.08	1.80	0.14
λ_{24}	0.08	8.48	0.10	β_{24}	0.09	2.50	0.22
λ_{25}[a]	—	—	0.74	β_{25}	0.09	1.22	0.11
λ_{26}	0.09	8.09	0.10	β_{26}	0.08	0.67	0.05
λ_{27}	0.08	7.98	0.68	β_{27}	0.09	2.98	0.26
λ_{28}	0.09	8.36	0.71	β_{28}	0.08	2.02	0.17
λ_{29}	0.08	7.78	0.66	β_{34}	0.09	2.80	0.24
λ_{30}[a]	—	—	0.85	β_{35}	0.09	2.46	0.22
λ_{31}	0.07	11.80	0.84	β_{36}	0.08	2.92	0.24
λ_{32}	0.07	11.81	0.84	β_{37}	0.08	2.77	0.23
λ_{33}	0.07	11.79	0.84	β_{38}	0.08	2.70	0.22

注:上标为 a 的因素负荷被固定为 1。

表 4-13　模型二之全模型测量误差

估计参数	标准误差	t 值	标准化系数	估计参数	标准误差	t 值	标准化系数
ε_1	0.07	6.08	0.45	ε_{23}	0.06	6.89	0.43
ε_2	0.07	6.74	0.50	ε_{24}	0.07	8.45	0.63
ε_3	0.08	7.70	0.60	ε_{25}	0.07	8.15	0.56
ε_4	0.08	7.87	0.67	ε_{26}	0.07	8.50	0.63
ε_5	0.08	7.08	0.58	ε_{27}	0.07	8.57	0.64
ε_6	0.08	5.70	0.46	ε_{28}	0.07	8.33	0.59
ε_7	0.07	8.35	0.57	ε_{29}	0.08	8.67	0.66
ε_8	0.07	8.62	0.63	ε_{30}	0.05	7.03	0.37
ε_9	0.07	8.41	0.58	ε_{31}	0.05	7.28	0.40
ε_{10}	0.07	8.35	0.57	ε_{32}	0.05	7.27	0.39
ε_{11}	0.07	8.61	0.63	ε_{33}	0.05	7.28	0.40
ε_{12}	0.07	8.27	0.56	δ_{PGDP}	0.07	6.33	0.47
ε_{13}	0.07	8.64	0.63	δ_{PINC}	0.08	3.66	0.29

续表

估计参数	标准误差	t 值	标准化系数	估计参数	标准误差	t 值	标准化系数
ε_{14}	0.07	4.38	0.30	δ_{PGDP}	0.08	8.00	0.62
ε_{15}	0.08	7.74	0.62	ζ_{PSAT}	0.15	6.49	1.00
ε_{16}	0.07	6.24	0.43	ζ_{PCFC}	0.17	5.72	1.00
ε_{17}	0.06	7.61	0.47	ζ_{IMAG}	0.19	5.20	1.00
ε_{18}	0.06	7.79	0.49	ζ_{CRSW}	0.13	4.51	0.57
ε_{19}	0.06	7.53	0.46	ζ_{HNCD}	0.16	3.68	0.59
ε_{20}	0.06	7.01	0.41	ζ_{BGCC}	0.14	4.73	0.65
ε_{21}	0.06	7.32	0.47	ζ_{HMIC}	0.12	5.25	0.61
ε_{22}	0.06	6.44	0.39	ζ_{NSCD}	0.12	5.03	0.58

从表4-12和表4-13提供的数据来看,全模型不存在明显的违规估计。

2. 结构模型的拟合检验

结构模型的绝对拟合指数、相对拟合指数和简约拟合指数见表4-14。

表4-14　模型二之全模型的拟合指数

指标类型	序号	指标	数值	推荐的接受标准	比较结果
绝对拟合指数	1	卡方值(X^2)	1194.76	—	—
	2	自由度(df)	579	—	—
	3	卡方与自由度之比(X^2/df)	2.0635	≤5	符合要求
	4	标准化残差均方根(SRMR)	0.062	0.08	符合要求
	5	近似误差均方根(RMSEA)	0.055	0.08	符合要求
	6	拟合优度指数(GFI)	0.890	≥0.8	符合要求
	7	调整的拟合优度指数(AGFI)	0.860	≥0.8	符合要求
	8	模型的信息指数(ECVI)	5.66	小于饱和模型和独立模型	符合要求
		独立模型的 ECVI	56.70		
		饱和模型的 ECVI	6.97		

续表

指标类型	序号	指标	数值	推荐的接受标准	比较结果
相对拟合指数	1	规范拟合指数（NFI）	0.95	≥0.9	符合要求
	2	非规范拟合指数（NNFI）	0.97	≥0.9	符合要求
	3	比较拟合指数（CFI）	0.94	≥0.9	符合要求
简约指数	1	简约规范拟合指数（PNFI）	0.82	≥0.5	符合要求
	2	简约拟合优度指数（PGFI）	0.10	≥0.5	符合要求
	3	模型的信息标准指数（AIC）	1081.89	小于饱和模型和独立模型	符合要求
		独立模型的 AIC	10829.16		
		饱和模型的 AIC	4167.49		
	4	CN	306.10	≥200	符合要求

表4-14的数据显示模型和数据具有较好的拟合度。

3.路径分析和假设检验

对于第三章提出的假设9至假设14等6个假设的30个附加假设，我们可以通过 LISREL8.7 软件的模拟获得对应路径的统计分析结果，具体见表4-15。

表 4-15　研究分假设、路径系数及其检验结果

研究假设	路径	标准化系数	T检验值	假设被样本数据支持否？
H9a	$\xi_1 \to \eta_4$	0.37**	4.09	获得样本数据支持
H9b	$\xi_1 \to \eta_5$	0.31**	3.21	获得样本数据支持
H9c	$\xi_1 \to \eta_6$	0.26**	2.94	获得样本数据支持
H9d	$\xi_1 \to \eta_7$	0.24**	2.71	获得样本数据支持
H9e	$\xi_1 \to \eta_8$	0.27**	3.14	获得样本数据支持
H10a	$\eta_3 \to \eta_4$	0.57**	5.97	获得样本数据支持
H10b	$\eta_3 \to \eta_5$	0.60**	5.37	获得样本数据支持
H10c	$\eta_3 \to \eta_6$	0.58**	5.93	获得样本数据支持
H10d	$\eta_3 \to \eta_7$	0.57**	6.32	获得样本数据支持

续表

研究假设	路径	标准化系数	T 检验值	假设被样本数据支持否?
H10e	$\eta_3 \to \eta_8$	0.61**	6.43	获得样本数据支持
H11a	$\eta_2 \to \eta_4$	0.82**	9.87	获得样本数据支持
H11b	$\eta_2 \to \eta_5$	0.71**	6.82	获得样本数据支持
H11c	$\eta_2 \to \eta_6$	0.68**	6.65	获得样本数据支持
H11d	$\eta_2 \to \eta_7$	0.73**	7.02	获得样本数据支持
H11e	$\eta_2 \to \eta_8$	0.10**	6.70	获得样本数据支持
H12a	$\eta_4 \to \eta_3$	0.22**	2.77	获得样本数据支持
H12b	$\eta_5 \to \eta_3$	0.21**	2.83	获得样本数据支持
H12c	$\eta_6 \to \eta_3$	0.18*	2.15	获得样本数据支持
H12d	$\eta_7 \to \eta_3$	0.23**	3.02	获得样本数据支持
H12e	$\eta_8 \to \eta_3$	0.19*	2.54	获得样本数据支持
H13a	$\eta_4 \to \eta_2$	0.22*	2.50	获得样本数据支持
H13b	$\eta_5 \to \eta_2$	0.11	1.22	没有获得样本数据支持
H13c	$\eta_6 \to \eta_2$	0.05	0.67	没有获得样本数据支持
H13d	$\eta_7 \to \eta_2$	0.26**	2.98	获得样本数据支持
H13e	$\eta_8 \to \eta_2$	0.17*	2.02	获得样本数据支持
H14a	$\eta_4 \to \eta_1$	0.28**	3.29	获得样本数据支持
H14b	$\eta_5 \to \eta_1$	0.15	1.82	没有获得样本数据支持
H14c	$\eta_6 \to \eta_1$	0.25*	2.98	获得样本数据支持
H14d	$\eta_7 \to \eta_1$	0.30**	3.10	获得样本数据支持
H14e	$\eta_8 \to \eta_1$	0.14	1.80	没有获得样本数据支持

注:信度水平 * $p<0.05$, ** $p<0.01$。

从表4-15可以看出,30个研究假设中有20个研究假设路径的标准化系数在99%的置信水平下是显著的,有6个研究假设路径的标准化系数在95%的置信水平下是显著的,有4个研究假设路径的标准化系数在95%的显著性水平下依然不显著,这说明30个研究假设中,有26个研究假设得到了样本数据的支持,只有研究假设H13b、H13c、H14b和H14e没有得到样本数据的支持。

　　总之,本章的主要目的是验证第三章提出的假设 9 至假设 14 的 6 个主假设和 30 个分假设。为实现这一研究目标,我们根据研究的概念模型提出了两个等效的结构方程模型。模型一主要用于研究假设 9 至假设 14 的 6 个主假设,而模型二主要用于研究根据主假设提出的 30 个分假设。由于模型一中含有高阶因子,为降低模型的复杂性,我们在二阶验证性因子分析的基础上对模型一进行了简化,形成模型 1—1,然后利用 LISREL8.7 软件对模型 1—1 进行分析,以验证假设 9 至假设 14 的 6 个主假设,结果表明除假设 13 没有得到统计数据的支持外,其他 5 个假设均得到了统计数据的支持。

　　接下来,我们利用模型二对 30 个分假设进行了分析,结果表明,30 个分假设中,有 26 个假设在 95% 的执行水平下得到了统计数据的支持,仅有 4 个分假设没有得到数据的支持。

第五章　基于熵权法的企业
社会责任水平评价

对广西企业社会责任水平进行评价是本研究的主要目标之一。在上一章中,尽管我们通过问卷调查获得的 192 份有效问卷运用 LISREL8.7 软件进行了分析,验证了第三章提出的假设 9—16 的 6 个研究假设及其 30 个分假设,但我们依然没能回答广西企业社会责任水平的高低。接下来我们将采用熵权法对广西企业的社会责任水平进行评价。

第一节　熵权法简介

一、熵

(一)熵的定义

熵(entropy)是一个用于描述"能量退化"的物质状态参数,最初由德国物理学家克劳修斯于 1865 年提出。克劳修斯将一个热力学系统中熵的改变定义为:在一个可逆过程中,输入热量相对于温度的变化率,即:

$$dS = (\frac{dQ}{T})_{reversible}$$

式中:T 为物质的热力学温度;dQ 为热传导过程中的输入热量,下标

"*reversible*"表示是"可逆过程"。

熵不仅在热力学中有广泛的应用,而且在控制论、概率论、数论、天体物理、生命科学等领域都有重要应用,但在不同的学科中其具体的定义不同。

(二)熵增原理

所谓熵增原理是指在孤立的热力学系统中,系统经绝热过程由一状态达到另一状态时,系统的熵总是增大或不变,不会减少。

熵增原理表明,在绝热条件下,只可能发生 dS≥0 的过程,其中 dS=0 表示可逆过程;dS>0 表示不可逆过程,dS<0 过程是不可能发生的。但可逆过程毕竟是一个理想过程。因此,在绝热条件下,一切可能发生的实际过程都使系统的熵增大,直到达到平衡态。

熵增原理是一条与能量守恒有同等地位的物理学原理。伟大的科学家爱因斯坦说过,熵增原理是自然科学的第一定律。

(三)信息熵

信息熵是香农(C.E.Shannon)于 1948 年在题为"A Mathematical Theory of Communication"的论文中首次提出。他指出,任何信息都存在冗余,而信息冗余的大小与信息中每个符号(数字、字母或单词)的出现概率或者说不确定性有关,而把信息中排除了冗余后的平均信息量称为"信息熵"。

设某个概率系统中有 n 个事件:$(X_1, X_2, X_3, \cdots, X_n)$,第 i 个事件发生的概率为 $p_i(i=1,2,\cdots,n)$。若事件已经发生,则该事件所含有的信息量称为自信息,定义为:

$$I_{(a_i)} = \log \frac{1}{p_{(a_i)}} \tag{5-1}$$

$I_{(a_i)}$ 代表着两种含义:一是当事件 a_i 发生以前,表示事件 a_i 所发生的不确定性;二是当事件 a_i 发生后表示事件 a_i 所含有的信息量。

而自信息的数学期望为平均自信息量,即

$$H_{(X)} = E\left[\log \frac{1}{p_{(a_i)}}\right] = -\sum_{i=1}^{n} p_{(a_i)} \log p_{(a_i)} \tag{5-2}$$

信息熵具有三种物理含义:一是表示每个事件所提供的平均信息量;二是表示事件发生前所有的事件发生的平均不确定性;三是表示变量 X 的随机性。

二、熵权

(一)熵权的概念

在多目标决策中,人们需要考虑每个评价指标的相对重要程度,而表示重要程度中直接和简单的方法是给各指标赋予权重(权系数)。实践中,人们确定各指标权重的方法有很多,总体上,可分为主观赋权法和客观赋权法。

熵权法是客观赋权法中的一种。其基本思路是根据指标变异性的大小,即熵值的大小来确定客观权重。一般来说,如果指标的信息熵小,则该指标所提供的信息量就大,在综合评价中所起的作用就大,因此,应赋予更高的权重。相反,若某个指标的信息熵大,该指标所提供的信息量就小,因此,其在综合评价中所起作用就小,故应赋予较小的权重。

(二)熵权法应用的步骤

应用熵权法确定评价指标权重的步骤如下:

第一步,根据评价对象的评价指标构建评价的原始数据矩阵。假设现在要依据 m 项评价指标对 n 个评价对象进行评价,据此可构建一个 $n×m$ 阶原始数据矩阵 X:

$$X = \begin{bmatrix} x_{11} & x_{12} & \cdots & x_{1m} \\ x_{21} & x_{22} & \cdots & x_{2m} \\ \cdots & \cdots & \cdots & \cdots \\ x_{n1} & x_{n2} & \cdots & x_{nm} \end{bmatrix}_{n×m}$$

其中 x_{ij} 表示第 i 个评价对象的第 j 项指标的观察数据。

第二步,对原始数据矩阵 X 进行标准化。由于原始评价矩阵中各指标常常具有不同的量纲和数量级,为消除不同量纲和数量级的影响,须对原始数据

矩阵 X 进行标准化处理,数据标准化常用的方法有离差标准化、标准差标准化、总和标准化及最大值标准化等多种方法。本研究采用最大值标准化方法对原始数据矩阵进行标准化处理,处理的公式如下:

$$x_{ij}^{'} = \frac{\max\limits_{j} x_{ij} - x_{ij}}{\max\limits_{j} x_{ij} - \min\limits_{j} x_{ij}} (i = 1,2,3,\ldots,n; j = 1,2,3,\ldots,m) \tag{5-3}$$

其中 $x_{ij}^{'}$ 为原始数据矩阵 X 的第 i 行,第 j 列元素 x_{ij} 的标准化值。

第三步,计算指标 j 下第 i 个评价对象指标值的比重:

$$f_{ij} = \frac{x_{ij}^{'}}{\sum\limits_{i=1}^{n} x_{ij}^{'}} (i = 1,2,3,\ldots,n; j = 1,2,3,\ldots,m) \tag{5-4}$$

第四步,计算指标 j 的熵值,计算公式为:

$$h_{j} = -\frac{1}{\ln n} \sum_{i=1}^{n} (f_{ij} \cdot \ln(f_{ij})) (i = 1,2,3,\ldots,n; j = 1,2,3,\ldots,m) \tag{5-5}$$

第五步,计算指标 j 的熵权:

$$w_{j} = \frac{1 - h_{j}}{\sum\limits_{j=1}^{m} (1 - h_{j})} (j = 1,2,3,\ldots,m) \tag{5-6}$$

第六步 计算对象 i 的综合得分:

$$y_{i} = \sum_{j=1}^{m} (x_{ij}^{'} \cdot w_{j}) \tag{5-7}$$

第二节　广西企业社会责任水平测度

为测度广西企业社会责任水平,我们将运用熵权法确定各题项及各维度的权重,然后计算出各维度的权重,最后得出 192 份问卷的企业责任水平。

一、基于熵权法的指标权重

对回收的 192 份有效问卷,首先运用公式(5-3)至公式(5-6)计算各维度测量题项的权重并运用公式(5-7)可以计算出各维度向量,然后再重复上述过程可以得到广西企业社会责任五个维度的权重,详见表5-1。

表5-1　基于熵权法的各指标和题项权重

维度	维度权重	题项	题项权重	维度	维度权重	题项	题项权重
CRSW	0.1221	Q1	0.3215	NSCD	0.2943	Q17	0.2315
		Q2	0.3145			Q18	0.1855
		Q3	0.3640			Q19	0.2363
HNCD	0.2086	Q4	0.3599			Q20	0.3467
		Q5	0.3386	PCFC		Q21	0.2486
		Q6	0.3015			Q22	0.2125
BGCC	0.1574	Q7	0.1413			Q23	0.1600
		Q8	0.1065			Q24	0.3789
		Q9	0.1173	IMAG		Q25	0.1725
		Q10	0.1158			Q26	0.2430
		Q11	0.2138			Q27	0.2002
		Q12	0.1806			Q28	0.2009
		Q13	0.1247			Q29	0.1834
HMIC	0.2176	Q14	0.2983	PSAT		Q30	0.1844
		Q15	0.3388			Q31	0.2556
		Q16	0.3629			Q32	0.2917
						Q33	0.2683

二、广西企业社会责任水平

(一)广西企业社会责任水平的整体水平

在计算出各题项和各维度的权重后,运用公式(5-7)计算出样本企业的社会责任水平。从计算结果看,来自整个自治区13个地市的192家样本企业的社会责任水平均值为5.265(均值标准差为0.772;峰度为-0.222,峰度的标准误为 0.349;偏度为-0.100,其标准误为 0.175),其均值的正态分布图形如图 5-1 所示。

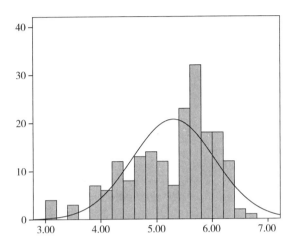

图 5-1　广西样本企业社会责任水平正态分布图

　　广西样本企业社会责任水平均值为 5.265 的数据表明,广西企业社会责任水平整体处于中等水平。

(二)广西企业社会责任各维度上的表现

　　广西企业社会责任五个维度得分的均值见表 5-2。

表 5-2　广西样本企业社会责任五个维度得分均值概况

	均值		标准差		偏度		峰度	
	统计量	标准误	统计量	统计量	标准误	统计量	标准误	
创造社会财富	5.6545	0.05471	0.75812	-0.429	0.175	-0.191	0.349	
促进民族地区人与自然和谐共生	5.4521	0.06804	0.94284	-0.688	0.175	-0.466	0.349	
做遵纪守法的企业公民	4.8877	0.05256	0.72830	-1.118	0.175	0.568	0.349	
内部管理人本化	5.3771	0.06761	0.93684	-0.965	0.175	0.993	0.349	
推进民族地区社会和谐发展	5.0891	0.07516	1.04139	-0.580	0.175	-0.410	0.349	

　　从表 5-2 可以看出,广西企业在履行创造社会财富责任方面处于良好水

平(5.6≤其值≤6.3,相当于百分制的80—90之间),在履行促进民族地区人
与自然和谐共生、内部管理人本化、推进民族地区社会和谐发展等方面处于中
等水平(4.9≤其值≤5.6,相当于百分制的70—80之间),而在履行做遵纪守
法的企业公民方面处于达到中等水平的临界状态。

(三)广西各地市的企业社会责任水平

本次参与研究的192家企业来自广西的13个地市,那么,各地市企业的
社会责任水平是否有差异,如果有,差异是否明显?我们利用SPSS19.0的分
析功能可以计算出13个地市的企业社会责任水平均值,详见表5-3。

表5-3 广西13个地市的样本企业社会责任水平概况

地市名称	企业数	均值	标准差	标准误	均值的95%置信区间		极小值	极大值
					下限	上限		
南宁	48	5.3975	0.60955	0.08798	5.2205	5.5745	4.33	6.29
柳州	12	5.3167	0.66854	0.19299	4.8919	5.7414	4.38	6.08
桂林	10	5.3610	0.73677	0.23299	4.8339	5.8881	3.92	6.15
玉林	9	5.7756	0.53898	0.17966	5.3613	6.1899	4.89	6.35
梧州	14	5.1221	0.711001	0.19160	4.7082	5.5361	3.99	6.07
百色	19	4.7121	0.94981	0.21790	4.2543	5.11009	3.18	6.42
钦州	12	5.1617	0.93447	0.210076	4.5679	5.7554	4.00	6.70
贵港	12	5.0792	0.83276	0.24040	4.5501	5.6083	3.58	6.04
崇左	12	5.3700	0.47943	0.13840	5.0654	5.6746	4.87	6.03
防城港	12	4.8042	1.09241	0.31535	4.1101	5.4982	3.16	6.14
河池	4	4.8850	0.80782	0.40391	3.5996	6.1704	4.05	5.65
来宾	13	5.4431	0.77194	0.21410	4.9766	5.9096	4.21	6.40
贺州	15	5.7273	0.41683	0.10763	5.4965	5.9582	4.83	6.32
总数	192	5.2651	0.77177	0.05570	5.1552	5.3750	3.16	6.70

根据表5-3中的均值,可以得到图5-2所示的均值折线图。

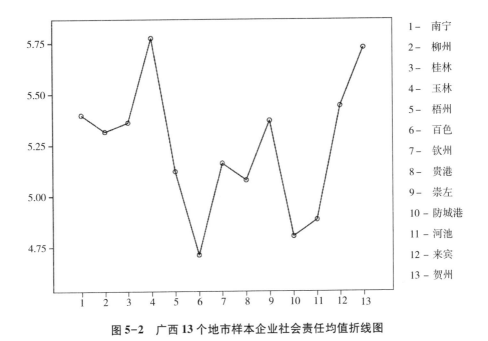

图 5-2　广西 13 个地市样本企业社会责任均值折线图

从表 5-3 和图 5-2 可以看出,南宁、柳州、桂林等 8 个地市的企业社会责任为中等水平(4.9≤CSR≤5.6),只有玉林和贺州企业的社会责任平均水平达到良好水平(5.6≤CSR≤6.3),而百色、防城港和河池的社会责任水平均仅达到及格水平(4.2≤CSR≤5.6)。

(四)广西各地市样本企业在社会责任各维度履行上的表现

1. 履行创造社会财富社会责任方面的表现

广西各地市样本企业在履行创造社会财富社会责任方面的评价得分见表 5-4。

表 5-4　广西各地市样本企业履行创造社会财富社会责任的评价得分

地市名称	N	均值	标准差	标准误	均值的 95% 置信区间		极小值	极大值
					下限	上限		
南宁	48	5.8060	0.5763	0.08319	5.6387	5.9734	4.31	7.00
柳州	12	5.6367	0.8083	0.23332	5.1231	6.1502	4.31	7.00

续表

地市名称	N	均值	标准差	标准误	均值的95%置信区间		极小值	极大值
					下限	上限		
桂林	10	6.0410	0.3937	0.12451	5.7593	6.3227	5.36	7.00
玉林	9	6.2411	0.6343	0.21143	5.7536	6.7287	5.36	7.00
梧州	14	5.4314	0.7403	0.19784	5.0040	5.8588	4.00	6.68
百色	19	5.0726	0.8640	0.19822	4.6562	5.4891	4.00	6.10
钦州	12	5.4592	1.112	0.3210	4.7526	6.1658	4.31	7.00
贵港	12	5.6342	0.7100	0.2220	5.1456	6.1228	4.32	6.64
崇左	12	5.5217	0.8860	0.2558	4.9587	6.0846	4.31	7.00
防城港	12	5.6867	0.5435	0.15100	5.3414	6.0320	4.10	6.36
河池	4	5.1775	1.368	0.6838	3.0012	7.3538	3.36	6.68
来宾	13	5.6600	0.6574	0.1823	5.2627	6.0573	4.64	6.10
贺州	15	5.8947	0.5158	0.1332	5.6090	6.1803	4.99	6.64
总数	192	5.6545	0.7581	0.0547	5.5466	5.7624	3.36	7.00

根据表5-4中的均值,可以得到图5-3所示的均值折线图。

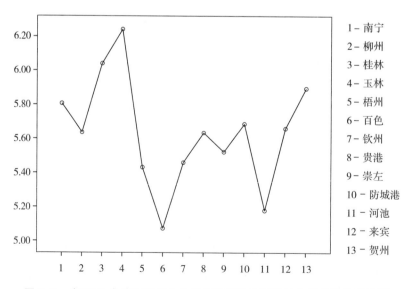

1— 南宁
2— 柳州
3— 桂林
4— 玉林
5— 梧州
6— 百色
7— 钦州
8— 贵港
9— 崇左
10— 防城港
11— 河池
12— 来宾
13— 贺州

图5-3 广西13个地市样本企业履行创造社会财富社会责任均值折线图

从表5-4和图5-3可以看出,尽管广西企业在履行创造社会财富方面表现达到良好,但各地市企业的表现不尽相同。玉林、桂林、贺州、南宁、防城港、来宾、柳州和贵港8个地市样本企业的表现较好,均达到良好的水平($5.6 \leq$ 其值 ≤ 6.3),其余地市企业的表现则属中等水平。相对来说,玉林和贺州样本企业的表现更为突出,而河池和百色样本企业的表现相对逊色。

2.履行促进民族地区人与自然和谐共生社会责任方面的表现

广西13个地市样本企业在履行促进民族地区人与自然和谐共生社会责任方面的表现见表5-5。

表5-5　广西各地市样本企业履行促进民族地区人与
自然和谐共生社会责任的评价得分

地市名称	N	均值	标准差	标准误	均值的95%置信区间		极小值	极大值
					下限	上限		
南宁	48	5.6304	0.75578	0.10909	5.4110	5.8499	3.98	6.70
柳州	12	5.2000	0.95060	0.27441	4.5960	5.8040	4.00	6.36
桂林	10	5.7640	0.66311	0.20910	5.2896	6.2384	4.32	6.64
玉林	9	6.2556	0.63834	0.21278	5.7649	6.7462	5.00	6.70
梧州	14	5.2143	1.06330	0.28418	4.6004	5.8282	3.64	6.66
百色	19	4.7758	1.06146	0.24352	4.2642	5.2874	2.96	6.64
钦州	12	5.4650	0.96510	0.27860	4.8518	6.0782	4.00	7.00
贵港	12	5.5417	0.89025	0.251009	4.9760	6.1073	3.72	6.34
崇左	12	5.2367	0.76367	0.22045	4.7515	5.7219	4.28	6.04
防城港	12	4.9600	1.24334	0.35892	4.1700	5.7500	3.00	6.34
河池	4	5.8000	0.55426	0.27713	4.9181	6.6819	5.32	6.28
来宾	13	5.3046	1.10079	0.30530	4.6394	5.91008	3.70	6.66
贺州	15	5.9907	0.63973	0.16518	5.6364	6.3449	4.60	6.70
总数	192	5.4521	0.94284	0.06804	5.3179	5.5863	2.96	7.00

根据表5-5,可以得到图5-4所示的均值折线图。

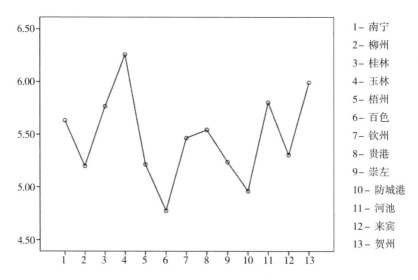

图 5-4　广西 13 个地市样本企业履行促进人与自然和谐共生社会责任均值折线图

从表 5-5 和图 5-4 可以看出,在促进民族地区人与自然和谐共生方面,玉林市样本企业的均值最高,达 6.2556,接近良好水平,百色市样本企业的均值最低,仅为 4.7758,尚没有达到中等水平。

3. 履行做遵纪守法的企业公民社会责任方面的表现

在履行做遵纪守法企业公民社会责任方面,广西 13 个地市样本企业的均值水平见表 5-6 所示。

表 5-6　广西各地市样本企业履行做遵纪守法企业公民社会责任的评价得分

地市名称	N	均值	标准差	标准误	均值的 95% 置信区间		极小值	极大值
					下限	上限		
南宁	48	4.9896	0.57891	0.08356	4.8215	5.1577	3.66	5.91
柳州	12	4.7642	0.65360	0.18868	4.3489	5.1794	3.90	5.72
桂林	10	5.1430	0.14135	0.04470	5.0419	5.2441	4.96	5.36
玉林	9	5.2022	0.36297	0.12099	4.9232	5.4812	4.66	5.10
梧州	14	4.8093	0.75818	0.20263	4.3715	5.2470	3.65	5.10
百色	19	4.3116	0.98050	0.22494	3.8390	4.7842	2.54	5.10

续表

地市名称	N	均值	标准差	标准误	均值的95%置信区间		极小值	极大值
					下限	上限		
钦州	12	4.7450	0.90538	0.26136	4.11007	5.3203	3.17	5.91
贵港	12	4.7283	0.83230	0.24026	4.1995	5.2572	3.56	5.66
崇左	12	4.8800	0.40710	0.11752	4.6213	5.1387	4.38	5.55
防城港	12	4.5533	1.10965	0.32033	3.8483	5.2584	2.85	5.72
河池	4	5.1225	0.14863	0.07432	4.8860	5.3590	4.91	5.25
来宾	13	5.1331	0.76773	0.21293	4.61001	5.5970	3.73	5.87
贺州	15	5.3447	0.27531	0.07109	5.1922	5.4971	4.98	5.72
总数	192	4.8877	0.72830	0.05256	4.7840	4.9914	2.54	5.91

根据表5-6,可以得到图5-5所示的均值折线图。

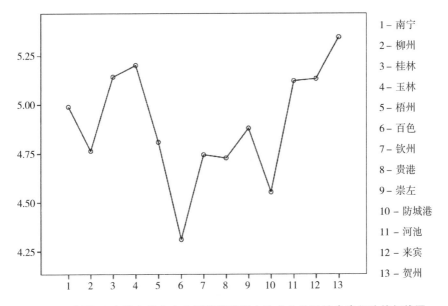

图5-5　广西13个地市样本企业履行做遵纪守法企业公民社会责任均值折线图

从表5-6和图5-5可以看出,在履行做遵纪守法企业公民方面,南宁、桂林、玉林、河池、来宾、贺州的样本企业相对较好,但也仅仅是达到中等水平,而其他地市的样本企业相对较差,仅达到及格水平,百色样本企业的均值最低,仅略超及格线。

4.履行内部管理人本化社会责任方面的表现

在履行内部管理人本化社会责任方面,13 个地市样本企业的均值如表 5-7 和图 5-6 所示。

表 5-7　广西各地市样本企业履行内部管理人本化社会责任的评价得分

地市名称	N	均值	标准差	标准误	均值的 95% 置信区间		极小值	极大值
					下限	上限		
南宁	48	5.4925	0.77222	0.11146	5.2683	5.7167	3.66	6.66
柳州	12	5.6050	0.100785	0.20145	5.1616	6.0484	4.34	6.64
桂林	10	5.3360	1.08307	0.34250	4.5612	6.1108	3.32	6.66
玉林	9	5.8067	0.78154	0.26051	5.2059	6.4074	4.34	6.66
梧州	14	5.1829	0.76399	0.20419	4.7417	5.6240	4.00	6.30
百色	19	5.1674	0.99767	0.22888	4.6865	5.6482	2.30	6.66
钦州	12	5.1608	0.98926	0.28557	4.5323	5.7894	4.00	6.66
贵港	12	5.1300	0.84928	0.24517	4.5904	5.61006	3.68	6.30
崇左	12	5.6883	0.47224	0.13633	5.3883	5.9884	5.00	6.30
防城港	12	4.4617	1.48323	0.42817	3.5193	5.4041	2.30	6.64
河池	4	4.2250	0.92439	0.46220	2.7541	5.10059	3.02	4.96
来宾	13	5.5600	1.00140	0.27774	4.9549	6.1651	4.00	6.66
贺州	15	6.0453	0.54092	0.13967	5.7458	6.3449	5.00	7.00
总数	192	5.3771	0.93684	0.06761	5.2438	5.5105	2.30	7.00

从表 5-7 和图 5-6 可以看出,在履行内部管理人本化社会责任方面,贺州市的样本企业均值最高,达 6.045,而河池市的样本企业均值最低,仅为 4.225,刚好达到及格水平。绝大部分地市样本企业的均值达到了中等水平,有两个地市样本企业的均值仅达及格水平。

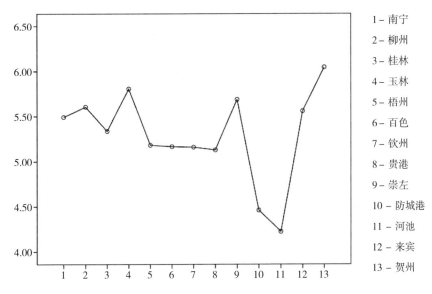

图 5-6 广西 13 个地市样本企业履行内部管理人本化社会责任均值折线图

5. 履行推进民族地区社会和谐发展社会责任方面的表现

在履行推进民族地区社会和谐发展社会责任方面,广西 13 个地市样本企业的均值如表 5-8 和图 5-7 所示。

表 5-8 广西各地市样本企业履行推进民族地区社会和谐发展社会责任的评价得分

地市名称	N	均值	标准差	标准误	均值的 95% 置信区间		极小值	极大值
					下限	上限		
南宁	48	5.2098	0.87451	0.12622	4.9559	5.4637	3.24	6.76
柳州	12	5.3442	1.13643	0.32806	4.6221	6.0662	3.83	6.77
桂林	10	4.9280	1.22259	0.38662	4.0534	5.8026	2.42	6.00
玉林	9	5.5278	0.63500	0.21167	5.0397	6.0159	4.89	6.42
梧州	14	5.0486	0.93410	0.24965	4.5092	5.5879	3.61	6.24
百色	19	4.3968	1.23631	0.28363	3.8010	4.9927	2.77	6.53
钦州	12	5.0483	1.09158	0.31511	4.3548	5.7419	4.00	6.81
贵港	12	4.6750	1.28073	0.310071	3.8613	5.4887	2.65	6.00

地市名称	N	均值	标准差	标准误	均值的95% 置信区间		极小值	极大值
					下限	上限		
崇左	12	5.4317	0.61273	0.17688	5.0424	5.8210	4.70	6.58
防城港	12	4.7125	1.32666	0.38297	3.81006	5.5554	3.19	6.58
河池	4	4.4825	2.04998	1.02499	1.2205	7.7445	2.37	6.24
来宾	13	5.5262	0.70407	0.19527	5.1007	5.9516	4.70	6.53
贺州	15	5.4320	0.58275	0.15047	5.1093	5.7547	4.23	6.35
总数	192	5.0891	1.04139	0.07516	4.9409	5.2374	2.37	6.81

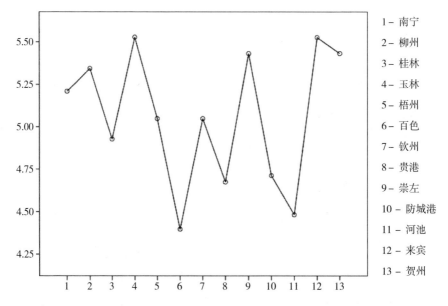

1 – 南宁
2 – 柳州
3 – 桂林
4 – 玉林
5 – 梧州
6 – 百色
7 – 钦州
8 – 贵港
9 – 崇左
10 – 防城港
11 – 河池
12 – 来宾
13 – 贺州

图5-7 广西13个地市样本企业履行推进民族地区社会和谐发展社会责任均值折线图

从表5-8和图5-7可以看出,广西192家样本企业在履行推进民族地区社会和谐发展方面的总体得分均值为中等水平,但也有4个地市的样本企业得分均值处于及格水平,其中得分最低的为百色的样本企业,其均值仅为4.3968。

总之,本章采用熵权法对广西192个样本企业的社会责任水平进行了测度和分析。首先,介绍了熵、熵权及熵权法应用的具体步骤,然后基于192个样本运用熵权法分两步计算了广西企业社会责任的各题项和各维度指标权重,在此基础上,计算出广西企业社会责任水平,结果表明,总体上,广西企业社会责任水平处于中等水平。在企业社会责任水平的五个维度中,广西企业在履行创造社会财富社会责任方面表现最好,达到良好水平,而在履行做遵纪守法的企业公民社会责任方面表现相对逊色,处于及格与中等水平的临界状态,其他三方面社会责任的履行方面均处于中等水平。

最后,文章比较分析了广西 13 个地市样本企业社会责任整体水平及其各维度水平。总体来看,玉林样本企业的社会责任水平最高,而百色企业的社会责任水平最低。此外,我们还比较分析了 13 个地市样本企业在企业社会责任五个维度上的表现。

第六章　企业及其最高管理者特征的
企业社会责任影响分析

在第三章中我们提出了 14 个研究假设并用开发的问卷收集了相应的资料数据,在第四章中,我们运用结构方程模型验证了假设 9—14 的 6 个研究假设,在第五章我们又用熵权法计算了 192 家一般企业的企业社会责任总体得分和各维度得分。本章我们将结合第五章的计算结果,运用方差分析(Analysis of Variance,简称 ANOVA)法对其余的研究假设进行检验。

第一节　企业特征对企业社会责任的影响

本节将利用 SPSS19.0 软件的 ANOVA 功能,研究企业规模、企业所属行业、企业所在区位、企业所有权类型和成立时间对广西企业社会责任整体及各维度是否存在显著影响。

一、企业规模对企业社会责任水平的影响

为探究企业规模对企业社会责任的影响,我们将企业规模分为小型企业、中型企业和大型企业。由于企业规模类型受行业的影响较大,没有统一的标准,因此,本研究没有依据企业员工人数或固定资产数或销售额来确定企业规

模,而是由答题者依据企业的实际情况来回答。表 6-1 是企业规模对广西企业社会责任影响的方差分析结果。

表 6-1 企业规模对广西企业社会责任影响的方差分析

		离差和	Df	均方差	F 统计量	Sig.
企业社会责任	组间	10.341	2	5.717	9.449	0.000
	组内	103.424	189	0.547		
创造社会财富	组间	10.615	2	5.308	10.116	0.000
	组内	99.162	189	0.525		
促进民族地区人与自然和谐共生	组间	9.442	2	4.721	5.564	0.004
	组内	160.349	189	0.848		
做遵纪守法的企业公民	组间	5.924	2	2.962	5.810	0.003
	组内	95.385	189	0.505		
内部管理人本化	组间	9.462	2	4.731	5.653	0.004
	组内	158.175	189	0.837		
推进民族地区社会和谐发展	组间	21.807	2	10.904	11.119	0.000
	组内	185.333	189	0.981		

表 6-1 的 Sig.数据表明,企业规模对企业社会责任总体水平及其各维度水平的影响均存在显著差异。为进一步了解其差异源,需进行多重比较。表 6-2 是对企业规模影响的 LSD 多重比较结果。

表 6-2 企业规模影响的 LSD 多重比较

独立变量	企业规模（I）	企业规模（J）	均值差（I-J）	标准误	显著性
企业社会责任	小型企业	中型企业	0.02812	0.12828	0.827
		大型企业	-0.610060*	0.16002	0.000
	中型企业	小企业	-0.02812	0.12828	0.827
		大型企业	-0.100773*	0.18150	0.000

独立变量	企业规模（I）	企业规模（J）	均值差（I-J）	标准误	显著性
创造社会财富	小型企业	中型企业	0.46553 *	0.12561	0.000
		大型企业	-0.26040	0.15610	0.098
	中型企业	小企业	-0.46553 *	0.12561	0.000
		大型企业	-0.72594 *	0.17772	0.000
促进民族地区人与自然和谐共生	小型企业	中型企业	-0.21031	0.15973	0.190
		大型企业	-0.65376 *	0.19925	0.001
	中型企业	小企业	0.21031	0.15973	0.190
		大型企业	-0.44344	0.22600	0.051
做遵纪守法的企业公民	小型企业	中型企业	-0.13545	0.12320	0.273
		大型企业	-0.52374 *	0.15368	0.001
	中型企业	小企业	0.13545	0.12320	0.273
		大型企业	-0.38829 *	0.17431	0.027
内部管理人本化	小型企业	中型企业	0.09007	0.15864	0.571
		大型企业	-0.61450 *	0.19790	0.002
	中型企业	小企业	-0.09007	0.15864	0.571
		大型企业	-0.70457 *	0.22446	0.002
推进民族地区社会和谐发展	小型企业	中型企业	0.05834	0.17172	0.734
		大型企业	-0.96621 *	0.21421	0.000
	中型企业	小企业	-0.05834	0.17172	0.734
		大型企业	-1.02455 *	0.24297	0.000

注：* 表示平均差异在 0.05 水平下是显著的。

从表 6-2 所示的 SDL 多重比较结果来看，企业规模对企业社会责任水平存在显著影响，但其影响程度视具体责任而定。就企业社会责任整体综合水平而言，大型企业明显有别于小型和中型企业，而小型企业和中型企业之间没有显著的差异；就履行创造社会财富社会责任而言，它们之间呈明显的"V"形，中型样本企业的社会责任水平相对低于小型企业和大型企业，尽管中型企业的社会责任水平高于小型企业,但在5%的置信水平下,没有显著差异,而在10%的置信水平下,存在显著差异。就履行促进民族地区人与自然和谐共生而言,小型企业与中型企业之间没有显著差异,但其与大型企业之间存在显著差异,而中型企业与大型企业之间在5%的置信水平下不存在显著差异,但在10%的置信水平下存在显著差异。在履行做遵纪守法的企业公民、内部管理人本化和推进民族地区社会和谐发展方面,小型企业与中型企业均没有显著差异,但其与大型企业之间均存在显著差异,其图形均具有"V"型特征,但这种特征不是非常明显。

根据上述样本企业数据的 ANOVA 分析和 LSD 多重比较结果,我们可以得出企业规模对企业履行社会责任有显著影响,即本研究提出的第 1 个研究假设及其 5 个分假设得到了样本数据的支持。

二、企业的产业属性对企业社会责任水平的影响分析

为探究企业所在产业属性对企业社会责任的影响,以验证研究假设 2,我们按照惯例将企业所在产业分为第一、第二和第三产业。表 6-3 是企业所属行业对广西企业社会责任影响的方差分析结果。

表 6-3　企业的产业属性对广西企业社会责任影响的方差分析

		离差和	Df	均方差	F 统计量	Sig.
企业社会责任	组间	6.985	2	3.493	6.182	0.003
	组内	106.780	189	0.565		
创造社会财富	组间	6.163	2	3.081	5.621	0.004
	组内	103.614	189	0.548		
促进民族地区人与自然和谐共生	组间	2.952	2	1.476	1.672	0.191
	组内	166.838	189	0.883		
做遵纪守法的企业公民	组间	4.006	2	2.003	3.890	0.022
	组内	97.304	189	0.515		

续表

		离差和	Df	均方差	F 统计量	Sig.
内部管理人本化	组间	16.905	2	8.452	10.598	0.000
	组内	150.731	189	0.798		
推进民族地区社会和谐发展	组间	9.040	2	4.520	4.312	0.015
	组内	198.100	189	1.048		

表 6-3 的 Sig. 的数据表明,企业所在行业对企业履行社会责任的整体水平及企业社会责任的创造社会财富、做遵纪守法的企业公民、内部管理人本化和推进民族地区社会和谐发展四个维度的履行水平均存在显著差异。为确切了解不同产业企业间的这种具体差异,我们需要进行 LSD 多重比较。表 6-4 是企业的产业属性影响的 LSD 多重比较结果。

表 6-4 企业的产业属性影响的 LSD 多重比较

独立变量	所在产业(I)	所在产业(J)	均值差(I-J)	标准误	显著性
企业社会责任	第三产业	第二产业	-0.46247*	0.14225	0.001
		第一产业	-0.12550	0.21419	0.559
	第二产业	第三产业	0.46247*	0.14225	0.001
		第一产业	0.331006	0.18393	0.010
创造社会财富	第三产业	第二产业	-0.46762*	0.14013	0.001
		第一产业	-0.43113*	0.21099	0.042
	第二产业	第三产业	0.46762*	0.14013	0.001
		第一产业	0.03649	0.18118	0.841
做遵纪守法的企业公民	第三产业	第二产业	-0.27051*	0.13580	0.048
		第一产业	0.12280	0.20447	0.549
	第二产业	第三产业	0.27051*	0.13580	0.048
		第一产业	0.39331*	0.17558	0.026

续表

独立变量	所在产业(I)	所在产业(J)	均值差(I-J)	标准误	显著性
内部管理人本化	第三产业	第二产业	-0.76748*	0.110001	0.000
		第一产业	-0.44833	0.25448	0.080
	第二产业	第三产业	0.76748*	0.110001	0.000
		第一产业	0.31915	0.21853	0.146
推进民族地区社会和谐发展	第三产业	第二产业	-0.45285*	0.19376	0.020
		第一产业	0.07880	0.29174	0.787
	第二产业	第三产业	0.45285*	0.19376	0.020
		第一产业	0.53164*	0.25052	0.035

注:*表示平均差异在 0.05 水平下是显著的。

从表 6-4 所示的 LSD 多重比较结果可以看出,就企业社会责任整体水平而言,第一和第三产业企业之间不存在显著差异,在第二和第三产业企业之间存在显著差异,而在第一和第二产业企业之间,在 5%的置信水平下不存在显著差异,但在 10%的置信水平下有显著差异。就创造社会财富而言,第一和第二产业企业之间没有显著差异,但在第一、第二和第三产业企业之间均存在显著差异,且第二产业企业的表现最好。在履行做遵纪守法的企业公民方面,第二产业企业与第一和第三产业企业之间存在显著差异,而第一和第三产业企业之间没有显著的差异性。在内部管理人本化和推进民族地区社会和谐发展方面,第一和第三产业企业之间在 5%的置信水平下不存在显著差异,而在第一、第三产业企业与第二产业企业之间存在显著的差异性。

从上述一般企业方差分析和 LSD 多重比较分析结果,我们可以认为,先前提出的研究假设 2 及 4 个子假设得到了样本统计数据的支持,但其子假设 H2b 没有得到样本统计数据的支持。

三、企业所在区位对其社会责任水平的影响分析

为分析企业所在区位对其社会责任水平的影响,我们将企业所在地理位置(区位)分为市区、县城和乡镇三大类。表6-5是企业所在区位对企业社会责任水平影响的方差分析结果。

表6-5　企业所在区位对企业社会责任水平影响的方差分析

		离差和	Df	均方差	F 统计量	Sig.
企业社会责任	组间	21.408	2	10.704	21.905	0.000
	组内	92.357	189	0.489		
创造社会财富	组间	4.581	2	2.290	4.115	0.018
	组内	105.196	189	0.557		
促进民族地区人与自然和谐共生	组间	28.249	2	14.125	18.861	0.000
	组内	141.541	189	0.749		
做遵纪守法的企业公民	组间	24.112	2	12.056	29.517	0.000
	组内	77.197	189	0.408		
内部管理人本化	组间	27.762	2	13.881	18.756	0.000
	组内	139.875	189	0.740		
推进民族地区社会和谐发展	组间	23.783	2	11.892	12.258	0.000
	组内	183.357	189	0.970		

从表6-5的方差分析结果可以看出,企业所在区位对企业履行社会责任及各维度都存在显著影响。为确切了解企业不同区位间的这种具体差异,我们还需要进行LSD多重比较。表6-6是对企业所在区位的LSD法多重比较结果。

表 6-6　企业所在区位影响的 LSD 多重比较

独立变量	所在区位（I）	所在区位（J）	均值差（I-J）	标准误	显著性
企业社会责任	市区	县城	1.27618*	0.20142	0.000
		乡镇	0.45362*	0.18857	0.017
	县城	市区	−1.27618*	0.20142	0.000
		乡镇	−0.82256*	0.26489	0.002
创造社会财富	市区	县城	0.40273	0.21496	0.063
		乡镇	0.46544*	0.20125	0.022
	县城	市区	−0.40273	0.21496	0.063
		乡镇	0.06272	0.28270	0.825
促进民族地区人与自然和谐共生	市区	县城	1.52758*	0.24935	0.000
		乡镇	0.21353	0.23344	0.362
	县城	市区	−1.52758*	0.24935	0.000
		乡镇	−1.31405*	0.32792	0.000
做遵纪守法的企业公民	市区	县城	1.40523*	0.18415	0.000
		乡镇	0.251003	0.17240	0.138
	县城	市区	−1.40523*	0.18415	0.000
		乡镇	−1.14831*	0.24218	0.000
内部管理人本化	市区	县城	1.35576*	0.24787	0.000
		乡镇	0.73719*	0.23206	0.002
	县城	市区	−1.35576*	0.24787	0.000
		乡镇	−0.61856	0.32599	0.059
推进民族地区社会和谐发展	市区	县城	1.32988*	0.28380	0.000
		乡镇	0.52121	0.26510	0.051
	县城	市区	−1.32988*	0.28380	0.000
		乡镇	−0.80867*	0.37323	0.032

注：* 均值差的显著性水平为 0.05。

从表 6-6 所示的 LSD 多重比较结果可以看出，企业所在区位对企业社会责任整体水平的影响存在显著差异,这种差异不仅表现在位于市区和县城的企业之间,而且也表现在位于县城和乡镇的企业之间。从其均值来看,位于市区的企业表现最好,其次是位于乡镇的企业,再次是位于县城的企业。从履行创造社会财富这一企业社会责任维度来看,位于市区和县城的样本企业的社会责任水平在5%的置信水平下没有显著差异,但在10%的置信水平下有明显差异。而位于县城的企业与位于乡镇的企业在履行创造社会财富这一社会责任方面没有显著差异。从其均值来看,位于市区的企业表现最好,其次是位于县城的,最后是位于乡镇的。从履行促进民族地区人与自然和谐共生这一企业社会责任维度来看,位于市区与位于县城的企业之间有显著差异,与位于乡镇的企业之间不存在显著差异,而位于县城的企业与位于乡镇的企业之间也存在显著的差异。

基于上面的方差分析和LSD多重比较结果,我们认为,样本数据支持了研究假设3及其5个子假设。

四、企业所有权类型对企业社会责任水平影响的方差分析

为分析企业所有权类型是否显著影响企业的社会责任水平,我们将企业按所有权类型分为国有或国有控股企业、集体企业、股份制和私营企业四类。表6-7列示了企业所有权类型对企业社会责任及各维度水平的方差分析结果。

表6-7　企业所有权类型对企业社会责任的方差分析

		离差和	Df	均方差	F 统计量	Sig.
企业社会责任	组间	4.417	3	1.472	2.531	0.058
	组内	109.348	188	0.582		
创造社会财富	组间	2.347	3	0.782	1.310	0.254
	组内	107.430	188	0.571		

续表

		离差和	Df	均方差	F 统计量	Sig.
促进民族地区人与自然和谐共生	组间	5.9100	3	1.990	2.283	0.080
	组内	163.821	188	0.871		
做遵纪守法的企业公民	组间	4.591	3	1.530	2.975	0.033
	组内	96.718	188	0.514		
内部管理人本化	组间	3	3.823	3.823	4.603	0.004
	组内	188	0.831	0.831		
推进民族地区社会和谐发展	组间	3.682	3	1.227	1.134	0.337
	组内	203.458	188	1.082		

表 6-7 的方差分析结果表明,企业所有制类型对企业社会责任在 5% 的置信水平下,差异不显著,但在 10% 的置信水平下,存在着显著差异。企业所有制类型只在做遵纪守法的企业公民和内部管理人本化两个维度存在显著差异。为进一步了解各种类型所有制的差异,我们还须进一步进行 LSD 多重比较。表 6-8 是对企业所有制类型影响的 LSD 法多重比较结果。

表 6-8　企业所有制类型影响的 LSD 多重比较

独立变量	所在区位(I)	所在区位(J)	均值差(I-J)	标准误	显著性
做遵纪守法的企业公民	国有或国有控股	集体企业	0.99333*	0.47817	0.039
		股份制企业	0.27833	0.27484	0.312
		私营企业	0.54254*	0.24606	0.029
	集体企业	国有或国有控股	-0.99333*	0.47817	0.039
		股份制企业	-0.71500	0.43573	0.102
		私营企业	-0.45079	0.41818	0.282
	股份制企业	国有或国有控股	-0.27833	0.27484	0.312
		集体企业	0.71500	0.43573	0.102
		私营企业	0.26421	0.14751	0.075

续表

独立变量	所在区位（I）	所在区位（J）	均值差（I-J）	标准误	显著性
内部管理人本化	国有或国有控股	集体企业	1.04889	0.60761	0.086
		股份制企业	0.24460	0.34923	0.485
		私营企业	0.78277*	0.31267	0.013
	集体企业	国有或国有控股	-1.04889	0.60761	0.086
		股份制企业	-0.80429	0.55368	0.148
		私营企业	-0.26612	0.53137	0.617
	股份制企业	国有或国有控股	-0.24460	0.34923	0.485
		集体企业	0.80429	0.55368	0.148
		私营企业	0.53817*	0.18743	0.005

注：*均值差的显著性水平为 0.05。

表 6-8 的 LSD 多重比较结果表明，在履行做遵纪守法公民这一社会责任方面，国有或国有控股企业与集体和私营企业之间存在显著差异，而与股份制企业之间没有显著差异；集体企业与股份制企业和私营企业之间及股份制企业与私营企业之间均不存在显著差异。

基于上述方差分析和 LSD 多重比较结果，我们认为，样本数据没有支持上文提出的研究假设 4，且子假设 H4a、H4b、He 也没有得到样本数据的支持，但子假设 H4c、H4d 获得了样本数据的支持。

五、企业成立时间对企业社会责任水平影响的方差分析

为分析企业成立时间长短对企业社会责任水平的影响，本研究将企业成立时间以 5 年为间隔期，分 4 个时间段，即 n<5 年、5 年≤n<10 年、10 年≤n<15 年和 n≥15 年。表 6-9 是企业成立时间对企业社会责任水平影响的方差分析。

表6-9 企业成立时间对企业社会责任水平影响的方差分析

		离差和	Df	均方差	F 统计量	Sig.
企业社会责任	组间	8.006	3	2.6100	4.744	0.003
	组内	105.759	188	0.563		
创造社会财富	组间	2.356	3	0.785	1.374	0.252
	组内	107.421	188	0.571		
促进民族地区人与自然和谐共生	组间	17.767	3	5.922	7.324	0.000
	组内	152.023	188	0.809		
做遵纪守法的企业公民	组间	5.749	3	1.916	3.770	0.012
	组内	95.561	188	0.508		
内部管理人本化	组间	8.755	3	2.918	3.453	0.018
	组内	158.881	188	0.845		
推进民族地区社会和谐发展	组间	10.776	3	3.592	3.439	0.018
	组内	196.364	188	1.044		

表6-9的方差分析结果表明,不同成立时间的企业在企业社会责任总体水平及除创造社会财富外的其他四个维度的履行方面存在显著差异,但是不是这种差异存在于所有成立于不同时间段的企业之间? 为回答这个问题,我们还必须进行 LSD 多重比较。表6-10 列示了企业成立时间的 LSD 多重比较结果。

表6-10 企业成立时间影响的 LSD 多重比较

独立变量	成立时间(I)	成立时间(J)	均值差(I-J)	标准误	显著性
企业社会责任	n<5 年	5 年≤n<10 年	0.24929	0.14183	0.080
		10 年≤n<15 年	-0.09826	0.16867	0.561
		n ≥15 年	-0.29873*	0.14474	0.040
	5 年≤n<10 年	n<5 年	-0.24929	0.14183	0.080
		10 年≤n<15 年	-0.34756*	0.17079	0.043
		n ≥15 年	-0.54802*	0.14720	0.000
	10 年≤n<15 年	n<5 年	0.09826	0.16867	0.561
		5 年≤n<10 年	0.34756*	0.17079	0.043
		n ≥15 年	-0.20047	0.17321	0.249

续表

独立变量	成立时间（I）	成立时间（J）	均值差（I-J）	标准误	显著性
促进民族地区人与自然和谐共生	n<5年	5年≤n<10年	0.09654	0.17005	0.571
		10年≤n<15年	-0.22161	0.20223	0.275
		n≥15年	-0.66388*	0.17354	0.000
	5年≤n<10年	n<5年	-0.09654	0.17005	0.571
		10年≤n<15年	-0.31815	0.20477	0.122
		n≥15年	-0.76041*	0.17649	0.000
	10年≤n<15年	n<5年	0.22161	0.20223	0.275
		5年≤n<10年	0.31815	0.20477	0.122
		n≥15年	-0.44227*	0.20767	0.035
做遵纪守法的企业公民	n<5年	5年≤n<10年	0.32933*	0.13482	0.016
		10年≤n<15年	0.20589	0.16033	0.201
		n≥15年	-0.09965	0.13759	0.470
	5年≤n<10年	n<5年	-0.32933*	0.13482	0.016
		10年≤n<15年	-0.12344	0.16235	0.448
		n≥15年	-0.42898*	0.13992	0.002
	10年≤n<15年	n<5年	-0.20589	0.16033	0.201
		5年≤n<10年	0.12344	0.16235	0.448
		n≥15年	-0.30553	0.16465	0.065
内部管理人本化	n<5年	5年≤n<10年	0.30461	0.17384	0.081
		10年≤n<15年	-0.20057	0.20674	0.333
		n≥15年	-0.22544	0.17741	0.205
	5年≤n<10年	n<5年	-0.30461	0.17384	0.081
		10年≤n<15年	-0.50519*	0.20933	0.017
		n≥15年	-0.53005*	0.18042	0.004
	10年≤n<15年	n<5年	0.20057	0.20674	0.333
		5年≤n<10年	0.50519*	0.20933	0.017
		n≥15年	-0.02487	0.21230	0.907

续表

独立变量	成立时间（I）	成立时间（J）	均值差（I-J）	标准误	显著性
推进民族地区社会和谐发展	n<5 年	5 年≤n<10 年	0. 39623*	0. 19326	0. 042
		10 年≤n<15 年	−0. 10855	0. 22984	0. 637
		n ≥15 年	−0. 21175	0. 19723	0. 284
	5 年≤n<10 年	n<5 年	−0. 39623*	0. 19326	0. 042
		10 年≤n<15 年	−0. 50478*	0. 23272	0. 031
		n ≥15 年	−0. 60798*	0. 20058	0. 003
	10 年≤n<15 年	n<5 年	0. 10855	0. 22984	0. 637
		5 年≤n<10 年	0. 50478*	0. 23272	0. 031
		n ≥15 年	−0. 10320	0. 23602	0. 662

注：* 均值差的显著性水平为 0. 05。

从表 6-10 可以看出,对于企业社会责任总体水平而言,成立时间 $n \in (0, 5)$ 区间的企业与 $n \in [5, 15)$ 的企业在 5% 的显著性水平下没有显著差异,但显著小于成立时间 $n \in [15, \infty)$ 的企业,成立时间 $n \in [5, 10)$ 区间的企业显著小于成立时间 $n \in [10, \infty)$ 的企业,而成立时间 $n \in [10, 15)$ 与 $n \in [15, \infty)$ 并没有显著差异。对于履行促进民族地区人与自然和谐共生责任而言,成立时间 $n \in (0, 15)$ 区间内的企业之间没有显著差别,而 $n \in (0, 15)$ 与 $n \in [15, \infty)$ 区间的企业之间存在显著差别。总体而言,成立时间越长,企业在履行促进民族地区人与自然和谐共生方面的表现也越好。对于履行做遵纪守法的企业公民这一社会责任而言,成立时间 $n \in (0, 5)$ 区间的企业与 $n \in [5, 10)$ 的企业存在显著差异,而与 $n \in [10, \infty)$ 的企业没有显著差异；$n \in [5, 10)$ 的企业与 $n \in (0, 5)$ 和 $[15, \infty)$ 区间的企业存在显著差异,其他不存在显著差异。对于内部人本化这一社会责任而言,成立时间 $n \in [5, 10)$ 与 $[10, \infty)$ 的企业存在显著差异。就履行推进民族地区社会和谐发展而言,成立时间 $n \in (0, 5)$ 区间的企业与 $n \in [5, 10)$ 的企业没有显著差异,成立时间 $n \in [5, 10)$ 与其他时间段的企业存在着显著的差异。

上述关于企业成立时间对企业社会责任及存在显著差异的四个维度的 LSD 分析表明,企业成立时间对企业履行促进民族地区人与自然和谐共生、做遵纪守法的企业公民、内部管理人本化和推进民族地区社会和谐发展等社会责任维度及总体社会责任存在显著影响,但这种影响与成立时间的关系并非呈现出线性变化。

由上述关于企业成立时间对企业社会责任影响的方差分析和 LSD 分析结果,我们可以认为,假设 5 及其中的 4 个子假设得到了统计数据的支持,仅有 1 个子假设没有得到数据的支持。

第二节　企业最高管理者特征对企业社会责任的影响

一、企业最高管理者的性别差异的方差分析

企业最高管理者的性别差异对企业社会责任水平影响的方差分析结果见表 6-11。

表 6-11　企业最高管理者的性别差异对企业社会责任影响的方差分析

		离差和	Df	均方差	F 统计量	Sig.
企业社会责任	组间	0.962	1	0.962	1.620	0.205
	组内	112.803	190	0.594		
创造社会财富	组间	0.497	1	0.497	0.863	0.354
	组内	109.280	190	0.575		
促进民族地区人与自然和谐共生	组间	0.05	1	0.05	0.056	0.812
	组内	1100.740	190	0.893		

续表

		离差和	Df	均方差	F 统计量	Sig.
做遵纪守法的企业公民	组间	0.817	1	0.817	1.544	0.216
	组内	100.493	190	0.529		
内部管理人本化	组间	1.434	1	1.434	1.640	0.202
	组内	166.202	190	0.875		
推进民族地区社会和谐发展	组间	2.303	1	2.303	2.137	0.145
	组内	204.837	190	1.078		

表 6-11 中方差分析的结果表明,企业最高管理者的性别差异对企业社会责任及其五个维度的影响并不显著,因此,假设 6 及其 5 个子假设均没有得到统计数据的支持。

二、企业最高管理者的文化差异的方差分析

为分析企业最高管理者受教育程度对企业社会责任的影响,我们将最高管理者接受教育的程度分为硕士研究生、本科生、大专生及大专以下四种。表 6-12 具体展现了企业最高管理者的文化差异对企业社会责任影响的方差分析结果。

表 6-12　企业最高管理者的文化差异对企业
社会责任水平影响的方差分析

		离差和	Df	均方差	F 统计量	Sig.
企业社会责任	组间	5.048	3	1.683	2.910	0.036
	组内	108.718	188	0.578		
创造社会财富	组间	1.135	3	0.378	0.655	0.581
	组内	108.642	188	0.578		
促进民族地区人与自然和谐共生	组间	3.590	3	1.197	1.354	0.258
	组内	166.201	188	0.884		

续表

		离差和	Df	均方差	F 统计量	Sig.
做遵纪守法的企业公民	组间	5.727	3	1.909	3.755	0.012
	组内	95.583	188	0.508		
内部管理人本化	组间	6.712	3	2.237	2.614	0.053
	组内	160.925	188	0.856		
推进民族地区社会和谐发展	组间	9.654	3	3.218	3.063	0.029
	组内	197.486	188	1.050		

　　表 6-12 的方差分析结果表明,在 10% 的显著性水平下,企业最高管理者的文化程度差异会显著影响企业社会责任的整体水平,同时会显著影响企业履行做遵纪守法的企业公民、内部管理人本化和推进民族地区社会和谐发展等社会责任,但对履行创造社会财富和促进民族地区人与自然和谐共生社会责任的影响并不显著。为进一步了解最高管理者文化层次差异影响的具体情况,我们还须进一步进行 LSD 多重比较。表 6-13 是对企业最高管理者文化差异影响的 LSD 多重比较结果。

表 6-13　企业最高管理者文化差异影响的 LSD 多重比较

独立变量	企业最高管理者文化程度(I)	企业最高管理者文化程度(J)	均值差(I-J)	标准误	显著性
企业社会责任	硕士研究生	本科生	0.47302*	0.18495	0.011
		大专生	0.56597*	0.19783	0.005
		大专以下	0.40998*	0.19341	0.035
	本科生	硕士研究生	-0.47302*	0.18495	0.011
		大专生	0.09295	0.14413	0.520
		大专以下	-0.06304	0.13799	0.648
	大专生	硕士研究生	-0.56597*	0.19783	0.005
		本科生	-0.09295	0.14413	0.520
		大专以下	-0.15599	0.15483	0.315

续表

独立变量	企业最高管理者文化程度(I)	企业最高管理者文化程度(J)	均值差(I-J)	标准误	显著性
做遵纪守法的企业公民	硕士研究生	本科生	0.51271*	0.17342	0.004
		大专生	0.58545*	0.18549	0.002
		大专以下	0.38988*	0.18135	0.033
	本科生	硕士研究生	−0.51271*	0.17342	0.004
		大专生	0.07274	0.13514	0.591
		大专以下	−0.12284	0.12939	0.344
	大专生	硕士研究生	−0.58545*	0.18549	0.002
		本科生	−0.07274	0.13514	0.591
		大专以下	−0.19558	0.14517	0.180
内部管理人本化	硕士研究生	本科生	0.50644*	0.22502	0.026
		大专生	0.66756*	0.240100	0.006
		大专以下	0.49423*	0.23531	0.037
	本科生	硕士研究生	−0.50644*	0.22502	0.026
		大专生	0.16112	0.17535	0.359
		大专以下	−0.01221	0.16789	0.942
	大专生	硕士研究生	−0.66756*	0.240100	0.006
		本科生	−0.16112	0.17535	0.359
		大专以下	−0.17332	0.18837	0.359
推进民族地区社会和谐发展	硕士研究生	本科生	0.58613*	0.24927	0.020
		大专生	0.80504*	0.26663	0.003
		大专以下	0.57663*	0.26067	0.028
	本科生	硕士研究生	−0.58613*	0.24927	0.020
		大专生	0.21891	0.19425	0.261
		大专以下	−0.00951	0.18599	0.959
	大专生	硕士研究生	−0.80504*	0.26663	0.003
		本科生	−0.21891	0.19425	0.261
		大专以下	−0.22841	0.20867	0.275

注:* 表示平均差异在 0.05 水平下是显著的。

从表6-13的LSD比较结果可以看出,就企业社会责任、做遵纪守法的企业公民、内部管理人本化和推进民族地区社会和谐发展等社会责任而言,最高管理者为硕士研究生的企业显著高于其他文化层次的企业,而最高管理者为本科、大专和大专以下文化层次的企业之间的差异性并不显著。

表6-12和表6-13的分析结果表明,企业最高管理者的文化差异对企业社会责任及做遵纪守法的企业公民、内部管理人本化和推进民族地区社会和谐发展三个维度的影响在95%的置信水平下存在着,因此,假设7及其子假设3、子假设4和子假设5得到了统计数据的支持。

三、企业最高管理者宗教信仰差异的方差分析

为探求企业最高管理者的宗教信仰是否会影响企业社会责任行为,我们对最高管理者有宗教信仰和没有宗教信仰进行了方差分析,分析结果见表6-14。

表6-14　企业最高管理者的宗教信仰差异对企业
社会责任水平影响的方差分析

		离差和	Df	均方差	F统计量	Sig.
企业社会责任	组间	0.661	1	0.661	1.110	0.293
	组内	113.105	190	0.595		
创造社会财富	组间	1.210	1	1.210	2.117	0.147
	组内	108.567	190	0.571		
促进民族地区人与自然和谐共生	组间	1.668	1	1.668	1.885	0.171
	组内	168.123	190	0.885		
做遵纪守法的企业公民	组间	0.997	1	0.997	1.889	0.171
	组内	100.312	190	0.528		
内部管理人本化	组间	2.037	1	2.037	2.337	0.128
	组内	165.599	190	0.872		
推进民族地区社会和谐发展	组间	0.496	1	0.496	0.456	0.500
	组内	206.644	190	1.088		

从表 6-14 方差分析的结果可以看出,企业最高管理者的宗教信仰对企业履行社会责任行为没有显著的影响。由此我们认为,假设 8 及其对应的 5 个子假设均没有得到统计数据的支持。

总之,应用单因素方差分析法分析了样本企业特征及其最高管理者特征对企业社会责任的影响。分析结果表明,研究中提出的 8 个研究假设及其 40 个子假设,有 3 个假设及 17 个子假设没有得到样本数据的支持。

表 6-15 研究假设 1—8 及其子假设的验证结果

研究假设	是否得到样本数据支持	研究假设	是否得到样本数据支持
H1	获得了样本数据支持	H5	获得了样本数据支持
H1a	获得了样本数据支持	H5a	没有获得样本数据支持
H1b	获得了样本数据支持	H5b	获得了样本数据支持
H1c	获得了样本数据支持	H5c	获得了样本数据支持
H1d	获得了样本数据支持	H5d	获得了样本数据支持
H1e	获得了样本数据支持	H5e	获得了样本数据支持
H2	获得了样本数据支持	H6	没有获得样本数据支持
H2a	获得了样本数据支持	H6a	没有获得样本数据支持
H2b	没有获得样本数据支持	H6b	没有获得样本数据支持
H2c	获得了样本数据支持	H6c	没有获得样本数据支持
H2d	获得了样本数据支持	H6d	没有获得样本数据支持
H2e	获得了样本数据支持	H6e	没有获得样本数据支持
H3	获得了样本数据支持	H7	获得了样本数据支持
H3a	获得了样本数据支持	H7a	没有获得样本数据支持
H3b	获得了样本数据支持	H7b	没有获得样本数据支持
H3c	获得了样本数据支持	H7c	获得了样本数据支持
H3d	获得了样本数据支持	H7d	获得了样本数据支持
H3e	获得了样本数据支持	H7e	获得了样本数据支持
H4	没有获得样本数据支持	H8	没有获得样本数据支持
H4a	没有获得样本数据支持	H8a	没有获得样本数据支持
H4b	没有获得样本数据支持	H8b	没有获得样本数据支持
H4c	获得了样本数据支持	H8c	没有获得样本数据支持
H4d	获得了样本数据支持	H8d	没有获得样本数据支持
H4e	没有获得样本数据支持	H8e	没有获得样本数据支持

第七章 对实证分析结果的讨论

在第三章,我们提出了广西企业社会责任主要影响因素及其效应的研究模型和研究假设并开发了相应的调查问卷。在第四章,我们用结构方程模型研究了企业所在地区的经济发展水平、企业感知的声誉、企业感知的财务状况等因素对企业履行社会责任的影响,并分析了企业履行社会责任对企业社会声誉、企业财务状况和员工满意度的影响。在第五章,我们基于熵权法探究了192个广西样本企业的企业社会责任总体及其各维度的情况,同时比较了14个地市样本企业社会责任总体及其各维度的情况。在第六章,我们采用方差分析法分析了企业规模、企业所属行业、企业区位、企业所有权类型和企业成立时间等企业特征对企业社会责任的影响;同时,也采用方差分析法分析了企业最高管理者的性别、受教育程度和宗教信仰等企业家个人特征对企业履行社会责任的影响。这三部分分析的结果包含了非常丰富的信息,面对这么丰富的结果信息,我们有必要对其做进一步的讨论和解读。

第一节 对企业社会责任评价模型的讨论

一、民族地区(广西)企业社会责任评价模型合理性的讨论

明确民族地区(广西)企业社会责任的评价维度是探究民族地区(广西)企业社会责任的首要问题。文献中,前人对企业社会责任定义、内容边界及评

价维度已进行了广泛而深入的探究,形成了上百种企业社会责任评价维度模型。从理论上说,我们没有必要再为此而自寻烦恼,随便选一个模型套用即可。但企业社会责任内容维度的多样性,恰恰说明目前学术界对企业社会责任评价维度认识的不一致,也间接说明企业社会责任评价具有文化情景依赖性。正是基于对企业社会责任评价具有文化情景依赖性的认知,我们才提出了民族地区(广西)企业社会责任评价的五维模型。

对于所提出的企业社会责任五维模型,我们认为具有相对合理性。之所以如此认为,主要理由有三个:一是模型是以利益相关者理论为理论基础并在结合文献系统梳理的基础上而提出来的,应该说其理论根基还是比较扎实的。虽然直观上看,模型只有五个维度,看似涉及的利益相关者不多,但事实上,这五个维度几乎涉及企业所有的利益相关者。二是提出的五个维度经受了区内36位专家学者及企业管理者的检验和认可。从对36位区内专家学者和企业管理者的调查结果看,其中的四个维度得到被调查人员的一致认可,只有一个被调查者对其中的"做遵纪守法的企业公民"这一评价维度持保留意见。这一调查结果表明,从区内企业社会责任实践者和理论者的角度来看,我们提出的评价模型具有合理性。三是五个维度也得到来自192份有效问卷的实证支持。研究中,我们对所提出的五个维度是否真的是构成民族地区(广西)企业社会责任的维度借助于结构方程模型进行了验证性分析,分析结果表明,提出的五个企业社会责任评价维度在99%信度水平下具有显著统计意义,因此,可以认为用包含着五个维度的企业社会责任模型来评价民族地区(广西)企业的社会责任状况具有适宜性。

综上所述,我们认为本研究所提出的民族地区(广西)企业社会责任评价模型尽管难以说是最合理的,但应该说还是比较恰当的。

二、民族地区(广西)企业社会责任评价模型各维度相对重要性的讨论

正如前文所述,民族地区(广西)企业社会责任由五个维度构成,那么,这

五个维度的相对重要性如何？各维度的重要性是相同还是不同？如果不同，哪些维度相对更重要？在研究中，我们分别使用结构方程模型和熵权法两种方法对这一问题进行了解答。不过，两种方法的结果并不完全一致。从广西企业社会责任评价的二阶因子模型运行结果来看，CRSW、HNCD、BGCC、HMIC 和 NSCD5 个因子的归一化权重向量为(0.206,0.2032,0.1843,0.1951,0.2114)。从二阶因子归一化权重向量中，我们可以得出广西企业社会责任的评价中推进民族地区社会和谐发展(NSCD)维度最重要，创造社会财富(CRSW)维度次之，促进民族地区人与自然和谐共生(HNCD)再次，最后是人性化的内部管理(HMIC)且五个维度的权重差异性不大的结论。但从熵权法计算的结果来看，其归一化的权重向量为(0.1221,0.2086,0.1574,0.2176,0.2943)。在熵权法中，权重最大的是 NSCD，其次是 HMIC，再次是 HNCD，最后是 CRSW，而且各维度权重的差异性比较大。从结构方程模型和熵权法计算的结果来看，差异化最大的是 CRSW 维度和 NSCD 维度，CRSW 维度的权重由 0.206 降为 0.1221，减少了 0.0839，而 NSCD 则由 0.2114 上升到 0.2943，上升了 0.0829。为什么会如此，原因可能主要在于不同研究方法的理论基础具有较大的差异性。结构方程模型是应用线性方程组来系统表示潜变量与各观测变量之间及各潜变量之间关系的一种高级统计方法。就其本质而言，它是一种广义的一般线性模型 GLM，具有估计整个模型拟合程度的系统性、容许自变量和因变量含测量误差的容差性、可以同时处理多个因变量的多因变量性、同时估计因子结构和因子关系的同时全面性等特点(侯杰泰等,2005)，而熵权法主要是根据指标变异性的大小来确定指标的权重的一种方法。一般来说，某个指标的变异性较大，表面该指标提供的信息量较多，在综合评价中所起的作用就较大，故其权重相对就较大。相反，若某个指标的变异性较小，则该指标提供的信息量就较小，在综合评价中所起的作用就较小，故其权重就较小。因此，熵权法中，虽然 CRSW 的权重最小，但并不表示 CRSW 不重要，NSCD 的权重最大，也并不表示 NSCD 在五个维度中最重要，只能说明，在广西企业的社会责任方面,CRSW 的波动性最小,所有被调查的企业在创造社会财富这一重任的履行方面表现一致,具有内在一致性,实际上,这是企业的本质属性的外在表现。而 NSCD 的权重最大,说明广西企业在推进民族地区社会和谐发展方面的表现有较大的差异性,有的企业在这一维度上的表现较好,有的企业在这一维度上的表现较差。当然,熵权法计算各维度权重的结果,也为我们从总体上把握广西企业社会责任五个维度的表现提供了关注线索,权重越大,波动性越大,越应该受到更多关注。

当然,由于两种方法计算结果的较大差异性,那么,我们到底应该采用哪种权重才更合理,这有待于进一步探究。本研究主要使用熵权法来确定五个维度的权重,原因在于我们认为熵权法在确定权重方面"白箱"特征更为明显,而结构方程模型法给人的感觉具有更多的"灰箱"特性。

第二节　民族地区(广西)企业社会
责任履行状况的讨论

一、民族地区(广西)企业社会责任总体评价结果的讨论

采用熵权法,我们得出了民族地区(广西)样本企业社会责任的总体及五个维度的得分。从结果来看,民族地区(广西)样本企业的社会责任总体水平为 5.2651(均值标准差为 0.7718;峰度为 -0.222,峰度的标准误为 0.349;偏度为 -0.100,其标准误为 0.175),如果将其转换为百分制,则为 75.3 分,其分值小于 80 分,这意味着民族地区(广西)样本企业的整体社会责任水平仅为中等,还没有达到良好的水平。样本企业的社会责任总体水平处于中等水平的现实表明,民族地区企业在社会责任履行方面还有很大的改进空间,还需要加大治理力度。

广西样本企业的社会责任水平总体为中等,那么,13 个地市企业的社会

责任水平又如何？从区内 13 个地市样本企业的社会责任水平计算结果来看，各地市的企业社会责任水平参差不齐，存在一定的差异性，如玉林和贺州两市样本企业的企业社会责任水平分别为 5.7756 和 5.7273（相当于百分制的 82.51 分和 81.82 分），达到了良好水平，来宾、南宁、崇左、桂林、柳州、钦州、梧州和贵港样本企业的企业社会责任分值处于 5.0792 到 5.4431 之间（相当于百分制的 72.56 到 77.76），而河池、防城港和百色市样本企业的企业社会责任分值则处于 4.7121 到 4.885 之间，若换算成百分制，相当于处于 67.32 到 69.78 之间，即处于及格偏中水平。南宁市作为广西壮族自治区的首府，会受到更多的社会关注，因此其社会责任水平应该高于其他地市，但结果表明，南宁市的企业社会责任水平并非最高，仅排第四。究其原因，可能与我们在各地市获得的样本数量有关。在 13 个地市中，南宁市获得的样本企业最多，共有 48 家，而玉林市只有 9 家。在样本数量较小的情况下，可能会出现偏差，当然，这种偏差可能为正，也可能为负。这也是本研究的局限所在，如果各地市有更多的样本，那么，结果或许更有说服力。另外，从企业社会责任水平等级的区域分布来看，如果将整个广西划分为桂东、桂南、桂西、桂北和桂中五大区域，似乎并没有表现出规律性和趋势性，由此我们可以认为民族地区企业社会责任实施没有表现出特定的区域性。

二、民族地区（广西）企业社会责任维度评价结果的讨论

（一）创造社会财富

众所周知，企业通过提供满足消费者需求的产品或服务来实现利润最大化，因此，创造社会财富应该是由企业的内在本质属性决定的。从研究结果来看，广西样本企业在这一维度上的表现只能算是差强人意，整体得分折合为百分制只有 80.8 分，勉强达到良好水平。从各地市在这一维度的得分来看，61.54% 的地市样本企业的整体得分均在 80 分以上，只有不到 40% 的地市样本企业的整体得分处于中等水平。玉林市样本企业在这一维度上的得分为

89.16分(百分制),在13个地市中得分最高,比得分最低的百色市样本企业要高出16.10分(百分制)。玉林市样本企业在这一维度上之所以拔得头筹,可能与其地理位置和商业文化有关。玉林毗邻粤港澳,前临北部湾,背靠大西南,面向东南亚,处于华南经济圈与大西南经济圈结合部,地理位置比较优越且交通发达;同时,玉林市又素有"广西温州"之称,市民的商业理念先进,商业氛围浓厚,这些为玉林企业创造社会财富这一社会责任创造了较为良好的外部环境。广西样本企业在创造社会财富这一社会责任维度上的表现说明,民族地区企业在创造社会财富这一社会责任维度上表现良好,这可能与企业的本性特征有关。

(二)促进民族地区人与自然和谐共生

在促进民族地区人与自然和谐共生维度上,广西样本企业的总体平均得分为5.4521,折合百分制得分为77.89分,没有达到80分,这说明民族地区(广西)样本企业在这一维度上总体表现为中等水平,也说明民族地区企业在尊重自然、顺应自然,保护自然生态系统,维护人与自然之间形成的生命共同体方面做得还不够。从广西各地市样本企业在这个维度上的得分来看,仅有38.5%地市企业的平均得分达到良好水平,其余61.5%地市的企业平均得分仅为中等或合格水平。在13个地市中,玉林的企业依然表现突出,接近优秀,而百色企业的平均得分仍是最低,尚没有达到中等水平。这说明,受区位、经济发展等多种因素的影响,不同民族地区企业在履行促进民族地区人与自然和谐共生这一社会责任维度上表现不尽一致。因此,有必要在民族地区加强对党的十九大报告中有关习近平总书记关于人与自然共生论述的学习,牢固树立"绿水青山就是金山银山"和"建设生态文明是中华民族永续发展的千年大计"的理念,并将这些理念转化为在经济活动中自觉维护生态安全、优化生态环境的行为。

(三)做遵纪守法的企业公民

在做遵纪守法的企业公民这一维度上,广西样本企业的总体平均得分为

4.8877分,折合百分制得分为69.824分,没有达到70分,仅处于合格水平。这说明民族地区企业在做合格企业公民方面还非常欠缺,还有很大的改进空间。再看广西区内13个地市样本企业在该维度上的得分,最高分为5.3447,折合成百分制为76.35分,仅达到中等水平。而最低分为4.3116,折合成百分制为61.59分,处于险遭落入不合格区域的尴尬境地。在13个地市中,只有不到一半(46.154%)地市企业的得分达到中等水平,多数(53.846%)地市企业的得分仅达到合格水平。这一方面说明民族地区企业在履行做遵纪守法的企业公民方面整体上还很欠缺;另一方面,也说明不同民族地区企业这方面的表现不尽一致,应该引起企业界和政府相关部门的关注并尽快采取措施加以改善,否则,不仅会影响企业的发展,还将影响民族地区和谐社会的建设。

(四)企业内部管理人本化

样本数据分析结果表明,广西样本企业在内部管理人本化维度上的得分为5.3771,折合百分制得分为76.82分,处于中等水平,而在13个地市企业中,有4个地市达到了良好水平,7个地市达到中等水平,还有2个地市处于合格水平。对于河池市的情况,可能是有效样本太少所致,因为在192个样本中只有4个样本来自河池市,4家企业可能难以有效反映河池市的整体情况,而对于防城港市出现内部管理人本化维度只获得63.74分的原因确实有待于进一步的调查分析。从广西样本企业内部管理人本化情况,可以符合逻辑地认为,民族地区企业在企业内部管理人本化方面做得还不够,还有待于进一步加强。同时,也从另一个侧面表明民族地区相当一部分企业管理者的管理理念还比较落后,没有跟上时代管理的节拍,还停留在过去以"物本"为中心的管理思想时代,因此,民族地区企业管理者,尤其是民族地区中小企业管理者应该加强现代管理理念的学习,转变管理观念,切实从物本管理向人本管理转化。

(五)推进民族地区社会和谐发展

在推进民族地区社会和谐发展维度上,广西样本企业的总体得分为

5.0891,折合成百分制为72.7分,处于中等水平。再看13个地市样本企业的情况,可以发现,近70%地市的企业达到中等水平,只有约30%地市样本企业处于合格的水平。其中,玉林和来宾市样本企业在这个维度上表现相对出色,但依然没有达到良好水平,而河池和百色市样本企业在这个维度上表现略为逊色。广西企业在推进民族地区社会和谐发展这个维度上的表现表明,民族地区企业在推进民族地区社会和谐发展方面整体上的表现充其量算是差强人意,离和谐社会对企业的要求还有一定的距离,因此,企业行政管理部门应该积极鼓励和引导企业作出有利于民族地区社会和谐发展的行为决策,帮助所在社区解决企业力所能及的实际问题,使两者成为真正的发展共生体。

第三节　民族地区(广西)企业社会责任主要影响因素的讨论

现实中,影响企业社会责任的因素有很多。本研究中我们主要探究了企业自身因素和外部经济因素对民族地区(广西)企业社会责任的影响。在企业自身因素方面主要探讨了企业感知的社会声誉、企业感知的财务状况、企业规模、企业所在行业等企业特征因素及企业最高管理者性别、受教育程度和宗教信仰等特征变量对企业社会责任的影响。在企业的外部因素方面,我们主要研究了所在地区的经济发展水平的影响。

一、区域经济发展水平

表4-10展示了模型一的路径分析结果,表4-11显示了模型一中潜变量之间的直接效应、间接效应和总效应。从表4-10的路径系数可以看出,区域经济发展对企业社会责任具有显著的正向影响,即区域经济发展会显著促进企业的社会责任行为,这与李蕊(2019)的研究结论不同,但从直接影响系数来看,其影响程度并不太大,仅为0.18,在所分析的几个因素中,

效应系数值最小①。再从表 4-11 显示的效应值来看,区域经济发展不仅存在直接效应,也存在间接效应,尽管这种间接效应并不具有统计学意义,但其总效应却具有统计学意义,其总效应值为 0.27。

再从表 4-15 列示的模型二的路径分析结果来看,区域经济发展水平对企业社会责任五个维度的效应都具有显著的统计学意义,其值分别为 0.37、0.31、0.26、0.24 和 0.27,也即区域经济发展对当前民族地区(广西)企业创造社会财富责任和促进民族地区人与自然和谐共生维度的正向影响相对较大,效应值均超过 0.3,而对做遵纪守法的企业公民维度及内部管理人本化维度的效应相对较小,其效应值仅为 0.25。不过,总体来看,区域经济发展对企业社会责任五个维度影响的差异性不是很大。

另外,研究中,我们主要使用人均 GDP、居民人均可支配收入和第三产业占 GDP 的比重三项经济指标来反映区域的经济发展水平,为了解三项经济指标对企业社会责任影响的程度,我们又进行了深入分析,分析发现,在这三项经济指标中,人均可支配收入在区域经济发展对企业社会责任影响中的贡献最大,其贡献率值达 38.2353%,人均 GDP 的贡献率次之,其值为 33.1933%,第三产业占 GDP 的比重的贡献率最小,仅为 28.5714%。

上述分析的结果表明,要推进企业社会责任行为,加快区域经济发展,尤其是不断提升人均可支配收入和增加人均 GDP,应该是比较有效的途径之一。这种有效性主要来自两个方面,一是随着区域经济的发展和人均可支配收入的增加,会激发人们对美好生活更强烈的追求,而更好的经济状态、人与自然更好的共生关系及更为和谐的社会关系无疑是人们追求的美好生活图景中的重要组成部分。这样,一方面,作为社会成员一分子的企业员工,特别是企业管理者,会逐渐把这种追求转变成企业社会责任行为的行动自觉和内在动力;另一方面,作为构成社会主体的公众也会将这种追求转化成自觉监督企

---

① 参见李蕊:《财务会计视角下企业履行社会责任的影响因素研究》,《陇东学院学报》2019 年第 2 期,第 120—123 页。

业逆社会责任行为的行动,如此形成对企业逆社会责任行为的外部约束。正是这种内在动力和外部约束推动着企业的责任行为的正向演进。此外,由于区域经济增长马太效应的存在(朱明春,1990),使得经济越发展,即人均 GDP 和人均可支配收入越高,区域内企业的市场意识就越强,也越能激发企业开展生产经营活动的内在动力,进而提升企业创造社会财富和内部管理人本化的社会责任水平[①]。

　　总体来看,我们的研究结论支持了李双龙(2005)、杨树旺和孟楠(2016)、张荣霞和王伟生(2013)等多位学者的结论,但没有支持李桂艳和马煜舒(2012)的结论。

二、感知的企业社会声誉

　　表 4-10 中路径系数的显著性统计值表明,感知的企业社会声誉对企业社会责任具有统计学意义。这意味着,企业被社会感知的声誉越高,企业为维持更高的社会声誉,在履行社会责任方面付出的努力会越多。从表 4-10 的路径系数来看,企业感知的社会声誉对企业履行社会责任的直接效应系数值达到 0.41,说明企业感知的社会声誉对企业社会责任有较大的影响。其直接效应系数是区域经济发展水平的 2.28 倍,而其总效应为区域经济发展水平的 2.11 倍。感知的企业社会声誉不仅总体上对企业社会责任有较大而显著的推动作用,而且其对企业社会责任的五个维度(CRSW、HNCD、BGCC、HMIC 和 NSCD)都有显著的正向促进作用。从表 4-15 的数据来看,感知的企业声誉对 NSCD 和 HNCD 的影响程度大致相当,而对 CRSW、BGCC 和 HMIC 的影响程度也大致相同,不过,总体看,对 NSCD 和 HNCD 的影响略大于对其他三个维度的影响,但差异性不是很大。

　　从表 4-11 和表 4-15 所展示的数据来看,由模型一得出的感知的企业社

---

　　① 参见朱明春:《我国区域经济增长中的"马太效应"》,《未来与发展》1990 年第 5 期,第 38—41 页。

会声誉对企业社会责任的影响系数,比由模型二得出的感知的企业社会声誉对构成企业社会责任的五个维度的影响系数要低 26.83%。从理论上讲,两者的差异性应该不大,但实际上两者的差异还是比较大。之所以出现这么大的差异,可能与两个模型的复杂程度及数据处理有关。模型一相对简洁且使用的相关矩阵是对企业社会责任五个维度经熵权法加权处理合并后而计算的简化相关矩阵,而模型二相对较为复杂且使用的相关矩阵数据是由原始问卷数据直接计算而获得的相关矩阵。

表 4-11 和表 4-15 所展示的数据表明,民族地区企业对企业声誉普遍比较重视,都会去自觉维护自身的声誉,也正是企业对自身声誉的重视内化成了履行社会责任的动力,从而推进了企业社会责任的发展。基于此,政府相关行政管理机构可以充分利用企业对自身声誉的重视,加强对企业社会责任行为的行政引导和新闻监督,对社会责任履行较好的企业,新闻媒体可以加强正面宣传报道,以进一步激发企业的社会责任热情和行动,而对于社会责任履行较差的企业,新闻媒体应该及时予以客观报道,以引起企业和社会的关注,进而使企业得以自律和他律。

三、感知的企业财务状况

表 4-10 的计算结果表明,感知的企业财务状况对企业社会责任具有显著的促进作用,从模型一的路径系数来看,感知的企业财务状况是所探讨的三大影响因素中影响最大,也即最为关键的因素。其直接效应分别是区域经济发展水平和感知的社会声誉的 4.3 倍和 1.9 倍,且是区域经济发展水平和感知的社会声誉路径系数之和的 1.32 倍,而其总效应分别是区域经济发展水平和感知的社会声誉的 3.56 倍和 1.68 倍,其总效应是后两者路径总效应之和的 1.14 倍。从本质上来说,感知的企业财务状况属于企业内部因素,而感知的企业社会声誉和区域经济发展水平属于外部因素,由此,我们可以认为对民族地区(广西)企业社会责任的推动主要来自企业内部而不是外部。

进一步分析感知的企业财务状况对企业社会责任五个维度的影响发现，感知的企业财务状况对企业社会责任五个维度的影响都比较大，但影响的差异性不是很大，对创造社会财富维度的影响相对较大，影响系数达 0.82，其次是对内部管理人本化和促进民族地区和谐共生两个维度的影响大致相当，影响系数在 0.71—0.73 之间，再次是对促进民族地区和谐发展及做遵纪守法的企业公民两个维度的影响，其影响系数介于 0.10—0.68 之间。这说明企业财务状况的好坏影响企业社会责任的全面履行，也可以说，企业社会责任的基础在于企业财务状况的好坏。

再看所讨论的三个主要因素对企业社会责任五个维度影响的大小，我们发现：对企业社会责任的五个维度来说，感知的企业财务状况的影响最大，其次是感知的企业社会声誉，最后是区域的发展水平，且感知的企业财务状况的影响系数是区域经济发展水平的 2.2 倍以上，是企业社会声誉的近 1.2 倍。分析原因，主要还在于三个因素中，企业的财务状况是内部直接因素，而区域发展状况是外部间接因素，至于感知的企业声誉，尽管属于外部因素，但其可以转化为企业的无形资产而构成企业的核心竞争力，因而可以将其理解为中间因素。这样，我们认为，上文所得出的对民族地区（广西）企业社会责任的推动主要来自企业内部而不是外部的结论显然具有合理性。

第四节　关于企业社会责任效应的讨论

企业作为"理性人"的经济组织，其决策的出发点是"利"，主要依据是成本和收益的比较结果。当某种行为的收益大于成本，觉得有利可图时，"理性人"便会作出积极作为的决策，否则，就可能作出消极或不作为的决策。当然，这里的"利"可能是直接的也可能是间接的，可能是短期的也可能是长期的，可能是有形的也可能是无形的，可能是企业性的也可能是社会性的。一般来说，任何企业行为的影响都无非是内部和外部两个方面，企业社会责任行为也不例外。在本研究中,我们主要分析企业社会责任行为对企业财务状况、企业社会声誉和员工满意度三个方面的影响,其中企业财务状况、员工满意度属于企业内部效应,而企业社会声誉属于企业外部效应。

一、对企业社会声誉的影响

正如前文所述,企业声誉是利益相关者基于对组织的过去、现在和未来活动以及活动的沟通方式的理解而持有的对组织的感知[1],是企业过去行为和结果的综合体现[2],是企业历时行为结果的函数。尽管企业实施责任行为的出发点不同,动机不一,但无论出于何种动机,其结果可能导致社会总福利(总效用)的增长[3]。为回馈企业社会责任行为对社会福利增长的贡献,社会利益相关者会不同程度提升对企业的好感度,从而增加企业的美誉度,即声誉。从表 4-10 和表 4-11 的实证结果可以看出,企业社会责任对企业声誉的直接效应为 0.52,而总效应达到 0.74,这充分说明企业实施社会责任行为提升了企业的社会满意度。再从表 4-15 的结果来看,企业社会责任的五个维度对企业社会声誉都存在直接影响,都会促进企业的利益相关者对企业的积极评价,尽管五个维度的影响相对都不是很大,但比较而言,内部管理人本化、促进民族地区人与自然共生、创造社会财富的企业社会声誉效应略高,而做遵纪守法的企业公民和推进民族地区社会和谐发展的企业社会声誉效应略低。再比较企业社会责任和企业社会责任五个维度的社会声誉效应值,我们发现,企业社会责任对社会声誉的直接效应达 0.52,而企业社会责任五个维度的企业社会声誉效应最大值只有 0.23,最小值仅为 0.18,这说明社会对企业的评

---

① See Tucker,L.,Melewar,T.C.,"Corporate reputation and crisis management:the threat and manage ability of anti-corporatism",*Corporate Reputation Review*,2005,7(4),pp.377-387.

② 参见龚博:《基于员工视角的企业社会责任和企业声誉关系的实证研究》,吉林大学硕士学位论文,2009 年。

③ 参见杨滢亮:《论企业社会责任、和谐社会与福利的增长》,《管理观察》2009 年第 23 期,第 78—79 页。

价是企业在社会责任各维度上表现的整体感知和反应。如此使得企业社会责任五个维度对企业社会声誉的影响都不是很突出，但整体效应较大。由此，我们可以得出企业社会责任在社会声誉方面具有整体效应性，也即企业全面履行社会责任能大幅度提升企业的社会声誉的结论。

二、企业财务状况

企业履行社会责任的收益会高于企业为此支出的成本吗？也即企业社会责任是否能为企业带来显著收益？对这些问题的回答显然得到了业界和学术界的共同关注。尽管文献中有学者对两者间的关系的看法莫衷一是，有的持肯定观点，有的持否定观点，而还有的持中立观点，但我们的实证研究结果表明，企业社会责任对企业财务状况的影响并不具有统计学上的显著性，即企业社会责任行为不会显著改善企业的财务状况。尽管如此，但这并不意味着企业社会责任对企业财务状况的改善没有积极影响。表4-15的数据表明，在企业社会责任五个维度中，创造社会财富、内部管理人本化和促进民族地区和谐发展三个维度具有显著的财务效应，即企业履行这三个社会责任维度能积极改善企业的财务状况，其中人本化管理的财务效应最大，其效应值是推进民族地区社会和谐发展维度效应的1.53倍，是创造社会财富维度效应的1.18倍。这也充分说明"人"这一企业"活资源"对企业发展的重要性，企业应该坚定不移地推行"以人为本"的管理模式，充分发挥人的主观能动性。

三、员工满意度

从表4-10和表4-11的结果可以看出，企业社会责任对员工满意度的直接效应系数为0.72，总效应系数为0.82，这说明企业社会责任对员工满意度存在显著影响。尽管企业社会责任的总体员工满意效应较大，但进一步分析表4-15发现，其五个维度中有两个维度，即促进民族地区人与自然和谐共生及推进民族地区社会和谐发展的员工满意效应并不显著，只有其余三个维度存在显著的正向效应,但这三个维度的效用系数不是很大,最大的只有0.3(内部管理人本化维度),而最小的仅为0.15(做遵纪守法的企业公民维度),创造社会财富维度的效用系数为0.28。这似乎可以说明企业社会责任员工满意效用主要来源于人本化管理、创造社会财富和做遵纪守法的企业公民三个维度。

通过分析企业社会责任的员工满意效应和其五个维度的员工满意效应,我们发现一个难以直观理解的现象,那就是企业社会责任的员工满意直接效应就高达0.72,而其五个维度中只有三个维度有显著性的员工满意效应,其余两个的员工满意效应并不显著,且在三个有显著性效应的维度中,其效益水平最大仅为0.3,最小仅为0.15,三个效应值之和才0.73。为什么会这样?我们认为原因可能有以下几个方面:一是虽然企业社会责任五个维度中有两个维度没有通过显著性检验,但并不代表它们没有发挥作用,只是作用相对较弱罢了;二是企业社会责任的员工满意效应是一个系统,是其五个维度共同作用的结果,而根据系统论中关于系统的整体性观点,"1+1>2"的现象非常正常,因此,出现上述情况也就不难理解了;三是总体来说,本研究的样本容量应该不算多,如果有更大的样本容量,就可能出现五个企业社会责任维度的员工满意效应都显著的情况了。

上述对企业社会责任效应讨论的结果表明,就民族地区(广西)企业的样本而言,企业社会责任有内部效应和外部效应,有形效应和无形效应都非常显著,而且总体而言,内部效应要大于外部效应、无形效应要大于有形效应。对内部效应来说,内部管理人本化和创造社会财富是两个关键维度,而对于外部效应来说,五个维度都非常关键。

第五节 企业特征和最高管理者
特征分析结果的讨论

文献中,许多研究都探究了企业特征和企业家特征对企业社会责任的影响。本研究中,我们也探究了企业规模、企业所属行业、企业所在区域、企业所有权类型及企业成立时间等企业属性变量对企业社会责任的影响,同时也探究了企业最高管理者性别、文化程度及其宗教信仰情况对企业实施社会责任的影响。这一节我们将对这些企业和最高管理者特征变量的研究结果进行必要的讨论。

一、对企业特征变量影响的讨论

(一)对企业规模影响的讨论

对企业规模与企业社会责任间关系的研究一直受到学术界的关注,形成了大量的学术文献,但关于两者间的关系,文献梳理发现结论不尽一致,如谭宏琳和杨俊(2009)发现企业规模与企业社会责任表现反向相关[1],而杨春方(2009)发现企业规模不会对企业履行社会责任产生显著正向影响[2],但更多的学者,如郭毅等(2013)、衣凤鹏等(2018)、孔陇等(2019)等发现,企业规模与企业社会责任之间呈正相关关系,也即企业规模越大,企业社会责任履行得也越好,因为企业规模越大,其行为受到社会关注也越大,承担社会责任的压力也会越大[3][4][5]。在本研究中,我们采用单因素方差分析法分析了企业规模对企业社会责任的影响。我们将企业规模划分为大型、中型和小型企业三类,研究发现,企业规模会显著影响企业社会责任的水平,但两者之间并非呈正相关关系,也即并非企业规模越大,企业履行社会责任的水平就越高,而是表现

---

[1]　参见谭宏琳、杨俊:《公司社会责任对公司治理及其绩效影响的实证研究》,《工业技术经济》2009 年第 7 期,第 152—155 页。

[2]　参见杨春方:《我国企业社会责任驱动机制研究》,华中科技大学博士学位论文,2009 年。

[3]　参见郭毅、丰乐明、刘寅:《企业规模、资本结构与供应链社会责任风险》,《科研管理》2013 年第 6 期,第 84—90 页。

[4]　参见衣凤鹏、徐二明、张晗:《股权集中度与领导结构对连锁董事与企业社会责任关系的调节作用研究》,《管理学报》2018 年第 9 期,第 1359—1369 页。

[5]　参见孔陇、段文玉、邱硕:《企业社会责任与创新的协同效应研究》,《财会通讯》2019 年第 2 期,第 58—61 页。

出阶梯性。研究发现,在中型企业与小型企业之间,尽管企业规模发生了变化,但两类企业间的社会责任水平并没有显著差异且小企业的社会责任表现优于中型企业,这与杨春方(2009)的发现一致①,但在大型企业与中型及小型企业之间,两类企业之间存在显著的差异性,大企业的社会责任水平明显高于中型和小型企业,也即如果忽略中型和小型企业的规模差异性而简单地将其归于一类,那么,企业规模与企业社会责任水平呈显著的正相关关系,也即结果支持了郭毅等(2013)、衣凤鹏等(2018)、孔陇等(2019)和李蕊(2019)等学者的发现②③④⑤。

我们不仅研究了企业规模对企业整体社会责任水平的影响,也探究了其对企业社会责任五个维度的影响。结果发现,企业规模对企业社会责任五个维度都存在显著影响,但影响的方式不尽相同。对于创造社会财富这一维度而言,三类企业之间虽然均存在显著差异性,但并没有呈现出显著的正相关关系,而是表现出大型企业最强、其次为小型企业,最后为中型企业。之所以出现这种状况,原因可能在于,小型企业生存的压力比中型企业更大,只有不断创造社会财富才能发展壮大。对于促进民族地区人与自然和谐共生维度而言,大型和中型企业之间没有显著差异,而大中型企业与小型企业之间存在显著差异。导致这种现象的原因,我们认为,一方面是因为小企业受资源的约束,从而在资源配置上更关注生存发展而忽视环境保护问题的缘故;另一方面就是小企业受到的社会关注和监督较低,这也意味着小企业履行环境

① 参见杨春方:《我国企业社会责任驱动机制研究》,华中科技大学博士学位论文,2009年。

② 参见郭毅、丰乐明、刘寅:《企业规模、资本结构与供应链社会责任风险》,《科研管理》2013年第6期,第84—90页。

③ 参见衣凤鹏、徐二明、张晗:《股权集中度与领导结构对连锁董事与企业社会责任关系的调节作用研究》,《管理学报》2018年第9期,第1359—1369页。

④ 参见孔陇、段文玉、邱硕:《企业社会责任与创新的协同效应研究》,《财会通讯》2019年第2期,第58—61页。

⑤ 参见李蕊:《财务会计视角下企业履行社会责任的影响因素研究》,《陇东学院学报》2019年第2期,第120—123页。

保护责任的自由度相对较大。在缺乏必要监督的情况下,为追求利润最大化,小企业在人与自然协调共生方面的表现比大中型企业表现差就不足为奇了。

(二)对企业产业属性影响的讨论

郭毅等(2013)认为,不同产业企业间社会责任差异必然存在,也即产业属性会对企业社会责任产生显著正向影响。为分析产业属性对企业社会责任的影响,我们按照通常的做法,将产业分为第一、第二和第三产业。从表6-3方差分析的结果来看,产业属性不同的企业社会责任水平存在显著差异,表6-4呈现了不同产业企业社会责任水平的差异性,可以看出,第一和第三产业的企业社会责任水平没有显著的差异性,但它们与第二产业间存在显著的差异性,第二产业企业的社会责任水平明显高于第一和第三产业。

再看表6-3产业属性对企业社会责任各维度的影响,我们可以发现,企业产业属性对企业社会责任的四个维度存在显著影响,只有在促进民族地区人与自然和谐共生维度的影响上不够显著。而表6-4的多重比较结果表明,在创造社会财富维度上第一和第二产业的企业之间没有显著的差异性,而第一、第二与第三产业的企业之间存在显著的差异性。由于第一和第二产业属于物质生产部门,而第三产业主要是为社会公众提供各种社会服务的部门,因此,我们可以将上述差异的原因理解为,物质生产部门与非物质生产部门之间在创造社会财富维度上存在显著差异。在做遵纪守法的企业公民维度上,第二产业与第一和第三产业的企业之间存在显著的差异性,而第一和第三产业的企业之间不存在显著的差异性。从其比较结果来看,第二产业的企业表现最佳,其次是第三产业的企业,最后是第一产业的企业。原因可能还是与产业受到的社会关注和监督有关。当前,就研究对象广西的三次产业结构而言,第二、第三产业的比重最为突出,因而受到的社会关注和监督也越高,而第一产业占比不到10%,因而受到的社会关注度较低,由于受到社会关注和监督的程度不一样,使得不同产业的企业行为模式可能不尽相同。

（三）对企业所在区位影响的讨论

对于企业所处地理位置对企业社会责任的影响,研究发现,处于不同地理位置的企业不仅社会责任的整体表现存在显著差异,且其各维度的表现也存在显著差异,也就是说,企业所处地理位置是影响企业社会责任表现的一个显著因素。这与张厚颖(2018)的研究结论基本相似①,而与郝金磊和李方圆(2018)的结果不同②。张厚颖(2018)认为,企业社会责任绩效与企业所处的地理位置存在明显的相关性,而郝金磊和李方圆(2018)采用有序 Probit 回归分析方法得出的结论是,企业所处的地理位置对企业社会责任履行的影响并不显著。他们对这一结论的解释是,许多地区都已将绿色发展和生态文明建设纳入政府绩效考核体系,并加强相关政策的制定和执行力度,如此使企业社会责任履行实现了区域一体化发展。党的十八大以来,民族地区贯彻遵循"开发中保护,保护中开发"的绿色发展理念,一体推进生态文明建设并取得了一定的成效,但依然存在绿色发展观念落后、支撑绿色发展的绿色技术落后及绿色发展保障制度不健全、绿色生产和消费意识淡薄等问题,如在广西还有相当部分企业产业转型缓慢,还存在对政府污染治理采取软抵触的现象,偷排污染物的行为还较为严重;煤炭和石油依然是广西的主要能源,新能源开发速度较为缓慢③。如此使得企业社会责任在广西不同区域难以一体化,市区企业相对于县城及乡镇上的企业更容易受到媒体、社会的关注,因而不得不约束自身的逆企业社会责任行为。

进一步分析表 6-6,我们发现,尽管企业所在的地理位置显著地影响着企业社会责任整体表现水平及五个维度的表现水平,但位于不同区域的企业,在

① 参见张厚颖:《企业社会责任效率与竞争力的关系研究》,贵州财经大学硕士学位论文,2018 年。

② 参见郝金磊、李方圆:《企业社会责任履行影响因素研究》,《河北地质大学学报》2018 年第 1 期,第 114—119 页。

③ 参见刘胜良:《广西少数民族地区绿色发展探析》,《广西社会科学》2016 年第 2 期,第 18—22 页。

企业社会责任五个维度上的表现不尽相同,有的维度呈现出阶梯性趋势、有的维度表现出非递进性趋势,如对于创造社会财富责任维度而言,尽管从城市到县城再到乡镇呈现出递减的趋势,但市区与县城、县城与乡镇的区分度并不显著,只有市区与乡镇有显著的差异性,又如从对于推进人与自然和谐共生、做遵纪守法的企业公民和推进民族地区社会和谐发展等维度而言,从市区到县城再到乡镇呈现出典型的 V 型状态,即市区与县城存在显著差异,市区企业的表现优于县城,县城企业与乡镇企业也存在显著差异,但却是乡镇企业明显优于县城企业,而对企业内部管理人本化维度而言,虽然也表现为 V 型状态,但与前面的几个维度却有一定的差异性,这种差异性主要表现在位于县城与位于乡镇的企业没有显著的差异性。关于导致位于不同地理位置的企业在社会责任几个维度上表现出不同差异性的原因,我们认为不能简单地用社会关注差异性来解释,有待于进一步深入研究。

(四)对企业所有权性质影响的讨论

在文献中,多数实证研究都支持了企业所有权性质会显著影响企业的社会责任行为,因为所有制的性质不同导致其目标和使命不同,如国有企业不仅肩负着经济目标,同时也肩负着非经济目标[1],而国有企业的非经济目标主要通过履行企业社会责任的方式来体现[2],但非国有企业由于其所有权的非国有性,不仅没有道义上的非经济责任,而且受政府监督和控制的程度相对于国有企业要小得多。

在本研究中,我们通过将企业所有权类型分为国有或国有控股企业、集体企业、股份制和私营企业 4 类来探究其对企业社会责任履行水平的影响。方差分析的结果表明,在 5% 的显著性水平下,4 类不同所有制性质的企业在社

---

[1] 参见黄速建、余菁:《国有企业的性质、目标与社会责任》,《中国工业经济》2006 年第 2 期,第 68—76 页。

[2] 参见梁彤缨、金镇城、苏德贵:《所有制性质、研发投入与企业社会责任》,《科技管理研究》2016 年第 7 期,第 256—262 页。

会责任履行水平方面不存在显著差异。这一结果与张胜荣（2014）的研究结论相似①,尽管他们采用的相关分析法将企业的所有制类型分为国有企业、民营企业、三资企业、其他4类,但无论是方法还是类型划分上都没有本质差异。

虽然在5%的显著性水平下,不同所有制性质企业的社会责任履行水平不存在显著差异,但并不意味着,不同所有制性质企业在社会责任五个维度上均不存在显著差异。进一步分析发现,在做遵纪守法的企业公民和内部管理人本化方面依然存在显著差异。首先,做遵纪守法的企业公民维度上的差异主要表现在国有或国有控股及股份制企业与集体企业和私营企业之间。多重比较的数据表明,国有或国有控股及股份制企业明显好于集体企业和私营企业,这或许是两组企业间在被社会关注和监督上存在较大差异所致。其次,内部管理人本化维度上表现为,国有或国有控股、股份制企业和集体企业三类企业之间不存在显著的差异,但国有或国有控股和股份制企业与私营企业之间存在显著的差异,而集体企业与私营企业之间不存在显著差异。导致这一结果的原因可能在于国有或国有控股和股份制企业、股份制企业在内部管理上更规范,而集体企业和私营企业一般为中小型企业,其管理相对较弱,因而这一维度上的表现相对较差,这也与上文对企业规模的讨论结果相一致。

（五）对企业成立时间影响的讨论

研究中,我们采用将成立时间分为四个区间（4个组）的方式探究了企业成立时间对其社会责任履行水平的影响,发现企业成立时间显著地影响企业的社会责任水平。这似乎支持了曹宇和赵越春（2014）和陈秋萍（2015）等学者的观点,但实际上,我们的结论与他们的结论有很大的不同②③。他们认为

---

① 参见张胜荣:《农业企业社会责任影响因素的实证研究》,《科技管理研究》2014年第21期,第180—186页。

② 参见曹宇、赵越春:《我国中小企业社会责任影响因素实证研究——基于江苏省的调查》,《市场周刊:理论研究》2014年第5期,第6—8页。

③ 参见陈秋萍:《基于制度诱因的政治关联对企业社会责任影响分析》,《商业经济研究》2015年第17期,第86—89页。

企业成立时间正向显著地影响企业的社会责任水平,也即企业成立时间越长,其履行社会责任的水平也越高。但我们的发现是企业成立时间与其社会责任水平虽然表现出显著相关,但并不是典型的正相关关系,也不是典型的负相关关系,而是表现为"V"字形关系,即随着企业成立时间的增加,企业的社会责任水平先降后升,其临界点为 10 年,且成立时间不足 10 年的两组企业间和成立时间大于 10 年的两组企业间都不存在显著差异。

进一步分析企业成立时间对企业社会责任五个维度的影响,我们发现,企业成立时间只对创造社会财富这一维度没有显著影响,对其余四个维度都存在显著影响且都与企业社会责任总体水平相似,表现出"V"字形关系。尽管如此,也存在一些差别,这种差异主要表现在不同组别间的显著差异性,如在促进民族地区人与自然和谐共生维度上,成立时间 0—15 年的三组间没有显著差异且这三组与成立时间超过 15 年组间存在显著差异,而在做遵纪守法的企业公民维度上,显著差异主要存在于成立时间 0—5 年组与 5—10 年组及 5—10 两组与 15 年以上组之间;在内部管理人本化维度上,显著差异性主要体现在 5—10 年组与 10 年以上两个组之间;在推进民族地区社会和谐发展维度上,显著差异主要存在于 5—10 年组与其余三个成立时间组之间。

导致上述企业责任水平表现出"V"字形的原因或许是企业存续时间的增加一方面导致企业规模的变化,另一方面也导致企业管理方式和管理能力的变化,还有就是不同时期企业对自身社会声誉的关注度不同所致。如在企业成立初期,由于企业规模小,企业往往难以实施正规化管理,管理主要依靠个人情感来维系,因而,企业内部的人本化管理会较浓,与供应商、社区的关系也会较融洽,这时企业的社会责任水平会较高。但随着时间的推移和企业规模的扩大,单靠个人情感来进行管理将变得越来越难以为继,而这时企业的正规化制度管理尚未建立,企业的各项管理进入瓶颈期,可以说,这时企业的各项管理工作处于混沌状态,难以有效管理各利益相关方的诉求而使社会责任履行水平相对下降。过了瓶颈期后,企业的各项管理制度得以建立和健全,管理走向正规化,企业有更多的时间和精力来提升利益相关方的诉求而使得社会责任履行水平上升。

二、对企业最高管理者个人特征影响的讨论

正如前文所言,企业不是自然人,而是虚拟人。企业的行为是通过企业的最高管理者来决策和实施的,因而,在企业社会责任研究活动中,忽略企业最高管理者个人特征的影响显然是不明智的举动。最高管理者的个人特征有很多,如性别、年龄、政治面貌、民族特征、文化水平、家庭出身、个人经历等。在本研究中,我们没有对最高管理者的所有个人特征影响进行分析,主要分析了最高管理者的性别、文化水平和宗教信仰3个个人特征的影响。

(一)对最高管理者性别影响的讨论

20世纪以来,随着女性高管现象的出现,高管性别对企业社会责任影响的研究逐渐增多。已有的许多研究证实了高管性别影响的显著性。如Boulouta(2013)以标准普尔126家企业5年(1999—2013年)的面板数据为样本,采用多米尼400社会指数度量企业社会绩效,在控制众多因素的基础上,分析了董事会性别多样性与企业社会绩效的关系,发现董事会性别多样性与企业社会绩效显著正相关[1],Manner(2010)发现女性担任CEO的企业社会责任绩效更佳[2],杜兴强和冯文滔(2012)发现女性高管与中国上市公司的慈善捐赠显著正相关,即当公司中有女性高管、女性高管的比例越高,上市公司的慈善捐赠越多[3]。当然,也有学者得出了相反的研究结论,如冯丽丽和赵思敏(2018)研究发现,公司中女性担任高管的话,上市公司的社会责任履

---

[1] See Boulouta,I.,"Hidden Connections:The Link Between Board Gender Diversity and Corporate Social Performance",*Journal of Business Ethics*,2013,113(2),pp.185-197.

[2] See Manner.M.,"The Impact of CEO Characteristics on Corporate Social Performance",*Journal of Business Ethics*,2010(93),pp.53-72.

[3] 参见杜兴强、冯文滔:《女性高管、制度环境与慈善捐赠——基于中国资本市场的经验证据》,《经济管理》2012年第11期,第53—63页。

行反而越差①。不过,我们的研究结论没有支持上述学者的结论,而是发现企业最高管理者性别既对企业社会责任整体履行水平没有显著影响,对企业社会责任各维度也没有显著影响,这与学者郝金磊和李方圆(2018)的研究发现相一致②。

(二)对最高管理者文化程度影响的讨论

一般来说,文化程度高低会影响最高管理者的价值观和行为取向,进而显著影响企业社会履行水平的观点,直观上具有合理性。Cacioppe et al.(2008)、Manner(2010)、沈洪涛等(2010)、张胜荣(2014)、张胜荣(2016)、吕贞宜(2018)、郝金磊和李方圆(2018)等学者的研究结论均支持了上述观点。但也有学者持相反的观点,如 Merritt(1991)、晁刚等(2007)等,而杨帆等(2009)及颜蓉和陈汉辉(2012)的研究发现,高层管理者的受教育年限对企业社会责任取向及其经济责任、法律责任、伦理责任和慈善责任均没有显著影响。

本研究的单因素方差分析结果表明,最高管理者的受教育程度不仅显著地影响企业社会责任的整体水平,也显著地影响着做遵纪守法的企业公民和推进民族地区社会和谐发展两个维度。进一步多重比较分析发现,最高管理者的受教育程度与企业社会责任水平并非呈显著的正相关关系,而是呈现出非线性关系。在研究生、本科生、大专生及大专以下 4 个组别之间,研究生与其他三组之间存在着显著差异,而本科生、大专生和大专以下组别之间不存在显著差异,这与学者晁刚等(2007)的发现恰恰相反,他们发现研究生的企业社会责任取向低于本科生,不过,不同的是他们的样本主要是在校学生,而我们的样本则来自企业,这可能是导致差异的原因所在。在做遵纪守法的企业公民和推进民族地区社会和谐发展两个维度上,显著差异也主要表现在最高学

---

① 参见冯丽丽、赵思敏:《产权性质、高管性别与企业社会责任履行》,《河北地质大学学报》2017 年第 6 期,第 79—83 页。

② 参见郝金磊、李方圆:《企业社会责任履行影响因素研究》,《河北地质大学学报》2018 年第 1 期,第 114—119 页。

历组与其他三组之间,大学本科、大专及大专以下三组之间的差异并不明显。

从上述讨论我们可以看出,我的结论既没有完全支持 Cacioppe et al.(2008)、Manner(2010)、沈洪涛等(2010)、张胜荣(2014)、张胜荣(2016)、吕贞宜(2018)、郝金磊和李方圆(2018)等学者的观点,也没有完全支持 Merritt(1991)、晁刚等(2007)等,及杨帆等(2009)与颜蓉和陈汉辉(2012)的观点,而是认为,企业最高管理者的受教育程度会显著影响企业的社会责任表现,但这种影响既不是显著的正相关关系,也不是显著的负相关关系,而是具有临界性。

(三)对最高管理者宗教信仰影响的讨论

企业家宗教信仰是国外企业社会责任研究的一个重要方面。许多研究认为,企业家的宗教信仰与企业责任之间存在显著相关关系,因为宗教信仰本质是基于企业家道德层面的内在思想价值观,它通过道德操控和商业伦理机制影响企业家的决策[1],并通过塑造企业家关于正确与错误的看法,激发他们关注他人、乐于社会奉献、主动参与社会资源活动的亲社会行为。

如 Bekkers And Schuyt(2008)发现,企业家的宗教理念和信仰本身是驱动其实施捐赠行为的动因之一[2],而 Brammer 等(2007)通过考察发现,信教徒对企业社会责任有积极明确的态度。从地域上来说,宗教氛围浓厚地区的上市公司在捐赠次数和金额方面比宗教氛围相对淡薄地区的都要大[3]。曾建光等(2016)研究发现,与不信教的企业高管相比,信教的高级管理人员承担社会责任的态度更积极[4]。

---

① 王菁华、茅宁、王杉:《宗教传统会促进企业风险承担吗?——基于组织成熟度的调节作用检验》,《商业经济与管理》2017 年第 9 期,第 34—45 页。

② See Bekkers R,Schuyt T.,"And Who Is Your Neighbor? Explaining Denominational Differences in Charitable Giving and Volunteering in the Netherlands",*Review of Religious Research*,2008,50(1),pp.74-96.

③ See Brammer,S.,A. Millington & S. Pavelin,"Gender and Ethnic Diversity among UK Corporate Boards",Corporate Governance:An International Review,2007,15(2),pp.393-403.

④ 曾建光、张英、杨勋:《宗教信仰与高管层的个人社会责任基调——基于中国民营企业高管层个人捐赠行为的视角》,《管理世界》2016 年第 4 期,第 97—110 页。

　　上述文献似乎向我们传递了这样的信号,即无论是在国内还是在国外,企业最高管理者的宗教信仰对企业社会责任都起着较为积极的作用。然而,我们的研究结果并没有像预期的那样高举赞同之旗,而是发出了不同的声音,民族地区企业最高管理者的宗教信仰,对企业的社会责任及对企业社会责任的各维度都没有产生显著影响。导致这一不同结论的原因可能涉及企业家的宗教信仰类别、程度、环境等,具体原因有待于进一步深入探讨。

　　总之,本章主要对源于问卷调查的实证结果进行了讨论。首先,对企业社会责任模型进行了讨论,并从三个方面阐述了本研究提出的社会责任模型的合理性,分析了采用不同方法获得的企业社会责任五个维度权重大小差异的原因。其次,对广西全区及 13 个地市的企业社会责任总体水平及其五个维度的表现水平进行了讨论。然后,从区域经济发展水平、企业感知的财务状况和企业感知的社会声誉 3 个关键因素对广西企业社会责任水平及其五个维度的影响进行了讨论,并认为广西企业社会责任行为的核心动力来自企业内部而不是外部,尽管如此,企业所在区域的经济发展水平,尤其是区域内人均可支配收入和人均 GDP 对区域内企业社会责任具有较大的推动作用。但企业感知的财务状况及感知的社会声誉比区域发展水平具有更大的推动作用。接下来,我们讨论了企业社会责任的内部和外部效应问题,得出了企业社会责任的内部效应和外部效应,有形效应和无形效应都非常显著,总体来说,内部效应要大于外部效应、无形效应要大于有形效应。对内部效应来说,内部管理人本化和创造社会财富是两个关键维度,而对于外部效应来说,五个维度都是非常关键的结论。最后,讨论了企业特征和企业最高管理者特征对广西企业社会责任影响问题。

第八章　研究结论、治理策略和未来展望

在前面的章节中,我们全面陈述了对民族地区(广西)企业社会责任相关问题进行研究的过程和结果,同时对研究结果进行了深入讨论,在此基础上,本章将对实证研究结果进行总结,给出我们的研究结论并结合民族地区的实际情况提出民族地区企业社会责任的治理策略。最后,将陈述研究存在的局限和不足,指出下一步的研究方向。

第一节　研究结论

通过运用 SPSS19.0 和 LISERAL8.7 等软件对广西 192 份有效问卷进行分析,得出如下研究结论:

一、关于民族地区(广西)企业社会责任履行水平的结论

采用熵权法确定民族地区(广西)企业社会责任五个维度的权重,计算样本企业的社会责任水平,得出的结论为:

1.民族地区(广西)企业社会责任的整体水平为中等。样本企业中,仅有 3.13% 的企业社会责任达到优秀水平,40.10% 的企业社会责任处于良好水

平,27.6%的企业社会责任处于中等水平,19.27%的企业社会责任处于合格水平,还有9.9%的企业社会责任处于不及格水平。

2.从民族地区(广西)企业社会责任各维度的总体表现来看,创造社会财富维度的表现最好,达到了良好水平,而做遵纪守法的企业公民维度的表现最不尽如人意,仅处在合格和中等的临界状态,其余三个维度的表现均为中等水平。

3.民族地区(广西)各地市企业的企业社会责任水平存在较大差异,仅有不到两成(15.4%)地市的样本企业社会责任表现为良好,绝大部分地市(61.5%)样本企业的社会责任表现为中等,23.1%地市的企业社会责任表现处于合格和中等的临界状态,尚没有地市样本企业的社会责任达到优秀水平。

二、关于影响民族地区(广西)企业社会责任履行主要因素的结论

通过采用结构方程模型探究了区域经济发展水平、企业感知的社会声誉、企业感知的财务状况3个因素对民族地区(广西)企业社会责任整体及其各维度的影响,结论如下:

1.推进民族地区(广西)企业履行社会责任的动力既有源于企业内部的内在动力,也有源于社会环境的外在动力,但总体而言,根本动力在于企业内部而不是企业外部。

2.企业财务状况的好坏是企业是否履行和履行社会责任程度的最为关键的决定性因素,企业的财务状况越好,不仅其社会责任的总体状况履行得更好,而且其社会责任各维度的履行状况也更好。

3.企业感知的社会声誉对企业履行社会责任都有非常大的影响,社会声誉高的企业不仅在企业社会责任总体水平方面相对更高,而且在企业社会责任各维度的表现也会相对更高。

4.区域经济发展水平对企业履行社会责任有较大的影响,区域经济的快速发展有利于企业更好地履行社会责任。

5.区域经济发展水平、企业感知的社会声誉和企业感知的财务状况对企业社会责任的各维度都存在显著的正向影响。

三、关于广西企业社会责任效应的结论

同样基于结构方程模型,我们探究了民族地区(广西)企业社会责任的效应问题,结论如下:

1.企业的社会责任行为既有提升企业员工满意度的内在效应,也有提升企业社会声誉的外在效应,但其企业财务绩效效应并不显著。

2.企业的社会责任的五个维度对提升企业社会声誉都具有显著影响,且其企业社会声誉提升效应大致相当。

3.尽管企业社会责任整体上会产生提升员工满意的内在效应,但并非企业社会责任的每个维度都有显著的员工满意度效应,只有创造社会财富、做遵纪守法的企业公民及内部管理人本化三个维度存在显著的员工满意度效应,而另外两个维度的效应并不显著。

4.虽然企业社会责任整体上不具有显著的财务绩效效应,但并非企业社会责任的每个维度都没有显著的财务绩效效应,创造社会财富、内部管理人本化及推进民族地区社会和谐发展三个维度仍具有显著的财务绩效效应。

四、关于企业特征和最高管理者个人特征影响的结论

通过采用方差分析法,探究了企业特征及最高管理者个人特征对企业社会责任的影响,得到了如下结论:

1.企业规模对企业社会责任有显著影响,但其影响并非呈显著的正相关关系,而是存在规模临界点,即企业规模在没有达到临界点之前,规模的企业社会责任效应并不存在显著差异,只有超过临界点后,规模的社会责任效应差异才会显著。不仅如此,企业规模对企业社会责任五个维度的影响也非常显著,不过,影响的方式不尽相同。

2. 企业的产业属性对企业的社会责任行为有显著影响,但这种显著性差异并不存在于所有不同产业之间。

3. 位于不同地理位置的企业不仅社会责任的整体表现存在显著差异,且其各维度的表现也存在显著差异。

4. 不同所有制企业间在企业社会责任整体水平上没有显著差异,但在做遵纪守法的企业公民和内部管理人本化等两个构成维度上存在显著差异。

5. 企业成立时间与其社会责任水平虽然表现出显著相关,但并不是典型的正相关关系,也不是典型的负相关关系,而是表现为"V"字形关系。

6. 企业最高管理者性别既对企业社会责任整体履行水平没有显著影响,对企业社会责任各维度也没有显著影响。

7. 最高管理者的受教育程度不仅显著地影响企业的社会责任的整体水平,也显著地影响做遵纪守法的企业公民和推进民族地区社会和谐发展两个维度。

8. 最高管理者的宗教信仰对企业的社会责任及对企业社会责任的各维度都没有产生显著的影响。

第二节 民族地区企业社会责任的治理策略

当前,我国正处在全面建设社会主义现代化国家的新征程,无论是要解决人民日益增长的美好生活需要与不平衡不充分发展之间的矛盾,还是要实现"建设壮美广西,共圆复兴梦想"、"建设亮丽内蒙古 共圆伟大中国梦"及"加强民族团结建设美丽西藏"等民族地区发展目标都需要民族地区企业有效地履行企业社会责任。鉴于研究对象广西区企业社会责任整体水平不高,且有近20%样本企业的企业社会责任处于合格水平、近10%样本企业的企业社会责任处于不及格水平的现实,加强民族地区企业社会责任治理不仅必要,而且紧迫。基于前面以广西为例的实证研究结论并结合治理理论,本研究针对民族地区企业社会责任提出如下治理策略。

第一,充分发挥政府对企业社会责任的主导作用,建立合理的企业社会责任制度安排,推进企业社会责任的制度化进程。

从对广西企业社会责任的测度结果来看,做遵纪守法的企业公民这一维度的得分最低,仅有 4.8877 分,换算成百分制不到 70 分,处于合格与中等的临界状态。这充分说明民族地区企业在遵守法律法规方面还比较欠缺,有待于充分改善。要改善民族地区企业在这一社会责任维度的表现,有必要建立合理的企业社会责任制度安排,推进民族地区企业社会责任的制度化进程。推进民族地区企业社会责任的制度化进程就是要加强对民族地区企业遵纪守法行为的制度约束,使企业在生产经营过程中自觉遵守国家适用法律和地方相关法规的前提下为社会做贡献,这也是企业承担各项社会责任的基础和前提①。

首先,要结合民族地区的实际情况构建较为完善的地方性企业社会责任评价体系。完善的企业社会责任评价体系是促使企业承担社会责任的量化标准和指挥棒,也是进一步完善法律法规的重要依据。自 2006 年以来,国内已有包括山东、江苏、上海、浙江、四川、深圳等在内的多个省市结合自身的状况制定了本地企业社会责任规范或标准,如上海市 2009 年制定了《上海市企业社会责任地方标准》、山东省 2014 年制定了《企业社会责任指标体系》和《企业社会责任报告编写指南》、四川省 2016 年制定了《四川企业履行社会责任评价指标体系》、江苏省 2017 年制定了《江苏省企业社会责任评价基本标准指南》等,但目前绝大部分民族地区还没有制定相应的规范或标准,这方面与东部或中部地区其他经济发达地区相比差距明显。这种状况,不仅不利于统一民族地区企业的社会责任思想,也不利于社会对企业社会责任实践的评价和比较,此外,缺乏具体的企业社会责任规范或标准也将使企业明确的社会责任行为失去努力的方向。

---

① 参见吕金记:《企业社会责任治理的制度安排》,《浙江经济》2007 年第 5 期,第 40—41 页。

其次,设立民族地区区域性的企业社会责任奖,以激励企业的社会责任行为。在制定企业社会责任规范或标准的基础上,鼓励企业在自愿原则的基础上由第三方依据规范或标准对民族地区申请企业社会责任奖的企业进行评审,对企业社会责任行为表现突出的企业进行精神和物质奖励。通过设立区域性的企业社会责任奖一方面可以激发获奖企业更强的社会责任意识和行为,另一方面获奖企业也将为全区其他企业树立典型和榜样。获奖企业不仅能引导其他企业的社会责任行为,同时,也将提升区内全体公民的社会责任意识,进而推进民族地区企业社会责任与和谐民族家园建设的发展。

再次,进一步推动民族地区企业社会责任的国际化,用国际规范约束企业的逆向社会责任行为。当前,企业履行社会责任已经成为国际社会普遍接受的理念和企业家精神的重要内容,而实施国际企业社会责任标准可以促进企业的社会责任行为,尤其是对社会责任意识淡薄、履行情况较差的企业效果更为明显①。然而,当前民族地区企业在社会责任国际化方面存在巨大"赤字",如迄今为止,民族地区只有极少数企业加入了联合国契约组织、也只有为数不多的企业通过了 SA8000、ISO9001 和 ISO14001 认证。为此,政府相关部门和行业协会等非政府组织应加大推广力度,普及 SA8000 等企业社会责任标准知识。同时,加强对企业社会责任标准的培训,让企业经营者、管理者,尤其是最高管理者理解引入国际企业社会责任标准对企业发展、地方经济和实施国际化战略的重要意义,帮助企业树立国际企业社会责任理念。另外,为鼓励企业导入国际企业社会责任标准,对取得认证资格的企业在政府采购、税收等方面给予适当优惠和鼓励。

最后,搭建企业社会责任信息披露的平台。企业社会责任信息披露是指企业将其已履行或者将要履行的社会责任活动及其成果向利益相关者进行披露,其目的是使企业内外部利益相关者对企业社会责任相关情况有所了解,满

---

① 参见仰海锐、皮建才:《企业社会责任标准国际化背景下企业进入策略研究》,《经济理论与经济管理》2018 年第 8 期,第 91—102 页。

足他们对企业社会责任已经履行或未来打算履行情况的信息需求和利益诉求①。企业社会责任信息披露使企业的社会责任相关行为完全裸露在社会公众和社会媒体的视野下,如此,一方面使企业不得不注意自己在社会责任方面的一言一行,从而形成一种企业社会责任的自我约束机制;另一方面,使社会公众更容易比较和判断企业社会责任行为的纵向和横向的进展趋势,从而对企业作出"好"或"差"的判断,进而提升或降低企业声誉。正因为如此,使得企业社会责任信息披露已逐渐成为监督和规范企业社会责任行为的有效手段②。然而,当前我国企业在社会责任披露方面做得还非常不够,如2016年A股上市公司中只有27%的企业披露了企业社会责任报告,上市公司况且如此,一般企业的状况就可想而知了③。为了提升民族地区企业的社会责任水平,我们建议民族地区可以由各级政府部门牵头搭建一个虚拟化的企业社会责任信息披露平台。通过搭建的虚拟信息平台,企业可以低成本地发布企业社会责任的相关信息,社会公众可以及时且低成本地获得不同时期、不同企业的社会责任信息并可以横向和纵向地进行比较并适时监督披露的社会责任信息的正确性。

第二,积极发挥新闻媒体在企业社会责任治理中的功能和作用,加强对企业社会责任的宣传报道,增强公众的企业社会责任意识。

新闻媒体在企业社会责任推进中扮演着非常重要的角色。因为媒体关注通过舆论监督机制、声誉机制、政府介入机制、员工激励机制和利益相关者压力机制对企业社会责任起积极的推进作用④。积极的企业社会责任报道有助

---

① 参见杨亦昕:《MD集团社会责任信息披露问题研究》,辽宁大学硕士学位论文,2018年。

② 参见伊其俊:《基于媒体关注视角的企业社会责任信息披露的影响因素研究》,石河子大学硕士学位论文,2016年。

③ 参见柳学信、孔晓旭、孙梦雨:《企业社会责任信息披露提升了企业声誉吗?——媒体关注为中介效应的检验》,《财经理论研究》2019年第1期,第87—95页。

④ 参见刘海龙、任锋娟:《构建媒体与企业社会责任的良性互动关系》,《青年记者》2017年第23期,第136—137页。

于提升企业的口碑和社会声誉,而消极的社会报道将恶化企业的口碑并贬损企业的社会声誉。在研究中我们发现,良好的社会声誉是企业社会责任的催化剂。因此,在企业社会责任治理方面,必须充分发挥新闻媒体的功能和作用,加强对企业社会责任的宣传报道,增强公众的企业社会责任整体意识。

然而,21世纪以来,民族地区媒体在企业社会责任宣传报道方面做得明显不够,如在广西,2000—2016年,包括《广西日报》和《南国早报》在内的28种区内主要报纸媒体的报道中,文章标题中含"企业社会责任"的报道仅有55篇,平均每种报纸媒体以社会责任为题进行的报道不足2篇;区内报纸媒体对企业社会责任的年平均报道率只有0.12篇/(年·种),最多的《广西日报》也仅有11篇,更为严重的是,有15种报纸媒体17年没有一篇以企业社会责任为题的报道,而且在这55篇报道中,仅有4篇被安排在显眼的头版位置,6篇安排在第二版位置,2篇安排在第三版,其他的则是被安排在不太引人注目的版面。广西的情况说明企业社会责任在民族地区尚没有引起报纸媒体的充分关注和重视,也从一个侧面反映出企业社会责任在民族地区远没有形成一种氛围和思潮,因此,加强媒体对企业社会责任的宣传,发挥新闻媒体对企业社会责任意识的积极引导作用应该引起政府相关部门的高度重视。

第三,加强对民族地区本地企业社会责任实践的理论研究。

与其他的社会实践活动一样,企业的社会责任实践活动也需要正确的理论指导,否则,将难以达到良好的实践效果。正确的理论源于实践,是实践的总结和升华。尽管国内外已有许多类似研究成果,但企业社会责任实践具有较强的情景和文化依赖性,也就是说,其他文化背景下的经验总结只能供民族地区企业参考和借鉴,不能照搬照抄。所以,为加强区内企业社会责任实践的理论指导,很有必要结合民族地区的实际情况进行系统研究,以确保指导民族地区企业社会责任行为的理论有很强的情景和文化适宜性。然而,当前民族地区学术界和业界对企业社会责任的研究还相当欠缺,如再以广西为例,在CNKI上(检索时间为2019年4月23日)以广西和13个地市企业为研究对象的研究成果仅占 CNKI 上全国类似成果总数的 0.74%，而相关硕、博士论文占相似研究硕、博士论文总量的比例则不到 0.7%，这与我区在全国人口和 GDP 总量中的所占份额（2018 年的份额分别约为 3.51% 和 2.26%）极不相称，由此可见，加强民族地区学术界对本土企业社会责任实践理论的研究非常必要。

第四，加强对大学生企业社会责任教育的力度。

研究发现，最高管理者的受教育程度不仅显著地影响企业社会责任的整体水平，也显著地影响企业做遵纪守法的企业公民和推进民族地区社会和谐发展两个企业社会责任维度。因此，提升企业最高管理者的文化水平，进而提升其社会责任素养是提升民族地区企业社会责任水平的有效手段之一。

大学生是企业未来社会责任的重要参与者和潜在的最高管理者和经营者，他们对企业社会责任的态度与企业未来的社会责任行为密切相关。为此，建议加强对民族地区高校社会责任的教育，将企业社会责任、企业伦理等内容纳入教学内容，并根据专业、年级设置相应的课程，结合专题讲座、宣传报道、社会实践等多样化渠道，将企业社会责任意识内化于学生之心。

第五，企业履行社会责任应该量力而行。

理论上而言，企业承担的社会责任越多越好，越全面越理想，然而，这是不现实的。因为任何企业要承担社会责任或多或少要消耗一定的资源，而在资源有限约束条件下，这势必影响企业的生存发展能力，长期如此，企业不但不能很好地履行社会责任，反而将导致企业最终被市场抛弃。为此，我们不能不切实际地要求企业履行超越企业能力的社会责任，必须倡导企业在确保自身生存和发展能力的前提下，根据自己内部的实际情况和外部环境的变化情况量力而行，对民族地区企业更是如此，因为与经济发达地区的企业相比，民族地区企业不仅经济韧性相对较低，而且表现出更强的脆弱性。

第六，各企业在力所能及的范围内应积极履行企业社会责任。

尽管履行企业社会责任会占用企业的各种资源，似乎会影响企业为股东创造利润的能力，但企业履行企业社会责任消耗企业资源的同时，也会带来员工满意度显著提升和企业社会声誉提升等成效,因此,民族地区企业在履行好基本社会责任的同时,尽可能履行好其他社会责任。

第三节　研究局限和未来展望

受时间、资金和其他主客观因素的制约,研究中存在许多不足之处。本节将说明研究中存在的主要局限,然后说明未来的研究打算。

一、研究局限

本研究存在的不足主要体现在如下几个方面。

1. 总体来说,本研究遵循的是实证主义研究范式,采用定量分析为主的研究方法。虽然定量研究给人以科学严谨的印象,但研究中,该方法难以对涉及企业社会责任的内外部环境条件做全面系统的考察,只能抽取其中的主要要素进行研究,因此,难以勾画出民族地区企业社会责任及其影响因素的全图景。另外,关于企业社会责任,因其存在情景和文化依赖性,迄今学术界无论就其内涵还是外延都没有一致认可的定义,在企业社会责任内涵和外延都不确定的情况下,定量研究更难很准确地测定和解释主要影响因素的影响路径和影响程度。此外,企业社会责任履行是个长期动态的过程,涉及的因素非常多,因此,对这样一个复杂系统进行考察时既要考虑横向的截面因素,也要考虑纵向的时间因素,必须将横向和纵向因素结合起来,两者不可偏废,否则,就难以达到理想的效果。然而,本研究分析的数据是采用横向的截面数据,考察的是研究对象某一时点的静态图景,因此,严格来说,研究结果只反映了某一时点广西企业社会责任的真实情况。

2. 系统论认为,世上万物皆系统。根据这一观点,企业社会责任履行无疑也是一个复杂大系统,包含了许多正负反馈回路。正是这些正负反馈回路相互耦合,共同影响着系统的演进。然而,这种耦合形式和程度往往随着外部环境和内部条件的变化而变化,并使正负反馈回路的主导地位不断交替,从而导致系统行为更显出非线性的特征。不过,遗憾的是在研究中虽然我们考虑了研究对象的系统性特征,采用结构方程模型来探求各因素对企业社会责任行为的影响,但结构方程模型本质上依然是一种探索变量间线性关系的方法,因此,研究结论只是大致反映了企业社会责任系统各要素间的内在关系,并没有完全揭示各要素之间的本质关系。

3. 本研究的主要目的在于揭示民族地区企业社会责任的履行水平及其影响因素,因此,研究的样本应该来自国内所有民族地区,至少要有一定数量的样本来自其他民族地区,但本研究中,我们仅仅以广西为例来进行研究并将研究结论推而广之,虽然广西作为民族地区具有典型性,但因不同民族地区的经济、文化均存在较大差异,因此,依据广西企业样本研究的结论对其他民族地区不一定具有很强的说服力。此外,广西有 14 个地市,尽管我们的样本覆盖了 13 个地市,地市覆盖率达到 92.86%,但有的地市样本数太少,如河池、玉林和桂林的样本数均没有超过 10 份,用几份甚至是十多份样本来代表一个地市企业的总体状况也不够有说服力,这显然也是本研究存在的主要瑕疵之一。

4. 本研究的有效样本为 192 份,虽然 LISREL8.7 软件分析得出的最小 CN 值为 245.68,超过学者推荐的 CN≥200 这一门槛值,然而,相对于估计参数多达近 100 个的结构方程模型来说,这个样本数应该不够,这可能会影响模型的稳定性和结论的可靠性。

二、未来研究展望

鉴于本研究存在的上述不足,我们认为,未来可以从如下几方面进一步丰富和完善本研究。

1. 从民族地区选择一定数量且具有代表性的企业进行长期跟踪调查,从动态视角揭示企业社会责任履行的动力机制和主要影响因素,进而探讨如何有效促进全企业的社会责任。

2. 在具体研究方法上,充分考虑企业社会责任系统变化的非线性特征,通过采用人工神经网络、系统动力学等非线性研究方法来建立非线性模型。从而更真实、全面地揭示系统中各主要因素之间的关系。

3. 加大不同地市、不同行业的抽样,使不同地区、不同行业的样本量足够大,这样能更真实地反映不同企业、不同行业企业的社会责任情况和水平。

4. 继续探求企业和企业最高管理者个人特征变量对企业社会责任履行水平的影响。

虽然企业社会责任理念传入我国的时间仅有 30 年,但很快在国内掀起了一股研究热潮,积累了海量文献。尽管如此,但关于民族地区企业的文献依然不多,仅占国内相关文献总量的 0.2%,且在这有限的研究中,实证研究更是有限,因此,有必要进一步加强对民族地区企业社会责任的研究,尤其是从实证角度的研究。我们虽然在民族地区企业社会责任实施研究方面做了一些工作,但这些工作最多只能算是为后续进一步研究做了一点前期铺垫,还有大量的后续工作需要学术界的共同努力才能完成。对于研究中存在的不足,笔者将在后续的研究工作中努力加以改进和完善。

参 考 文 献

［1］张仲坪:《和谐社会视角下的企业社会责任》,《合作经济与科技》2013 年第 2 期。

［2］杨艳、夏扬:《信息社会企业道德缺失现状研究》,《理论月刊》2008 年第 2 期。

［3］陈永清、蒙仁君:《广西企业社会责任实施现状调查分析》,《沿海企业与科技》2015 年第 3 期。

［4］王中杰:《公司社会责任治理》,中国发展出版社 2011 年版。

［5］Eberstadt, Nicholas N., "What History Tells Us About Corporate Social Responsibilities", *Business and Sociality*, 1973(7), pp.76-78.

［6］Carroll, Archie B., "Corporate Social Responsibility: Evolution of Definition Construct", *Business and Sociality*, 1999 38(3), pp.268-295.

［7］沈洪涛、沈艺峰:《公司社会责任思想起源与演变》,上海人民出版社 2007 年版。

［8］Antonio Argandoñā, and Heidi von Weltzien Hoivik, "Corporate Social Responsibility: One Size Does Not Fit All. Collecting Evidence from Europe", *Journal of Business Ethics*, 2009(89).

［9］黎友焕:《企业社会责任研究》,西北大学博士学位论文,2007 年。

[10]倪菊香、王勇:《企业社会责任及会计揭示》,《山西财经学院学报》1997年第 6 期。

[11]李宏旺:《企业社会责任与经营绩效的相关性研究》,《商业时代》2008年第 8 期。

[12]杨帆、张梅芳:《企业社会责任:理论述评与思考》,《财会通讯》2010 年第 3 期。

[13]刘德佳:《构建和谐社会进程中我国企业社会责任建设研究》,东北师范大学学位论文,2010 年。

[14]迈克尔·波特:《竞争论》,中信出版社 2003 年版。

[15]张旭、宋超、孙亚玲:《企业社会责任与竞争力关系的实证分析》,《科研管理》2010 年第 3 期。

[16]Aupperle,Kenneth,Carroll,Archie B.,Hatfield,John D.,"An Empirical Examination of the Relationship Between Corporate Social Responsibility and Porfitability", *Academy of Management Joural*,1985,28(2).

[17]吴华明:《企业社会责任的维度、本质与功能分析》,《商业时代》2014 年第 25 期。

[18]Carroll,A.B.,"A Three-Dimensional Conceptual Model of Corporate Performance",*The Academy of Management Review*,1979,4(4),pp.497-505.

[19]Griffin,Jennifer J;Mahon,John F.,"The corporate social performance and corporate financial performance debate:Twenty-five years of incomparable research", *Business and Society*,1997,36(1),pp.5-31.

[20]Margolis,J.D.and J.P.Walsh,"Misery Loves Companies:Rethinking Social Initiatives by Business",*Administrative Science Quarterly*,2003,48(2),pp.268-305.

[21]温素彬、方苑:《企业社会责任与财务绩效关系的实证研究——利益相关者视角的面板数据分析》,《中国工业经济》2008 年第 10 期。

[22]王文成、王诗卉:《中国国有企业社会责任与企业绩效相关性研究》,《中

国软科学》2014 年第 8 期。

[23]汤丽萍、王秋实:《企业社会责任与财务绩效相关性研究综述》,《会计之友》2011 年第 29 期。

[24]上海质量管理科学研究院:《企业社会责任的履行与评价》,中国标准出版社 2010 年版。

[25]冯梅、陈志楣、王再文:《中国国有企业社会责任论》,经济科学出版社 2009 年版。

[26]《马克思恩格斯选集》第二卷,人民出版社 1995 年版。

[27]沈洪涛、沈艺峰:《公司社会责任思想起源与演变》,上海人民出版社 2007 年版。

[28]高峰:《西方企业社会责任思想的缘起与演变》,《苏州大学学报(哲学社会科学版)》2009 年第 6 期。

[29]卢代富:《企业社会责任的经济学与法学分析》,上海人民出版社 2002 年版。

[30]乔治·斯蒂纳、约翰·斯蒂纳:《企业、政府与社会》,华夏出版社 2002 年版。

[31] Epstein, Edwin, and Votaw, Dow. *Rationality*, *Legitimacy*, *Responsibility*: *Search for New Direction in Business and Society*, Goodyear Pbulishing Company, Inc., Santa Monica, California, 1978.

[32][澳]苏哈布拉塔·博比·班纳吉著,柳学永、叶素贞译:《企业社会责任:经典观点与理念的冲突》,经济管理出版社 2014 年版。

[33]Bankan, J. *The Corporate*: *The Pathological Pursuit of Profit and Power*, Toronto: Viking Canada, 2004.

[34]陈雷:《企业社会责任:概念、争论、标准与限度——基于权利意识的一种考量》,《经济与社会发展》2010 年第 6 期。

[35]翟冠慧:《谢尔顿与公司社会责任起源有关问题研究》,《前沿》2011 年

第 2 期。

[36]沈洪涛:《现代公司社会责任概念的发端——读 Bowen〈商人的社会责任〉》,《财务与会计》2007 年第 18 期。

[37]陆致瑛:《商业利益与企业社会责任》,新华出版社 2014 年版。

[38] Bird, F., &Smucker, J., " The Sociality Responsibility of International Business Firms in Developing Areas", *Journal of Business Ethics*, 2007, 73(1).

[39] Blowfield, M., & Frynas, J., " Setting new agendas: Critical perspectives on corporate social responsibility in the developing world", *International Affairs*, 2005, 81(3), pp.499-513.

[40] Smith, N., & Ward, H., " Corporate social responsibility at a crossroads?", *Business Strategy Review*, 2007, 18(1), pp.16-21.

[41] Vogel, D., " The market for virtue: The potential and limits of corporate social responsibilities", Washington, D.C.: Brookings Institution Press, 2005.

[42] Mohan, A., " Global corporate social responsibility management in MNCs", *Journal of Business Strategies*, 2006, 23(1), p.9.

[43] Long, B., & Driscoll, C. Codes of ethics and the pursuit of organizational legitimacy: Theoretical and empirical contributions, *Journal of Business Ethics*, 2008, 77(2), pp.173-189.

[44] Jamali, D., " The case for strategic corporate social responsibility in developing countries", *Business & Society Review*, 2007, 112(1), pp.1-27.

[45]王中杰:《公司社会责任治理》,中国发展出版社 2011 年版。

[46]刘菁元:《联合国全球契约评析》,外交学院 2018 年版。

[47]孙伊然:《联合国全球契约:十年回顾与展望》,《现代国际关系》2011 年第 8 期。

[48]何涛:《SA8000、全球化竞争与可持续和谐发展》,《决策咨询通讯》2006 年第 4 期。

［49］卜伟华:《社会责任 8000(SA8000)标准简介》,《电子质量》2005 年第 3 期。

［50］孙继荣:《ISO26000——社会责任发展的里程碑和新起点(二)ISO26000 的形成过程及核心内容》,《WTO 经济导刊》2010 年第 11 期。

［51］赵斌:《企业伦理与社会责任》,机械工业出版社 2011 年版。

［52］卢勇:《ISO26000——开创社会责任新纪元》,《现代商业》2011 年第 2 期。

［53］钟朝宏、干胜道:《"全球报告倡议组织"及其〈可持续发展报告指南〉》,《社会科学》2006 年第 9 期。

［54］张长江、许一青:《企业可持续发展报告研究述评——基于 GRI〈可持续发展报告指南〉发布后的文献》,《财务与金融》2015 年第 2 期。

［55］童音音:《企业可持续发展报告的历史演进与未来展望》,《商场现代化》2014 年第 24 期。

［56］陶璐婷:《全球报告倡议组织与〈可持续发展报告指南〉》,华东师范大学硕士学位论文,2015 年。

［57］KPMG. "The KPMG Survey of Corporate Responsibility Reporting 2013". http://www.kpmg.com/sustainability.

［58］郑若娟:《弥合可信度鸿沟:AA1000 审验标准》,《WTO 经济导刊》2007 年第 9 期。

［59］宋红茹:《ISO14000 环境管理国际标准的发展和现状》,《信息技术与标准化》2002 年第 5 期。

［60］杜润鸿:《ISO14000 走向国际市场的环保通行证》,《粮油加工与食品机械》2002 年第 10 期。

［61］刘松山:《玩具业 ICTI 认证》,《世界标准化与质量管理》2005 年第 6 期。

［62］梁毅:《浅析世界卫生组织的 GMP》,《机电信息》2012 年第 26 期。

［63］陈琛:《试述中国古代商人的社会责任意识》,《赤峰学院学报(汉文哲学

社会科学版)》2014 年第 2 期。

[64]朱金瑞:《当代中国企业社会责任的历史演进分析》,《道德与文明》2011年第 4 期。

[65]华惠毅:《企业的社会责任——访南化公司催化剂厂》,《瞭望周刊》1985年第 38 期。

[66]殷格非、李伟阳、吴福顺:《中国企业社会责任发展的阶段分析》,《WTO经济导刊》2007 年第 Z1 期。

[67]《中国社会责任发展报告(2008—2013)》编写组:《中国社会责任发展报告(2008—2013)》,企业管理出版社 2014 年版。

[68]陈锦华:《陈锦华在北京"全球契约座谈会"上的致词》,《上海企业》2005 年第 11 期。

[69]《中远集团决定加入联合国全球契约行动》,《中国远洋报》2004 年 10 月29 日。

[70]杜文:《中国企业首获全球契约门票》,《中国企业报》2006 年 12 月26 日。

[71]王飞鹏:《SA8000 标准在我国的推行现状与促进措施》,《山东工商学院学报》2007 年第 1 期。

[72]王璨、李娴:《SA8000 标准在中国的认证现状及思考》,《经济视角(下旬刊)》2013 年第 9 期。

[73]金雪军、王晓荣:《自愿劳工标准的现状和发展:基于 SA8000 认证的经验研究》,《中国工业经济》2005 年第 8 期。

[74]《中国企业社会责任发展报告(2006、2013)》编写组:《中国企业社会责任发展报告(2006—2013)》,企业管理出版社 2014 年版。

[75]殷格非:《中国首份按照 ISO26000 标准编制的报告——兼评中国铝业公司第六份社会责任报告》,《WTO 经济导刊》2011 年第 7 期。

[76]《我国首份基于 ISO26000 企责报告发布》,《经济导报》2011 年 9 月

28 日。

[77]张明凯、赵光洲:《ISO26000 在我国企业的现状、前景及对策分析》,《中国商贸》2015 年第 3 期。

[78]王波、马凤才、张群:《企业环境报告与实践分析》,《环境保护》1999 年第 3 期。

[79]党红:《从别名看 CSR 的概念演变(上)》,《首席财务官》2015 年第 13 期。

[80]牙健红:《大唐集团向广西公众发布社会责任报告》,《广西日报》2007 年 9 月 8 日。

[81]牙健红、杨清:《广西电网公司发布我区首份企业社会责任报告》,《广西日报》2008 年 7 月 1 日。

[82]Carroll, Archie B. "Corporate Social Responsibility: Evolution of a Definition Construct", *Business and Society*, 1999, 38(3), pp.268-295.

[83]霍华德·R.鲍恩著,肖红军、王晓光、周国银译:《商人的社会责任》,经济管理出版社 2015 年版。

[84]Davis, Keith., "Can Business Afford to Ignore Social Responsibilities?", *California Management Review*, 1960, 2(03), pp.70-76.

[85]唐更华:《企业社会责任发生机理研究》,湖南人民出版社 2008 年版。

[86]Frederick W.C., "The growing concern over business responsibility", *California Management Review*, 1960, 2, pp.54-61.

[87]Eells, R., and Walton, C. *Conceptual Foundations of Business*, Homewood: Richard D.Irwin 1961.

[88]McGuire, J.W., "Business and Society", New York: McGraw-Hill, 1963.

[89] Walton, C. C., " Corporate social responsibilities ", Belmont: CA, Wadsworth, 1967.

[90] Friedman M. *Capitalism and freedom*. Chicago: University of Chicago

Press,1962.

[91]Arevalo Jorge A.,"Dimensions of corporate social responsibility:a time for new discourse",In *World Review of Entrepreneurship Management and Sustainable Development*.February 2009.

[92]冯璁:《基于企业生命周期的企业社会责任与企业绩效关系研究》,西南交通大学学位论文,2015年。

[93]Davis,K.,"The case for and against business assumption of social responsibilities",*Academy of Management Journal*,1973,16,pp.312-322.

[94]Eells,R.& Walton,C.*Conceptual foundations of business*.Burr.ridge,1974.

[95]Sethi,S.P."Dimensions of corporate social performance:an analytic framework",*California Management review*,1975,17(3),pp.58-64.

[96]Davis,K.,"Five propositions for Social Responsibility",*Business Horizon*,1975,18(03),pp.19-24.

[97]Tuzzolino,F.and Armandi,B.R.,"A need-hierarchy framework for assessing corporate social responsibility",*Academy of Management Review*,1981,(6),pp.21-28.

[98]Wartick,S.L.,"and Cochran,P.L..The Evolution of the Corporate Social Performance Model",*Academy of Management Review*,1985,10(4),pp.756-769.

[99]Miles,R.H.,"Managing the Corporate Social Environment:A Grounded Theory",Prentice-Heall,Inc.,1987.

[100]Brummer,J.,*Corporate Responsibility and Legitimacy:an Interdisciplinary Analysis*,New York:Greenwood Press.1991.

[101]Wood,Donna J.,"Corporate Social Performance Revisited",*Acadmy of Management Review*,1991,16(4),pp.690-702.

[102]Swanson,Diane L.,"Addressing a Theoretical Problem by Reorienting the Corporate Social Performance Model",*Academy of Management Journal*,1995,20(1),pp.43-64.

［103］Elkington J. *Cannibals with forks: the triple bottom line of 21st century business*.Oxford:Capstone,1997.

［104］Orlitzky M.,"Payoffs to Social and Environmental Performance",*Journal of Investing*,2005,14(3),pp.48-52.

［105］Freeman R. E., *Strategic management: A stakeholder approach*, Boston: Pitman/Ballinger,1984.

［106］Clarkson M.,"A stakeholder framework for analyzing and evaluating corporate social performance",*Academy of Management Review*, 1995, 20 (1), pp. 92-117.

［107］Donaldson Thomas and Preston Lee E."The Stakeholder Theory of the Corporation: Concepts, Evidence, and Implications ", *Academy of Management Review*, 1995,20(1),pp.65-91.

［108］Phillips R.,"Stakeholder legitimacy",*Business Ethics Quarterly*,2003,13 (1),pp.25-41.

［109］Merchant & Otley."A review of the literature on control and accountability", *Handbook of mana*,2007.

［110］Smith,N.,& Ward,H.,"Corporate Social Responsibility at a corssroads?", *Business Strategy Review*,2007,18(1),pp.16-21.

［111］Tuzzolino F,Armandi B R."A need hierarchy framework for assessing corporate social responsibility",*Academy of Management Review*,1981,6(1),pp.21-28.

［112］Davis,K.,"Can Business Afford to Ignore Social Responsibilities?",*California Management Review*,1960(2),pp.70-76.

［113］Narver J. C.,"Rational Management Responses to External Effects", *Academy of Management Journal*,1971,14(1),pp.99-115.

［114］Mcwilliams,A.and Siegel,D.:"Corporate Social Responsibility:A Theory of the Firm Perspective",*Academy of Management Review*,2001,26,pp.117-127.

[115] Johnson O., "Corporate philanthropy: An analysis of corporate contributions", *Journal of Business*, 1966, 39(4), pp.489-504.

[116] Whitehead P. *Some economic aspects of corporate giving*, Virginia Polytechnic Institute and State University, 1976.

[117] Keim, G.D., "Managerial Behavior and the Social Responsibility Debate: Goals Versus Constraints", *Academy of Management* 1978, 21(1), pp.57-68.

[118] Ramanathan, K.V. "Toward a Theory of Corporate Social Accounting", *The Accounting Review*, 1976, 51(3), pp.516-528.

[119] Moon J. "Government as a driver of corporate social responsibility", *International Centre for Corporate Social Responsibility*, 2004.

[120] Schepers, D.H. "The Impact of NGO Network Conflict on the Corporate Social Responsibility Strategies of Multinational Corporations", *Business Sociality*, 2006, 45(3), pp.282-299.

[121] Campell, J.L. "Why Would Corporations Behave in Society Responsible Ways? An Institutional Theory of Corporate Social Responsibility", *The Academy of Management Review*, 2007, 32(3), pp.946-967.

[122] Li, J., Chiang, D.T. "Advancing corporate social responsibility in supply chain from behavioral perspectives", *Calif.J.* 2010, 8(1), pp.83-92.

[123] Su, J. and He, J. "Does Giving Lead to Getting? Evidence from Chinese Private Enterprises", *Journal of Business Ethics*, 2010.93, pp.73-90.

[124] 张晓、范英杰:《企业社会责任行为驱动因素研究综述》,《财政监督》2016 年第 2 期。

[125] Douglass C.North. *Structure and Change in Economic History*, New York: W. W.Norton, 1981.

[126] Maignan, I, Ferral O.C and Hult G.T.M., "Corporate Citizenship: Cultural Antecedents and Business", *Marketing Science*, 1999, 27(4), pp.455-469.

[127]Swanson D L."Toward an integrative strategy of business and society:A research strategy for corporate social performance", *Academy of Management Review*, 1999,24(3),pp.506-521.

[128]Zadek,Simon."The Path to Corporate Responsibility",*Harvard Business Review*,2004,82(12),pp.125-132.

[129]Trevino,L.K.& Nelson,K.A.*Managing business ethics:Straight talk about how to do it right*,John Wiley & Sons,Inc.,New Jersey,2007.

[130]Jones P.,Daphne Comfort."What's in store? Retail Marketing and Corporate Social Responsibility",*Marketing Intelligence & Planning*,2007,25(11),pp.17-30.

[131]Hambrick,D.C.,Mason,P.A."Upper Echelons:The Organization as a Reflection of Its Top Managers",*Academy of Management Journal*,1984,(9),pp.193-200.

[132]Mudrack,P."Individual Personality Factors that Affect Normative Beliefs about the Rightness of Corporate Social Responsibility",*Business and Socility*,2007,46(1),pp.33-62.

[133]Ibrahim A.N.,Angelidis J.P."Effect of Board Members Gender on Corporate Social Responsiveness Orientation",*Journal of Applied Business Research*,1991,10(01),pp.35-40.

[134]Thomas,A.S.,Simerly,R.L."Internal Determinants of Corporate Social Performance:The Role of Top Managers"*Academy of Management Proceedings*,1995,(02),pp.411-415.

[135] Bowen,H.,"Social responsibilities of the businessman",Harper,New York.1953.

[136]Etzioni,A.,"The Essential Communitarian Reader",Oxford:Rowman & Littlefield,1998.

[137]Graafland,J.,B.V.Ven."Strategic and Moral Motivation for Corporate Social

Responsibility", *Journal of Corporate Citizenship*, 2006, 22, pp.111-123.

[138] Thomas, Terry; Schermerhorn Jr., John R.; Dienhart, John W., "Strategic Leadership of Ethical Behavior in Business", *Academy of Management Executive*, 2004, 18(2), pp.56-66.

[139] Hayek, F.A., "The Corporation in a Democratic Society: In Whose Interest Ought it and Will it be Run?", In Ansoff, H.I. (ed.), *Business and society*, Harmondworth, 1969.

[140] Friedman M., "The social responsibility of business is to increase its profits", *The New York Times Magazine*, 1970, 7, pp.375-380.

[141] Schwartz, M.S. & Carroll, A.B. "Corporate Social Responsibility: A Three Domain Approach", *Business Ethics Quarterly*, 2003, 13(4), pp.503-530.

[142] Carroll, A.B., "The Pyramid of Corporate Social Responsibility: Toward the Moral Management of Organizational Stakeholders", *Business Horizons*, 1991, 34(4), pp. 39-48.

[143] Turban D B., Greening D W., "Corporate social performance and organizational attractiveness to prospective employees", *The Academy of Management Journal*, 1997, 40(3), pp.658-672.

[144] Siltaoja, M.E., "Value priorities as combining core factors between CSR and reputation: a qualitative study", *Journal of Business Ethics*, 2006, 68(1), pp.91-111.

[145] Fombrun, C.J.and Van Riel, C.B., "What's in a name? Reputation building and corporate stratege", *Academy Management Journal*, 1990, 33(2), pp.233-256.

[146] de Quevedo-Puente, Esther, de la Fuente-Sabaté, Juan Manuel, Fombrun, Charles J., "Corporate social performance and corporate reputation: two interwoven perspectives", *Corporate Reputation Review*, 2007, 10(1), pp.60-72.

[147] Kwarteng, A., Dadzie, S.and Famiyeh, S., "Empirical examination of sustainability and its effects on competitive advantage: evidence from a developing country's

manufacturing sector", *Journal of Global Responsibility*, 2016, 7(1), pp.1-16.

[148] Famiyeh S., Kwarteng A., Dadzie S.A., "Corporate social responsibility and reputation: some empirical perspectives", *Journal of Global Responsibility*, 2016, 7(2), pp.258-274.

[149] Matthew Haigh, Marc T.Jones, "The Driver of Corporate Social Responsibility: A Critical Review", *Business Review Cambridge*, 2006, 5(2), pp.245-251.

[150] Montabon, F., Sroufe, R., Narasimhan, R., "An Examination of Corporate Reporting, Environmental Management Practices and Form Performance", *Journal of Operations Management*, 2007, 25(5), pp.998-1014.

[151] Windsor D. "Corporate social responsibility: Three key approaches", *Journal of Management Studies*, 2006, 43(1), pp.93-114.

[152] 杨春方:《我国企业社会责任驱动机制研究》,华中科技大学学位论文,2009年。

[153] Qu, R., "Effects of government regulations, market orientation and ownership structure on corporate social responsibility in china: an empirical study", *International Journal of Management*, 2007, 24(3), pp.582-591.

[154] Steurer, R., "The role of government in corporate social responsibility: Characterizing public policies on CSR in Europe", *Policy Sciences*, 2010, 43(1), pp.49-72.

[155] Givel M., "Motivation of chemical industry social responsibility through Responsible Care", *Health Policy*, 2007, 81(1), pp.85-92.

[156] Dummett K., "Drivers for corporate environmental responsibility", *Environment Development and Sustainability*, 2006, 8(3), pp.375-389.

[157] Orfitzky M, Schmidt F.L, Rynes S., "Corporate Social and Financial Performance: A Meta-analysis", *Organization Studies*, 2003, 24(3), pp.403-411.

[158] Kanter R.M., "From Spare Change to Real change", *Harvard Business Review*, 1999, 77(3), pp.122-132.

［159］Baden D.A.,Harwood I.A.,Woodward D.G.,"The effect of buyer Pressure on suppliers in SMES to demonstrate CSR Practices:An added incentive or counter Productive?",*European Management Journal*,2009,1,pp.1-13.

［160］Freeman R E."Strategic management:A stakeholder approach",Boston:Pitman/Ballinger,1984.

［161］Mitchell R.K,Agle B.R.&wood D.J."Toward a Theory of Stakeholder Identifieation and Salienee:Defining Principle of Who and What Really Counts",*The Academy of Management Review*,1997,22(4),pp.853-886.

［162］Freeman,R.E.*Strategic Management:A Stakeholder Approach*,Boston:Pitman,1984.

［163］Dummett K."Drivers for corporate environmental responsibility",*Environment Development and Sustainability*,2006,8(3),pp.375-389.

［164］肖红军、李伟阳、许英杰:《企业社会责任评价研究:反思、重构与实证》,经济管理出版社 2014 年版。

［165］刘凤军、杨崴、王镠莹、李敬强:《中外企业社会责任研究综述》,《经济研究参考》2009 年第 12 期。

［166］申立峰:《国内企业社会责任概念研究综述》,《企业导报》2013 年第 10 期。

［167］于向阳:《企业社会责任之探讨》,《山东法学》1991 年第 4 期。

［168］李占祥:《论企业社会责任》,《中国工业经济研究》1993 年第 2 期。

［169］刘俊海:《公司的社会责任》,法律出版社 1999 年版。

［170］卢代富:《企业社会责任的经济学与法学分析》,上海人民出版社 2002 年版。

［171］屈晓华:《企业社会责任演进与企业良性行为反应的互动研究》,《管理现代化》2003 年第 5 期。

［172］周祖城、张漪杰:《企业社会责任相对水平与消费者购买意向关系的实

证研究》,《中国工业经济》2007 年第 9 期。

[173]刘建秋和宋献中:《契约理论视角下企业社会责任的层次与动因》,《财政研究》2012 年第 6 期。

[174]刘长喜:《利益相关者、社会契约与企业社会责任——一个新的分析框架及其应用》,复旦大学博士学位论文,2005 年。

[175]李淑英:《社会契约论视野中的企业社会责任》,《中国人民大学学报》2007 年第 2 期。

[176]李丰团:《基于契约理论的企业社会责任解析》,《商业时代》2011 年第 10 期。

[177]于力新:《基于社会契约理论的企业社会责任研究》,《科技创新导报》2012 年第 36 期。

[178]惠宁、霍丽:《企业社会责任的构建》,《改革》2005 年第 5 期。

[179]周祖城:《企业社会责任:视角、形式与内涵》,《理论学刊》2005 年第 2 期。

[180]田虹:《从利益相关者视角看企业社会责任》,《管理现代化》2006 年第 1 期。

[181]王汇杰:《法学视角下企业社会责任的实现》,兰州大学硕士学位论文,2010 年。

[182]周林彬、何朝丹:《试论"超越法律"的企业社会责任》,《现代法学》2008 年第 2 期。

[183]林军:《企业社会责任的社会契约理论解析》,《岭南学刊》2004 年第 4 期。

[184]黎友焕:《论企业社会责任建设与构建和谐社会》,《西北大学学报(哲学社会科学版)》2006 年第 5 期。

[185]张彦宁:《企业社会责任的新内涵》,《企业管理》2005 年第 1 期。

[186]李双龙:《试析企业社会责任的影响因素》,《经济体制改革》2005 年第

4 期。

[187]鞠芳辉、谢子远、宝贡敏:《企业社会责任的实现——基于消费者选择的分析》,《中国工业经济》2005 年第 9 期。

[188]胡明娟:《中国企业社会责任的推行及其影响因素》,华中科技大学硕士学位论文,2006 年。

[189]高建芳:《旅游企业社会责任评价指标体系研究》,北京林业大学硕士学位论文,2007 年。

[190]刘芳雄:《论企业社会责任的驱动机制》,《南京大学法律评论》2010 年春季卷。

[191]毕楠:《企业社会责任价值创造的驱动因素与作用机理研究》,《当代经济研究》2012 年第 7 期。

[192]李洁、徐佩、张亦凤:《中国医药企业社会责任及驱动因素的实证研究》,《经济研究导刊》2012 年第 27 期。

[193]周翼翔、钱晨:《转型期我国中小企业社会责任的驱动因素研究》,《铜陵学院学报》2012 年第 3 期。

[194]田志龙、贺远琼、高海涛:《中国企业非市场策略与行为研究——对海尔、中国宝洁、新希望的案例研究》,《中国工业经济》2005 年第 9 期。

[195]辛杰:《企业社会责任驱动因素研究——以山东省 2200 家企业调查为例》,《预测》2008 年第 6 期。

[196]何朝晖:《中小企业社会责任与成长性关系研究》,中南大学博士学位论文,2009 年。

[197]王伟:《企业社会责任行为驱动因素实证研究》,山东大学硕士学位论文,2008 年。

[198]杨春方:《中国企业社会责任影响因素实证研究 》,《经济学家》2009 年第 1 期。

[199]尹钰林:《企业社会责任前置因素及其作用机制研究》,南开大学博士

学位论文,2010 年。

[200]党渭平:《兰州市中小企业社会责任驱动因素实证研究》,兰州理工大学硕士学位论文,2014 年。

[201]王刚:《商业银行履行企业社会责任的驱动因素研究》,大连理工大学硕士学位论文,2014 年。

[202]项喧、熊伟:《中小企业社会责任驱动因素与推进机制研究——以浙江为例》,《管理现代化》2017 年第 3 期。

[203]曹华青:《中国企业社会责任评价研究综述》,《企业技术开发》2012 年第 10 期。

[204]颜剩勇:《企业社会责任财务评价研究》,西南财经大学出版社 2007 年版。

[205]王天仁:《中国企业社会责任评价体系构建与应用》,研究出版社 2009 年版。

[206]上海质量管理科学研究院编著:《企业社会责任的履行与评价》,中国标准出版社 2010 年版。

[207]刘淑华:《企业社会责任绩效评价及推进机制》,中国经济出版社 2015 年版。

[208]马学斌、徐岩:《企业社会责任评价技术应用研究》,《系统工程理论与实践》1995 年第 2 期。

[209]李富平、宋爱东:《矿山企业社会责任评价方法研究》,《有色金属(矿山部分)》1997 年第 3 期。

[210]姜万军、杨东宁、周长辉:《中国民营企业社会责任评价体系初探》,《统计研究》2006 年第 7 期。

[211]李立清:《企业社会责任评价理论与实证研究:以湖南省为例》,《南方经济》2006 年第 1 期。

[212]陈留彬:《中国企业社会责任评价实证研究》,《山东社会科学》2007 年

第 11 期。

[213]郭京福、张欣、王可:《企业社会责任评价指标研究》,《大连民族学院学报》2007 年第 6 期。

[214]李雄飞:《企业社会责任评价指标体系的构建》,《中国乡镇企业会计》2007 年第 9 期。

[215]许震黎:《煤炭企业社会责任综合评价指标的构建》,《会计之友(下旬刊)》2007 年第 10 期。

[216]田静:《企业社会责任绩效评价指标体系的设计与应用》,南京理工大学硕士学位论文,2007 年。

[217]高建芳:《旅游企业社会责任评价指标体系研究》,北京林业大学硕士学位论文,2007 年。

[218]赵杨、孔祥纬:《我国企业社会责任履行绩效评价体系构建研究——基于利益相关者理论及分项评价模式》,《北京工商大学学报(社会科学版)》2010 年第 6 期。

[219]杨莉:《我国企业社会责任评价指标及方法研究》,西北大学硕士学位论文,2010 年。

[220]杨超:《企业社会责任评价指标体系》,《企业管理》2010 年第 12 期。

[221]杨钧:《企业社会责任评价模型:——基于中国中小企业的实证分析》,《未来与发展》2010 年第 3 期。

[222]阮班鹰:《基于科学发展观的企业社会责任评价体系研究》,《财会通讯》2010 年第 7 期。

[223]田虹、姜雨峰:《网络媒体企业社会责任评价研究》,《吉林大学社会科学学报》2014 年第 1 期。

[224]王丹、朱波强:《基于熵值法的我国企业社会责任评价研究——以矿产资源型企业为例》,《会计之友》2014 年第 30 期。

[225]董淑兰、王思盈:《食品企业社会责任评价体系的构建》,《中国农业会

计》2014 年第 2 期。

[226]夏虹、黄彩:《基于 AHP 和熵权法赋权的煤炭企业社会责任评价》,《东华理工大学学报(社会科学版)》2014 年第 3 期。

[227]田俊敏:《企业社会责任评价指标体系构建》,《财会通讯》2014 年第 13 期。

[228]黄益方、孙永波:《零售企业社会责任评价指标体系研究——以苏宁电器为例》,《中国流通经济》2015 年第 1 期。

[229]王怀明、王鹏:《食品企业社会责任表现的评价及影响因素研究》,《东南大学学报(哲学社会科学版)》2015 年第 1 期。

[230]杨小燕、徐佩:《消费者视角下江苏省医药企业社会责任评价》,《中国卫生事业管理》2015 年第 3 期。

[231]徐士伟、陈德棉、乔明哲:《公众对企业社会责任的评价研究——基于交易成本的视角》,《四川师范大学学报(社会科学版)》2016 年第 6 期。

[232]姚骥、俞小平:《中国林业上市企业社会责任评价研究》,《林业经济问题》2016 年第 1 期。

[233]冯璁、彭新艳:《企业社会责任评价指标体系构建研究——以利益相关者为视角》,《西南交通大学学报(社会科学版)》2016 年第 6 期。

[234]闫蓉蓉、付海燕:《印刷企业社会责任评价体系研究》,《北京印刷学院学报》2017 年第 1 期。

[235]李富平、宋爱东:《矿山企业社会责任评价方法研究》,《有色金属(矿山部分)》1997 年第 3 期。

[236]王林萍、施婵娟、林奇英:《农药企业社会责任指标体系与评价方法》,《技术经济》2007 年第 9 期。

[237]宋建波、盛春艳:《基于利益相关者的企业社会责任评价研究——以制造业上市公司为例》,《中国软科学》2009 年第 10 期。

[238]朱永明、许锦锦:《国有大中型企业社会责任评价体系研究——以中国

银行为例》,《工业技术经济》2013 年第 2 期。

[239]冯臻:《层次分析法视角下企业社会责任行动评价指标体系构建》,《企业经济》2014 年第 10 期。

[240]朱洁、朱天真:《国企改革背景下国有竞争型企业社会责任评价与实证研究》,《经贸实践》2017 年第 5 期。

[241]李娜、闫莹:《煤炭企业社会责任履行评价》,《煤炭技术》2017 年第 4 期。

[242]田虹:《企业社会责任效应研究》,吉林大学博士学位论文,2007 年。

[243]朱学颖、张丕宏:《BP 神经网络在企业社会责任评价中的应用浅探》,《商业文化(学术版)》2009 年第 4 期。

[244]齐二石、朱永明、焦馨锐:《基于灰色理论的煤炭企业社会责任绩效评价研究》,《商业研究》2011 年第 10 期。

[245]毛磊、贾湖、肖承杭:《基于数据包络分析方法的建筑企业社会责任评价系统研究》,《科学技术与工程》2011 年第 34 期。

[246]韦德贞:《基于 ANP 模型的企业社会责任绩效评价》,《财会通讯》2011 年第 19 期。

[247]王译靖:《战略性企业社会责任与财务绩效关系研究》,浙江财经大学硕士学位论文,2015 年。

[248]夏虹、黄彩:《基于 AHP 和熵权法赋权的煤炭企业社会责任评价》,《东华理工大学学报(社会科学版)》2014 年第 3 期。

[249]董千里、王东方、于立新:《企业规模、企业社会责任与企业财务绩效关系研究》,《技术经济与管理研究》2017 年第 2 期。

[250]张德亮、吴颖利:《浅议企业社会责任与经济绩效之间关系的前提及视角》,《经济师》2003 年第 1 期。

[251]谭深、刘开明:《跨国公司的社会责任与中国社会》,社会科学文献出版社 2003 年版。

［252］王靓:《利益相关者角度的企业社会责任与企业绩效关系研究》,浙江大学学位论文,2006 年。

［253］袁昊、夏鹏、赵卓丽:《承担社会责任未必影响公司发展——从企业社会责任指向谈企业社会责任与绩效关系》,《华东经济管理》2004 年第 6 期。

［254］邓冬梅:《企业社会责任与企业绩效关系探析》,《科技创业月刊》2005年第 7 期。

［255］胡孝权:《企业可持续发展与企业社会责任》,《重庆邮电学院学报(社会科学版)》2004 年第 2 期。

［256］舒强兴、唐小兰:《论企业社会责任与经济绩效的关系》,《湖南大学学报(社会科学版)》2006 年第 5 期。

［257］李艳华:《中国企业社会责任研究》,暨南大学博士学位论文,2006 年。

［258］李正:《企业社会责任与企业价值的相关性研究——来自沪市上市公司的经验证据》,《中国工业经济》2006 年第 2 期。

［259］徐光华、张瑞:《企业社会责任与财务绩效相关性研究》,《财会通讯(学术版)》2007 年第 12 期。

［260］杨蓉、杨宇:《企业社会责任与核心竞争力——基于中国上市公司的实证研究》,《华东师范大学学报(哲学社会科学版)》2008 年第 5 期。

［261］黎友焕:《企业社会责任》,华南理工大学出版社 2010 年版。

［262］窦鑫丰:《企业社会责任对财务绩效影响的滞后效应——基于沪深上市公司面板数据的实证分析》,《产业经济研究》2015 年第 3 期。

［263］魏丽玲、陆旸:《企业社会责任与财务绩效关系研究——以食品饮料制造业为例》,《东南大学学报(哲学社会科学版)》2016 年第 S2 期。

［264］朱金凤、杨鹏鹏:《企业社会责任与财务绩效关系的实证检验》,《统计与决策》2009 年第 7 期。

［265］杨皖苏、杨善林:《中国情境下企业社会责任与财务绩效关系的实证研究——基于大、中小型上市公司的对比分析》,《中国管理科学》2016 年第 1 期。

[266]陈玉清、马丽丽:《我国上市公司社会责任会计信息市场反应实证分析》,《会计研究》2005 年第 11 期。

[267]王天竹、马鸿飞、周小燕:《基于利益相关者的企业社会责任与竞争力相关性的实证研究》,《科技与管理》2015 年第 6 期。

[268]李玲:《旅游企业社会责任与财务绩效的典型相关分析——基于利益相关者视角》,《企业经济》2015 年第 8 期。

[269]贾莹丹、文静、董春英:《企业财务绩效与企业社会责任信息披露的相关性研究——基于广西上市公司 2006—2010 年的经验数据》,《现代经济信息》2011 年第 18 期。

[270]肖文娟、唐冬妮:《广西上市公司社会责任尽责程度及其经济后果分析》,《广西职业技术学院学报》2012 年第 2 期。

[271]吴婷:《广西上市公司社会责任会计信息披露的实证研究》,《柳州师专学报》2012 年第 1 期。

[272]韦丽青:《广西上市企业公司治理结构对企业社会责任的影响研究》,《中国乡镇企业会计》2014 年第 1 期。

[273]彭娟、周杰:《广西区直国有企业管理者企业社会责任认知现状与改进策略》,《企业科技与发展》2016 年第 11 期。

[274]赵其国、黄国勤:《论广西生态安全》,《生态学报》2014 年第 18 期。

[275]乔永波、鲍洪杰:《贵州民族地区企业环保投资困境透视》,《贵州民族研究》2014 年第 5 期。

[276]黄玉萍:《少数民族企业社会责任践行中的民族维度——基于利益相关者视角》,《贵州民族研究》2015 年第 4 期。

[277]霍季春:《从"企业社会责任"到"企业公民"》,《理论与现代化》2007 年第 1 期。

[278]邵炜、王晶晶:《从"社会责任"到"企业公民"的演变》,《特区经济》2009 年第 3 期。

[279]罗方:《试论人本化管理的内涵、特征及发展趋势——基于设计项目管理视角》,《商业时代》2012 年第 18 期。

[280]闵红:《试论广西构建和谐劳动关系企业的问题和对策》,《经济与社会发展》2012 年第 4 期。

[281]苏亚民:《论民族地区企业社会责任的特殊性》,《会计之友》2012 年第 16 期。

[282]马金莲、魏效锋、冉秋霞、闫英琪:《少数民族企业社会责任的内涵》,《经贸实践》2016 年第 7 期。

[283]赵其国、黄国勤:《论广西生态安全》,《生态学报》2014 年第 18 期。

[284]唐小兰:《企业社会责任与经营绩效的相关性研究》,湖南大学硕士学位论文,2006 年。

[285]唐志、李文川:《浙江民营企业社会责任影响因素的实证研究》,《浙江工商大学学报》2008 年第 3 期。

[286]苏蕊芯、仲伟周、刘尚鑫:《企业社会责任与企业效率关联性分析——以深市上市公司为例》,《山西财经大学学报》2010 年第 11 期。

[287]张海涛、郭锦墉、杨文平、王晓明、徐学智:《我国国有企业社会责任的实证分析》,《价格月刊》2011 年第 7 期。

[288]张琦、陈汉辉:《企业特征因素与企业社会责任实践关系实证研究》,《浙江工商职业技术学院学报》2012 年第 2 期。

[289]张胜荣:《农业企业社会责任影响因素的实证研究》,《科技管理研究》2014 年第 21 期。

[290]岳恒:《民营企业慈善捐赠行为影响因素的实证研究》,西南交通大学硕士学位论文,2015 年。

[291]邓宏亮:《民营企业社会责任报告质量影响因素分析》,《会计师》2016 年第 19 期。

[292]何文秀、吴丽君、林锐:《企业社会责任信息披露影响因素分析》,《赤峰

学院学报(自然科学版)》2013 年第 17 期。

[293]赵颖、马连福:《海外企业社会责任信息披露研究综述及启示》,《证券市场导报》2007 年第 8 期。

[294]刘敏、许海燕:《社会责任信息披露影响因素实证研究——来自深沪市2008 年度的经验数据》,《财会通讯》2010 年第 36 期。

[295]陈文婕:《企业社会责任信息披露影响因素研究》,湖南大学硕士学位论文,2009 年。

[296]唐洋、阳秋林、刘萍:《我国企业社会责任报告鉴证的影响因素研究——来自沪市上市公司的经验证据》,《湖南财政经济学院学报》2015 年第3 期。

[297]黄群慧、彭华岗、钟宏武、张蒽:《中国 100 强企业社会责任发展状况评价》,《中国工业经济》2009 年第 10 期。

[298]宋歌:《我国宏观经济因素对企业社会责任的影响》,北京交通大学硕士学位论文,2015 年。

[299]王漫天、任荣明、胡贵毅:《对企业社会责任的反思及启示》,《现代管理科学》2009 年第 11 期。

[300]齐文浩:《企业社会责任对企业绩效影响实证研究——以食品类上市公司为分析对象》,《技术经济与管理研究》2013 年第 8 期。

[301]邓泽宏、何应龙:《企业社会责任差异与提升:区域分类比较的视角》,《天津社会科学》2013 年第 5 期。

[302]杨树旺、孟楠:《经济发展水平、公司治理与企业社会责任信息披露——来自中国上市公司的经验证据》,《湖北社会科学》2016 年第 1 期。

[303]王毅、陈劲、许庆瑞:《企业核心能力:理论溯源与逻辑结构剖析》,《管理科学学报》2000 年第 3 期。

[304]陈旭东、余逊达:《民营企业社会责任意识的现状与评价》,《浙江大学学报(人文社会科学版)》2007 年第 2 期。

［305］欧阳润平、宁亚春:《西方企业社会责任战略管理相关研究述评》,《湖南大学学报(社会科学版)》2009 年第 2 期。

［306］沈洪涛、杨熠、吴奕彬:《合规性、公司治理与社会责任信息披露》,《中国会计评论》2010 年第 3 期。

［307］徐尚昆:《中国企业社会责任的概念维度、认知与实践》,《经济体制改革》2010 年第 6 期。

［308］陈立泰、刘倩:《重庆上市公司企业社会责任发展状况评价》,《特区经济》2011 年第 8 期。

［309］李长青、毛翔飞:《所有权集中度、企业融资约束与企业社会责任》,《金融与经济》2016 年第 6 期。

［310］马丽波、张健敏、吕云杰:《社会责任与家族企业生命周期》,《财经问题研究》2009 年第 3 期。

［311］梁超、陈立泰:《汽车业企业社会责任与竞争力的实证研究》,《汽车工业研究》2011 年第 12 期。

［312］舒岳:《企业生命周期视角下的社会责任差异性比较分析——来自中国 A 股上市公司的经验研究》,《财会通讯》2015 年第 30 期。

［313］尹珏林、张玉利:《中国企业的 CSR 认知、行动和管理——基于问卷的实证分析》,《经济理论与经济管理》2010 年第 9 期。

［314］颜蓉、陈汉辉:《企业最高管理者社会责任取向影响因素分析》,《西南交通大学学报(社会科学版)》2012 年第 6 期。

［315］郭如平、孔冬:《第二代浙商企业社会责任认知实证研究》,《社会科学战线》2016 年第 4 期。

［316］吴德军、郑凌虹:《管理者特征对企业社会责任绩效的影响研究》,《会计之友》2014 年第 9 期。

［317］颜蓉、陈汉辉:《企业最高管理者社会责任取向影响因素分析》,《西南交通大学学报(社会科学版)》2012 年第 6 期。

[318]许婷婷:《管理者价值观与企业社会责任表现关系研究》,辽宁大学博士学位论文,2014年。

[319]杨树旺、孟楠:《经济发展水平、公司治理与企业社会责任信息披露——来自中国上市公司的经验证据》,《湖北社会科学》2016年第1期。

[320]李桂艳、马煜舒:《上市公司社会责任信息披露影响因素的实证分析》,《产业与科技论坛》2012年第18期。

[321]张荣霞、王伟生:《吉林省国有企业社会责任存在的问题及其原因分析》,《商业经济》2013年第21期。

[322]孙春强、闫卫东、封宁:《矿业企业社会责任认知的国际比较及影响因素分析》,《中国矿业》2014年第8期。

[323]董淑兰、刘浩:《国资委所属企业履行社会责任的区域差异分析》,《商业会计》2017年第1期。

[324]龚博:《基于员工视角的企业社会责任和企业声誉关系的实证研究》,吉林大学硕士学位论文,2009年。

[325]张建君:《外企捐款的驱动因素:一个两阶段制度模型》,《管理世界》2011年第7期。

[326]汪凤桂、戴朝旭:《企业社会责任与企业声誉关系研究综述》,《科技管理研究》2012年第21期。

[327]刘红霞:《中国企业社会责任成本支出研究》,《中央财经大学学报》2008年第6期。

[328]田虹:《企业社会责任效应》,经济科学出版社2011年版。

[329]李新娥、彭华岗:《企业社会责任信息披露与企业声誉关系的实证研究》,《经济体制改革》2010年第3期。

[330]蔡月祥、卞继红、孙振华:《企业社会责任、公司声誉与企业绩效研究》,《华东经济管理》2015年第10期。

[331]霍彬、周燕华:《企业社会责任、公司声誉与企业绩效关系研究》,《工业

技术经济》2014年第1期。

［332］王檀林、汪克夷、齐丽云、伊其俊：《企业社会责任对企业声誉的影响研究——一个基于企业内部员工的实证》，《管理现代化》2015年第6期。

［333］刘靓：《企业声誉的构成及其驱动因素测量研究》，浙江大学硕士学位论文，2006年。

［334］姜启军：《企业履行社会责任的动因分析》，《改革与战略》2007年第9期。

［335］郭宁：《中国上市公司社会责任和绩效关系研究》，河北大学硕士学位论文，2008年。

［336］吕英、王正斌：《员工感知的企业社会责任与员工满意度关系的实证研究——以西安地区IT和零售企业为例》，《大连理工大学学报（社会科学版）》2009年第3期。

［337］林巧燕、吴静静：《企业社会责任承担对员工行为的影响》，《统计与决策》2009年第14期。

［338］李泉洲、王艳平、栗建华：《企业社会责任、企业声誉对员工满意度影响的实证研究》，《价值工程》2012年第33期。

［339］刘利萍、贺东洋、章喜为：《从员工视角分析企业履行社会责任对员工满意度的影响》，《经营与管理》2013年第10期。

［340］晁罡、刘文松、廖颖端、姜胜林：《员工感知的企业社会责任表现对员工离职的影响》，《华南理工大学学报（社会科学版）》2014年第4期。

［341］王金晶：《民营企业的员工社会责任与员工满意度的关系研究》，南京财经大学硕士学位论文，2015年。

［342］闵庆飞：《中国企业ERP系统实施关键成功因素的实证研究》，大连理工大学博士学位论文，2005年。

［343］吴明隆：《SPSS统计应用实务：问卷分析与应用统计》，科学出版社2003年版。

［344］求实科技、章文博、陈红艳:《使用数据统计分析及 SPSS12.0 应用》,人民邮电出版社 2006 年版。

［345］傅德印:《因子分析统计检验体系的探讨》,《统计研究》2007 年第 6 期。

［346］黄芳铭:《结构方程模型:理论与应用》,中国税务出版社 2005 年版。

［347］侯杰泰、温忠麟、成子娟:《结构方程模型及其应用》,教育科学出版社 2004 年版。

［348］陈永清:《中国制造企业六西格玛实施关键成功因素的实证研究》,中国经济出版社 2010 年版。

［349］侯杰泰、温忠麟、成子娟:《结构方程模型及其应用》,经济科学出版社 2004 年版。

［350］李蕊:《财务会计视角下企业履行社会责任的影响因素研究》,《陇东学院学报》2019 年第 2 期。

［351］朱明春:《我国区域经济增长中的"马太效应"》,《未来与发展》1990 年第 5 期。

［352］杨滢亮:《论企业社会责任、和谐社会与福利的增长》,《管理观察》2009 年第 23 期。

［353］谭宏琳、杨俊:《公司社会责任对公司治理及其绩效影响的实证研究》,《工业技术经济》2009 年第 7 期。

［354］郭毅、丰乐明、刘寅:《企业规模、资本结构与供应链社会责任风险》,《科研管理》2013 年第 6 期。

［355］衣凤鹏、徐二明、张晗:《股权集中度与领导结构对连锁董事与企业社会责任关系的调节作用研究》,《管理学报》2018 年第 9 期。

［356］孔陇、段文玉和邱硕:《企业社会责任与创新的协同效应研究》,《财会通讯》2019 年第 2 期。

［357］张厚颖:《企业社会责任效率与竞争力的关系研究》,贵州财经大学硕士学位论文,2018 年。

[358]郝金磊、李方圆:《企业社会责任履行影响因素研究》,《河北地质大学学报》2018 年第 1 期。

[359]刘胜良:《广西少数民族地区绿色发展探析》,《广西社会科学》2016 年第 2 期。

[360]黄速建、余菁:《国有企业的性质、目标与社会责任》,《中国工业经济》2006 年第 2 期。

[361]梁彤缨、金镇城、苏德贵:《所有制性质、研发投入与企业社会责任》,《科技管理研究》2016 年第 7 期。

[362]曹宇、赵越春:《我国中小企业社会责任影响因素实证研究——基于江苏省的调查》,《市场周刊:理论研究》2014 年第 5 期。

[363]陈秋萍:《基于制度诱因的政治关联对企业社会责任影响分析》,《商业经济研究》2015 年第 17 期。

[364]杜兴强、冯文滔:《女性高管、制度环境与慈善捐赠——基于中国资本市场的经验证据》,《经济管理》2012 年第 11 期。

[365]冯丽丽、赵思敏:《产权性质、高管性别与企业社会责任履行》,《河北地质大学学报》2017 年第 6 期。

[366]郝金磊、李方圆:《企业社会责任履行影响因素研究》,《河北地质大学学报》2018 年第 1 期。

[367]张胜荣:《管理者特征对农业企业社会责任行为的影响——来自 5 个省份的数据》,《经济经纬》2016 年第 4 期。

[368]吕贞宜:《高管特征与激励对企业社会责任的影响研究》,西南交通大学硕士学位论文,2018 年。

[369]晁罡、袁品、段文:《高校生企业社会责任取向之实证研究》,《应用伦理研究通讯》2007 年第 4 期。

[370]杨帆、石金涛、吴治国:《中国管理者企业社会责任导向研究——基于长三角都市圈的实证分析》,《管理评论》2009 年第 4 期。

[371]王菁华、茅宁、王杉:《宗教传统会促进企业风险承担吗? ——基于组织成熟度的调节作用检验》,《商业经济与管理》2017 年第 9 期。

[372]杜颖洁、冯文滔:《宗教、政治联系与捐赠行为:基于中国上市公司的经验证据》,《当代财经》2014 年第 6 期。

[373]吕金记:《企业社会责任治理的制度安排》,《浙江经济》2007 年第 5 期。

[374]仰海锐、皮建才:《企业社会责任标准国际化背景下企业进入策略研究》,《经济理论与经济管理》2018 年第 8 期。

[375]杨亦昕:《MD 集团社会责任信息披露问题研究》,辽宁大学硕士学位论文,2018 年。

[376]伊其俊:《基于媒体关注视角的企业社会责任信息披露的影响因素研究》,石河子大学硕士学位论文,2016 年。

[377]柳学信、孔晓旭、孙梦雨:《企业社会责任信息披露提升了企业声誉吗? ——媒体关注为中介效应的检验》,《财经理论研究》2019 年第 1 期。

[378]刘海龙、任锋娟:《构建媒体与企业社会责任的良性互动关系》,《青年记者》2017 年第 23 期。

附　　录

附录1：民族地区（广西）企业社会
责任维度调查问卷

尊敬的先生、女士：您好！

我们是"民族地区（广西）企业社会责任研究"课题组成员。首先感谢您抽空填写本问卷。本问卷的主要目的在于确定民族地区（广西）企业社会责任的构成维度。

本研究内容仅供学术研究之用，无需署名。问卷所涉及的调查资料只用于统计分析，我们承诺对您填写的问卷信息绝对保密，请放心填写。对于答题有不清楚的或任何建议事项，请与我们联系。

请在您认为适宜的框内打钩，或在（　　）内写上相应的字母。

请尽量真实地填写全部答案，您填答的完整性和真实性对我们的研究非常重要。

问卷联系人：陈老师

联系方式：

1. 联系电话：0771-3262622

2. E-mail：3138991@qq.com

3. 联系地址：南宁市大学东路188号广西民族大学，邮编：530006

第一部分　答题者个人基本情况

1. 您的性别：A. 男　　　　B. 女（　　）

2. 您的文化程度：A. 研究生　B. 本科　C. 大专　D. 中专或高中以下（　　）

3. 您的职业：A. 公务人员　B. 事业单位员工　C. 企业员工　D. 其他（　　）

4. 您的民族为：A. 汉族　B. 壮族　C. 其他少数民族（　　）

5. 您的职称：A. 正高　B. 副高　C. 中级　D. 初级　E. 其他（　　）

6. 您的职位：A. 高级管理人员　B. 中层管理人员　C. 一般管理人员（　　）

第二部分　民族地区(广西)企业社会责任维度

说明：请根据您对企业社会责任的理解并结合民族地区(广西)的实际情况，对下列陈述是否适合作为评价民族地区(广西)企业社会的维度作出判断，并在相应的方框内打"√"。例如，如果你非常赞同将"创造社会财富"作为民族地区(广西)企业社会责任的一个重要维度，则在"创造社会财富"对应的"非常同意(5)"的方框内打"√"。

民族地区(广西)企业社会责任维度	完全不同意(1)	不同意(2)	中立(3)	同意(4)	非常同意(5)
创造社会财富					
促进民族地区人与自然和谐共生					
做遵纪守法的企业公民					
内部管理人本化					
推进民族地区社会和谐发展					

其他建议：

_____

_____

_____

_____

_____

_____

_____

_____

附录 2：民族地区（广西）企业社会责任研究问卷

尊敬的先生、女士：您好!

　　我们是"民族地区（广西）企业社会责任研究"课题组成员。首先感谢您抽空填写本问卷。本问卷的主要目的在于研究民族地区（广西）企业履行企业社会责任的情况并分析其影响因素。

　　本研究内容仅供学术研究之用，无需署名。问卷所涉及的调查资料只用于统计分析，我们承诺对您填写的问卷信息绝对保密，请放心填写。对于答题有不清楚的或任何建议事项，请与我们联系。

　　请在您认为适宜的框内打钩，或在（　）内写上相应的字母。

　　请尽量真实地填写全部答案，您填答的完整性和真实性对我们的研究非常重要。

　　问卷联系人：陈老师

　　联系方式：

　　1. 联系电话：0771-3262622

　　2. E-mail：3138991@qq.com

　　3. 联系地址：南宁市大学东路 188 号广西民族大学，邮编：530006

　　　　　　　　　　　民族地区（广西）企业社会责任研究课题组

第一部分　个人基本情况

1.您的性别：A.男　B.女　（　）

2.您的文化程度：A.研究生　B.本科　C.大专　D.中专或高中　E.初中及以下（　）

3.您的职位：A.高层管理人员　B.中层管理人员　C.基层管理人员 D.其他（　）

第二部分　企业基本情况

1.您的企业属于哪个市：A.南宁　B.柳州　C.桂林　D.梧州　E.北海 F.防城　G.钦州　H.贵港　I.玉林　J.百色　K.贺州　L.河池　M.来宾 N.崇左（　）

2.您所在的企业属于：A.小型企业　B.中型企业　C.大型企业（　）

3.企业所在的行业：A.第三产业　B.第二产业　C.第一产业（　）

4.企业所在地为：A.市区　B.县城　C.乡镇（　）

5.企业成立年数为：A.年数<5年　B.5≤年数<10年　C.10≤年数<15年 D.年数≥15年（　）

6.企业的所有制类型为：A.国有制（含国有控股）　B.集体所有制　C.股份制　D.私有制（　）

7.您所在企业最高管理者的性别为：A.男性　B.女性（　）

8.您所在企业最高管理者是否有宗教信仰：A.有　B.没有（　）

9.您所在企业最高管理者的文化程度：A.研究生　B.本科　C.大专 D.高中及以下（　）

第三部分　企业履行社会责任情况

说明：请结合您所在企业的实际情况，对下列说法与企业实际的符合程度作出判断,并在相应的方框内打"√"。例如,如果您认为您所在的企业确实提供了满足社会要求的产品或服务,则在"提供满足社会要求的产品或服务"对应的"很符合(7)"的方框内打"√"。

题　项	很不符合(1)	不符合(2)	较不符合(3)	中立(4)	较符合(5)	符合(6)	很符合(7)
我们公司提供了满足社会要求的产品或服务							
我们公司的资产得到了保值增值							
我们公司通过各种手段方式确保投资者利益最大化							
我们公司非常注意保护民族地区生态安全							
在生产服务过程中,我们公司会想方设法减少有害物质排放							
在生产服务过程中,我们公司对各种资源消耗一直倡导厉行节约							
我们公司不无故拖欠供应商的货款							
我们公司从不招收和使用童工							
我们公司非常注意保护消费者的权益							
我们公司非常尊重知识产权							
我们公司对腐败一贯持反对态度并鼓励员工积极参与社区的民主投票、民主监督等政治活动							
我们公司一贯照章纳税,从不偷税漏税							
我们公司一贯遵守国家和地方法律法规							
在我们公司,员工的合法权益均能够得到保障							
我们公司非常关注员工未来的长期发展							

题　项	很不符合 （1）	不符合 （2）	较不符合 （3）	中立 （4）	较符合 （5）	符合 （6）	很符合 （7）
我们公司能公平对待公司内的每一个员工							
我们公司一直非常注意搞好与周边社区的关系							
我们公司一直致力于为少数民族提供平等的就业机会							
我们公司长期关注慈善与扶贫济困工作							
我们公司积极参与民族文化传承保护与开发工作							
我们公司产品的利润率比较高							
在我们公司,机器设备等固定资产的使用效率高							
我们公司能按时给员工发放工资							
一般情况下,我们公司不缺流动资金							
顾客对我们公司的产品或服务认可度较高							
我的亲朋好友都觉得我现在工作的企业很好							
顾客普遍认为我们公司是一家诚实守信的企业							
在招聘时,每次到我们公司应聘的人数都非常多							
在我们公司,绝大部分员工都没有离开公司的想法							
在我们公司,绝大部分员工对工作环境都感到满意							
公司的绝大部分员工认为企业的薪酬分配体现了公平公正							
公司的绝大部分员工认为公司未来发展的前景光明							
公司的绝大部分员工觉得公司内部的人际关系好							

责任编辑：洪　琼

图书在版编目（CIP）数据

企业社会责任实证研究:以广西壮族自治区为例/陈永清,邵艳红,刘二丽 著. —
　北京:人民出版社,2024.12
ISBN 978－7－01－024707－6

Ⅰ.①企…　Ⅱ.①陈…②邵…③刘…　Ⅲ.①民族地区-企业责任-社会责任-
研究-中国　Ⅳ.①F279.23

中国版本图书馆 CIP 数据核字（2022）第 061356 号

企业社会责任实证研究

QIYE SHEHUI ZEREN SHIZHENG YANJIU

——以广西壮族自治区为例

陈永清　邵艳红　刘二丽　著

人 民 出 版 社 出版发行

（100706　北京市东城区隆福寺街 99 号）

环球东方（北京）印务有限公司印刷　新华书店经销

2024 年 12 月第 1 版　　2024 年 12 月北京第 1 次印刷

开本:710 毫米×1000 毫米 1/16　印张:18

字数:280 千字

ISBN 978－7－01－024707－6　定价:99.00 元

邮购地址 100706　北京市东城区隆福寺街 99 号

人民东方图书销售中心　电话 （010）65250042　65289539